AF298635

L'ÉGLISE ET L'ÉTAT

LA LUTTE. — LA DOCTRINE

COMPTE RENDU

DU

CONGRÈS DE JURISCONSULTES CATHOLIQUES

Tenu à Lyon les 30, 31 août et 1er septembre 1881

GRENOBLE

Bureaux de la *Revue catholique des Institutions et du Droit,*

BARATIER ET DARDELET

Grand'rue, 4.

1881

Bulletin de dépôt.

Je soussigné déclare déposer à la Préfecture de l'Isère deux exemplaires d'une *brochure* ayant pour titre : *Compte rendu du Congrès de œuvres consultées catholiques tenu à Lyon les 30, 31 août et 1er 7bre 1881*

dont j'ai fait la déclaration sous le n° *805* le *21 novembre* 1881, ainsi qu'il résulte du récépissé qui m'a été délivré par M. le Préfet, à la date du *23 novembre 1881*

Grenoble, le *24 novembre* 1881

Mre E. Dardelet

L'ÉGLISE et L'ÉTAT

LA LUTTE. — LA DOCTRINE

COMPTE RENDU

DU

CONGRÈS DE JURISCONSULTES CATHOLIQUES

Tenu à Lyon les 30, 31 août et 1er septembre 1881.

GRENOBLE

Bureaux de la *Revue catholique des Institutions et du Droit*,

BARATIER ET DARDELET

Grand'rue, 4.

1881

Extrait de la *Revue catholique des Institutions et du Droit*.

L'ÉGLISE ET L'ÉTAT

La Lutte. — La Doctrine.

COMPTE RENDU DU CONGRÈS DE JURISCONSULTES CATHOLIQUES

Tenu à Lyon les 30, 31 août et 1er septembre 1881.

PROCÈS-VERBAL DES SÉANCES.

Le sixième Congrès de jurisconsultes catholiques a eu lieu cette année à Lyon, les 30, 31 août et 1er septembre dernier. — Il a été, comme de coutume, présidé par M. Lucien Brun, sénateur.

La réunion a été plus nombreuse encore que les années précédentes ; les villes les plus éloignées, Amiens, Bordeaux, Lille, Rennes, Rouen, comme les villes les plus rapprochées, avaient leurs représentants ; l'Italie, la Belgique avaient les leurs. Quelques théologiens éminents de nos facultés catholiques étaient venus aider le Congrès de leurs conseils et de leurs lumières. — Nous avons vu avec joie M. Trudel, l'illustre sénateur du Canada, nous apporter les sympathiques encouragements de son pays, et c'est aux applaudissements de l'assemblée entière que M. Lucien Brun l'a appelé à occuper le fauteuil de la vice-présidence du Congrès.

Cette assemblée, composée de quatre-vingts membres, parmi lesquels on voyait un grand nombre de notabilités des barreaux, réunissait aux talents la sûreté de doctrine nécessaire pour traiter la question si importante et si actuelle des rapports de *l'Eglise et de l'Etat*.

L'Institut catholique de Lyon a bien voulu offrir au Congrès une fraternelle hospitalité ; c'est dans sa grande salle que se sont tenues les réunions générales.

Chaque matin le Congrès commençait ses travaux en assistant à la messe à l'église d'Ainay. M. le Curé de cette grande paroisse a déployé pour ces réunions religieuses une solennité dont nous le remercions. Nous ne saurions trop aussi témoigner notre reconnaissance à nos amis de Lyon, pour le zèle intelligent apporté par eux dans l'organisation du Congrès.

Nous avons eu malheureusement à regretter l'absence de Mgr Mermillod, qui a dû se faire excuser. Nous savions d'ailleurs qu'il était au milieu de nous par le cœur et les désirs. Son Eminence le Cardinal Caverot, absent de son diocèse, a fait parvenir le témoignage de sa paternelle sympathie; il a été représenté par deux de ses vicaires généraux; enfin Sa Sainteté Léon XIII a envoyé au Congrès la bénédiction apostolique.

La première réunion générale a eu lieu le mardi, 30 août. Après la lecture du procès-verbal du Congrès tenu à Périgueux l'année précédente et le discours d'ouverture de M. Lucien Brun, dont nous n'avons pas à faire l'éloge, car on le trouvera plus loin, le Congrès s'est partagé en commissions; et le reste de la journée a été laborieusement employé par chacune d'elles dans les diverses salles qui avaient été préparées pour leurs travaux. — Les commissions étaient présidées par MM. l'abbé de Bogenet, vicaire général de Limoges; Bresson, avocat à Dijon; de Séranon, à Aix; Léon Roux, à Lyon.

Le mercredi matin, la deuxième séance générale a été remplie par les rapports de la commission chargée d'étudier la persécution contre l'Eglise. M. Robinet de Cléry a lu un magistral rapport sur la Franc-Maçonnerie; cette étude, ainsi que la discussion qui a suivi, et une autre remarquable étude de M. Claudio Jannet, ont eu pour résultat d'établir avec plus de certitude que la Franc-Maçonnerie est le véritable ennemi de l'Eglise et de la société. Un travail très complet sur la *persécution fiscale* a été remis au bureau par M. Bresson; on sera heureux de le trouver parmi les rapports sur la lutte que nous publions ici.

La troisième réunion générale, qui a eu lieu le mercredi soir, a été consacrée à l'étude doctrinale des deux sociétés: l'Eglise et l'Etat. Déjà, à la fin de la séance d'ouverture, Mgr de Kernaeret avait lu un excellent rapport sur ce sujet; dans celle-ci M. l'abbé Chère, docteur en théologie et professeur de droit canon, a lu une dissertation dans laquelle les limites des deux sociétés sont parfaitement posées. Puis est venue une étude très importante de M. Théry, avocat à Lille, sur la situation juridique de l'Eglise dans les diverses nations, non-seulement de l'Europe, mais de l'Amérique et de l'Asie.

Jeudi matin, les membres du Congrès ont fait un pèlerinage à Notre-Dame de Fourvière; ils ont entendu la messe au sanctuaire vénéré, et mis leurs travaux sous la protection de celle qui est la Mère et l'espérance de la France.

A neuf heures et demie ils se sont réunis de nouveau à l'Université catholique. La propriété ecclésiastique a été l'objet des études de cette séance, qui a été l'une des plus intéressantes et des plus animées On a entendu successivement M. l'abbé Pillet, professeur à l'Université catholique de Lille ; M. Paul Besson, M. Dorange, M. Jacquier.

Une cinquième réunion a eu lieu le soir. Les droits de l'Eglise à la complète liberté ont été affirmés et étudiés par le R. P. Ramière. On a entendu un excellent rapport de M. de La Perrière, doyen de la Faculté catholique de droit de Lyon; puis un autre de M. Pillet, sur les droits de l'Eglise en matière d'enseignement.

M. Lucien Brun a acquis un nouveau droit à l'estime et à l'affection de ses confrères par la manière fraternellement aimable avec laquelle il a présidé le Congrès. Il l'a clôturé par un discours d'adieu, que nous avons cru devoir reproduire et que nos lecteurs trouveront à la suite des rapports. M. Dorange a été l'écho des sentiments de tous, lorsqu'il s'est levé pour le remercier au nom de l'assemblée.

Ce Congrès nous paraît avoir une importance spéciale par suite de l'étude doctrinale des deux sociétés : l'Eglise et l'Etat; aussi avons-nous cru devoir apporter un soin particulier au procès-verbal qui a été confié à la *Revue catholique des Institutions et du Droit*, organe de l'œuvre des jurisconsultes catholiques et d'où est extrait ce volume. Il se divise en deux parties bien distinctes. La première, comprenant ce qui concerne la lutte et la défense contre la persécution, est moins complète que la seconde, soit parce que la lutte pour la défense des congrégations religieuses et de l'enseignement chrétien avait occupé une grande partie des Congrès précédents, soit parce que l'objet plus spécial du Congrès actuel était la doctrine. La deuxième partie comprend l'exposition de cette doctrine. Le but que la réunion se proposait, en effet, était de poser les vraies bases des deux sociétés, et si ce travail n'a pas une utilité pratique immédiate, tandis que la Révolution tient l'Eglise sous ses pieds et cherche à l'étouffer, il reprendra toute sa valeur et toute son importance au temps que nous attendons avec confiance, c'est-à-dire lorsque l'Eglise, cette Reine et cette Mère des nations, aura repris sa vraie place pour la paix du monde et le bonheur de tous.

———

Discours de M. Lucien BRUN, à l'ouverture du Congrès.

Messieurs,

Je ne veux pas anticiper sur vos délibérations. Il me tarde de reprendre mon rôle d'auditeur attentif, et je n'en sors un instant que pour vous indiquer les motifs qui ont décidé votre commission à vous proposer le vaste sujet d'études formulé dans ces deux mots : l'Eglise et l'Etat.

Le temps n'est pas encore très éloigné où, dans de hautes sphères politiques, on affirmait, avec une dédaigneuse sérénité, qu'il n'y avait plus de questions religieuses. Je voudrais demander aux sages qui parlaient ainsi, ce qu'ils pensent aujourd'hui de leur opinion d'alors...

La vérité est qu'il n'y a plus que des questions religieuses, ou, pour parler plus justement, il n'y a plus qu'une question religieuse.

Oui, quelque surprise que cette assertion puisse causer, non pas à vous, Messieurs, mais aux esprits inattentifs ou rebelles à la lumière ; oui, l'attention anxieuse du monde entier est suspendue à la solution d'une question d'où l'avenir des peuples et de la civilisation dépend. C'est la question de savoir si la société moderne restera une société chrétienne. Elle est au fond de tous les problèmes politiques et sociaux.

Notre siècle est possédé d'une passion, j'allais dire d'une folie singulière, la passion de l'Etat. Elle est arrivée à ce degré dans certains esprits, que l'omnipotence de l'Etat se confond pour eux avec la liberté. Pour eux, en effet, la liberté c'est l'égalité sous la loi, quelque injuste que soit la loi ; la servitude la plus dure se nomme liberté pourvu qu'elle n'épargne personne : — ils diffèrent en cela des jacobins, pour qui la liberté c'est tout simplement la servitude d'autrui. — Ni la conscience, ni les intérêts ne sont admis à faire entendre une plainte, pourvu que tout passe sous le niveau d'une légalité qui se proclame elle-même indépendante de toute loi supérieure, et ne connaît d'autres droits que ceux qu'elle a créés.

Autrefois le pays et l'Etat c'étaient deux choses. Les communes, les provinces, les corporations, les universités, la magistrature n'étaient pas l'Etat ; l'Eglise surtout n'était pas l'Etat, et l'idée ne serait venue à personne de ne voir dans le culte catholique qu'une branche du service public et de classer le prêtre parmi les fonctionnaires. Aujourd'hui l'Etat est partout, ce qui fait, disait récemment un évêque, que la liberté n'est nulle part.

Le mensonge de cette égalité brutale, qui se pare du nom de la liberté qu'en réalité elle supprime, a séduit un grand nombre d'intelligences honnêtes et d'âmes cependant éclairées par la foi. Combien de libéraux entendent sans étonnement les docteurs de la Révolution affirmer que toutes les libertés nécessaires, les libertés de droit naturel, liberté d'association, de propriété, de famille, liberté religieuse même, sont octroyées par le législateur ! Combien de catholiques répètent avec résignation, avec conviction peut-être, que la liberté n'est autre chose que l'uniformité législative et qu'il y a intérêt pour l'Eglise, non-seulement à accepter, comme elle le fait, mais à revendiquer comme son seul titre à la liberté, ce qu'ils appellent le bénéfice du droit commun.

Eh bien ! ils peuvent voir aujourd'hui, en France et ailleurs, ce que ces mots : « droit commun » signifient dans la bouche des sectaires, et comment, lorsque l'Eglise revendique la liberté de son gouvernement, de sa parole, de son culte, lorsque les catholiques réclament la liberté de professer publiquement leur foi et d'obéir aux lois et aux conseils d'une autorité acceptée par leur conscience, ils peuvent voir, dis-je, comment l'Etat leur répond par ce droit prétendu « commun » dont on nous impose les charges sans nous en accorder les bénéfices, et qui n'est rien autre chose que l'oppression des croyants et la tyrannie légale de la négation victorieuse.

Cette idée de l'omnipotence de l'Etat n'est pas nouvelle ; c'est l'idée païenne. Le monde païen reposait sur un fait et sur une doctrine. En fait, l'esclavage supprimait tous les problèmes sociaux qui naissent du conflit des efforts et des intérêts de personnes libres, capables d'acquérir et de posséder, c'est-à-dire toutes les questions de salaire, de concurrence, de rapports entre le capital et le travail.

La doctrine, c'était celle que le monde moderne voit renaître et grandir ; c'était la doctrine de la souveraineté absolue de l'Etat, seul maître des choses et des hommes, des âmes et des corps.

L'Etat païen était à lui-même sa règle de justice, et Aristote a écrit que c'est une erreur de croire que chaque citoyen est maître de lui-même ; ils appartiennent tous, dit-il, à l'Etat.

Le Christ rédempteur a donné au monde la liberté ; il a proclamé l'égalité des droits et des devoirs dans la fraternité humaine ; il a fondé l'Eglise, dont le chef divinement institué a le dépôt de la vérité et juge souverainement, non pas le contingent et l'accessoire, mais toutes les questions qui, dans tout ce qui intéresse l'ordre spirituel, tiennent au fond du droit de l'individu et des associations humaines.

L'Eglise est un fait vivant, indéniable. Elle existe à l'état de société parfaite, non pas en ce sens, est-il besoin de le dire, que tous ses membres soient parfaits, mais en ce sens qu'elle est constituée de façon à trouver en elle-même, sans le secours d'aucune autre autorité, tout ce qui lui est nécessaire pour atteindre sa fin. L'Eglise a le pouvoir de légiférer ; elle a un gouvernement; ce gouvernement a le pouvoir de condamner et de punir les infractions aux lois par lui promulguées. Pouvoir législatif, administratif, judiciaire et coercitif s'exerçant sur des sujets obéissants : l'Eglise a tout ce qui constitue une société indépendante et souveraine.

J'ai eu déjà l'occasion de dire ailleurs que l'on n'arrive pas à une conception scientifique de l'ordre social chrétien, tant qu'on n'a pas résolu la question de savoir quelle place l'autorité qui gouverne cette société des âmes, occupe dans la hiérarchie des pouvoirs auxquels l'homme est soumis.

C'est à cette étude, Messieurs, que nous vous avons conviés.

Cette société a conquis le monde romain et dompté les barbares. Sa suprématie a été acceptée par l'humanité, qu'elle avait arrachée au paganisme et délivrée de l'esclavage, et, pendant des siècles, l'Europe a vécu en quelque sorte par l'Eglise et pour l'Eglise. Entre les nations, liées par la communauté des principes et des croyances, il y eut une merveilleuse émulation pour la servir. Le génie des orateurs et des savants, l'épée des empereurs et des rois, l'âme des peuples furent mis au service de la vérité et ce fut à qui porterait le plus loin les enseignements de la Rome nouvelle au milieu des nations qui n'avaient pas encore été éclairées des lumières de la révélation.

L'Europe alors s'appelait la Chrétienté. Quel spectacle, Messieurs, et quels souvenirs !

Nul ne songeait à contester, non-seulement l'indépendance, mais la suprématie de la société religieuse. Tout était dans l'ordre, et le pouvoir civil se contentait de la souveraine indépendance que, dans la sphère de son action, l'Eglise ne lui a jamais contestée.

Luther vint qui porta la main sur cet édifice admirable. Il ébranla la hiérarchie sacrée à l'abri de laquelle se développait, dans un ordre chaque jour plus parfait, le progrès des sociétés humaines vers un niveau moral plus élevé, vers une émancipation pacifique des classes asservies, vers une prospérité matérielle, lentement mais sûrement accrue. Il attaqua la société religieuse dans l'autorité de son chef, et sous le faux nom de « libre examen, » l'affirmation de l'absolue indépendance de la raison individuelle ouvrit l'ère des révolutions.

La Réforme eut pour conséquence la réunion, dans les mains de l'autorité politique, des deux pouvoirs spirituel et temporel, ou au moins la prédominance absolue du temporel sur le spirituel. Elle fit naître, même chez les princes catholiques, la tentation d'usurper des droits dont les princes protestants s'étaient emparés. L'arrogante et fallacieuse subtilité des légistes les aida dans cette entreprise. Ce qu'on appelle l'idée moderne était né, et nous pouvons voir ce que la liberté y a gagné.

Le monde revient donc à la conception païenne de l'Etat. Le mouvement imprimé aux esprits par la Réforme se continue et s'accélère, menaçant d'emporter avec les institutions religieuses du passé, tout l'édifice social qui reposait sur elles.

C'est qu'en effet toutes les libertés sont solidaires de la liberté de l'Eglise.

L'Eglise est le vivant témoin du Droit, supérieur au caprice des souverains et de la multitude. Elle est la gardienne divinement instituée de la Justice. C'est pourquoi, seule, elle peut avec l'autorité de Dieu créateur dire à la force victorieuse : tu n'iras pas plus loin. Elle couvre de la protection d'un principe supérieur les droits de l'individu et de la famille ; elle défend contre les convoitises des foules révoltées ou des pouvoirs usurpateurs la propriété légitimement acquise. Seule enfin, par l'efficacité surhumaine de la charité, elle peut amortir le choc des intérêts et des passions, inspirer la bienfaisance aux riches et la résignation à ceux qui souffrent ; rétablir par le sentiment de la fraternité chrétienne et l'espoir des compensations éternelles, la paix et l'amour dans les âmes que l'athéisme et la soif des jouissances matérielles ont enfiévrées de haine et de colère.

Elle peut sauver le monde des malheurs dont il est menacé, mais il lui faut la liberté. C'est donc une œuvre patriotique et sociale autant que chrétienne, que de travailler à reconquérir pour l'Eglise la pleine liberté de son action, et, pour garantir cette liberté, contre les agressions des pouvoirs ennemis, il est nécessaire d'affirmer le principe sur lequel repose le droit de l'Eglise à la pleine et souveraine indépendance.

Il ne suffit pas de dire, avec certains libéraux, que la société religieuse a droit, comme toute association honnête, à la tolérance et même à la protection de l'Etat, ce qui est évident. Il faut revendiquer pour l'Eglise les prérogatives de la souveraineté spirituelle. Ses droits, elle les tient de Dieu, et elle n'a à demander aux gouvernements humains que le respect de sa constitution.

Elle n'entreprend rien contre le pouvoir civil, puisqu'elle

impose à ses fidèles l'obligation de rendre à César ce qui
lui est dû, mais elle demande à César de ne pas exiger ce
qui n'est dû qu'à Dieu.

Les concordats contiennent la reconnaissance formelle
de cette souveraineté de l'Eglise. Ils l'acceptent comme une
société parfaite, ayant une vie propre, des droits, une législation, des chefs avec qui l'Etat laïque conclut des traités.
Aussi la logique radicale demande-t-elle l'abrogation des
concordats. Elle déclare que pour l'Etat, l'Eglise n'existe
pas comme société indépendante, comme puissance souveraine. L'Etat ne connaît que des citoyens catholiques à
qui la loi civile mesure la part de liberté que, suivant le
temps et les circonstances, la haine radicale est obligée de
leur laisser.

Une secte impie met au service de ces mensonges une
ardeur infatigable, une organisation puissante, une incontestable et persévérante habileté. Déjà la complicité de gouvernements prévaricateurs lui a permis de détruire la
souveraineté temporelle, signe visible de la suprématie
historique du catholicisme et de l'autorité du Vicaire de
Jésus-Christ, et voilà que des clameurs sinistres annoncent
que, même prisonnier, le Pape est de trop dans la Ville
Eternelle conquise par la Révolution.

Tout est à redouter dans cette crise douloureuse, même
des forfaits devant l'horreur desquels la pensée recule
épouvantée. Le péril est universel, car si nous sentons en
France, plus cruellement peut-être qu'ailleurs, le poids de
la tyrannie révolutionnaire, il est vrai, cependant, qu'aucune nation n'échappe aux conséquences du triomphe de
l'erreur.

Ce péril ne sera conjuré que par l'affirmation ferme,
répétée, largement publiée, des principes dans leur intégrité ; par la proclamation courageuse de la vérité totale,
sans déguisements et sans restrictions.

C'est pourquoi, Messieurs, nous avons cru devoir appeler
vos méditations sur les problèmes juridiques que soulèvent
les rapports des deux sociétés, et vous inviter à formuler
à la suite de vos délibérations ces éternelles vérités, oubliées
à ce point par la société actuelle, qu'elles sont considérées
par beaucoup de nos contemporains comme d'imprudentes
affirmations et des nouveautés téméraires.

Mais à quoi bon tout cela, diront ces prétendus modérés
qui décorent leur pusillanimité du nom de sagesse? A quoi
bon, et que peuvent, contre l'iniquité triomphante, contre
la révolution maîtresse du pouvoir, une vaine affirmation
de doctrine, une stérile adhésion aux déclarations des pontifes de Rome, une puérile recherche de procédés juri-

diques dont l'inanité a été si brutalement démontrée par les événements?

Laissons dire, Messieurs, faisons notre devoir et ayons confiance dans l'attrait tout-puissant et la force irrésistible de la vérité divulguée. Combien d'hommes ne croient la haïr que parce qu'ils l'ignorent! Montrons-la telle qu'il a plu à Dieu de la découvrir à nos intelligences. L'heure est propice pour l'accomplissement de ce dessein, car cette société, qui a trouvé le joug de Dieu trop lourd, commence à sentir le poids des chaînes libérales. Elle a vendu son âme pour des jouissances, mais elle goûtera bientôt la mortelle amertume des fruits de la corruption et de l'orgueil. Alors elle demandera le salut aux enseignements qu'elle a méconnus, aux traditions qu'elle a reniées. Disons-lui où est le droit, rappelons-lui que la Justice relève les nations déchues, et puisse ce libre hommage rendu par nous à la vérité, porter quelques consolations au cœur déchiré de notre très saint Père le Pape Léon XIII, glorieusement et douloureusement régnant, aux pieds de qui je veux, dès la première heure de notre réunion, déposer l'hommage de notre profonde vénération et de notre amour.

A l'œuvre donc, Messieurs, non pas certes avec la pensée de résoudre définitivement, ni même d'aborder toutes les questions d'un programme qui n'a, pour ainsi dire, pas de limites, mais avec l'espoir de planter utilement quelques jalons sur le droit chemin qui mène à la vérité, de nous éclairer par des discussions amicales, d'appeler sur des problèmes de la solution desquels la paix sociale dépend, l'attention des esprits égarés par l'audace des sophistes; de faire enfin notre devoir de jurisconsultes chrétiens, en travaillant à la restauration de l'idée du droit dans les intelligences et du règne de la Justice dans la société; notre devoir de citoyens, en aidant ainsi au relèvement de la Patrie.

PREMIÈRE PARTIE

LA LUTTE

Rapport de M. ROBINET DE CLÉRY, avocat, ancien avocat général à la Cour de Cassation, sur la Franc-Maçonnerie et le caractère international que revêt la persécution.

Puissance et action de la Franc-Maçonnerie. — Son influence sur les événements actuels de l'Europe. — Son but, ses doctrines. — Elle tend à la destruction de toute idée de religion, de patrie, de morale. — Les constitutions pontificales relatives à la Franc-Maçonnerie.

Messieurs ,

Vous avez accueilli hier par un mouvement très marqué de sympathie un passage d'une des nombreuses lettres d'adhésion qui vous ont été lues à l'ouverture du Congrès. C'est celui où un vaillant catholique de la noble nation belge, M. le comte de Hemptine, vous adresse une question qu'il pose en vain , dit-il, depuis de longues années :

A qui faut-il résister ?

En quoi faut-il résister ?

Comment faut-il résister ?

Je viens vous soumettre une réponse qui me paraît rentrer dans le cadre des travaux de votre quatrième commission.

Ne m'accusez ni de témérité ni de présomption. D'une part l'évidence des faits contemporains, d'autre part les enseignements infaillibles de l'Eglise seront mes seuls guides. Dans cette étude, j'ai été précédé par des théologiens, par des publicistes, par des historiens, par des hommes d'Etat de la plus haute valeur. Je résumerai simplement et modestement leurs constatations.

Quoique bien souvent traitée de nos jours, cette question est de celles dont l'intérêt ne s'épuise jamais.

Existe-t-il dans le monde moderne une conjuration universelle du mal, ne reconnaissant ni nationalité ni frontières, obéissant partout, sous des dénominations et des
apparences diverses, à un même mot d'ordre, disposant
d'une puissance qui dépasse celle à laquelle peuvent parvenir des efforts purement humains — une Eglise satanique
se dressant en face de l'Eglise de Dieu et appelant une partie de l'humanité dévoyée, aveuglée, affolée, à une œuvre
de destruction sans lendemain, sans trêve et sans merci?

Si une telle force existe avec un double caractère, bien
rare dans l'histoire du monde, — l'universalité et l'unité —
où réside-t-elle et comment la combattre ?

Messieurs, songez-y. — Si ce n'est pas là un rêve, peut-
il y avoir pour des chrétiens, pour des patriotes, — à
quelque nationalité qu'ils appartiennent — une préoccupation plus constante que celle de combattre les progrès d'un
mal si menaçant, de le faire reculer et de le détruire, en
remontant à son origine, pour n'en pas laisser le germe
mortel aux générations futures.

Depuis un siècle et demi cette question se pose. Longtemps les meilleurs esprits l'ont ignorée. Quand ils en
ont reconnu l'existence, beaucoup sont restés volontairement aveugles, quelques-uns sont devenus complices.

Cet aveuglement et cette complicité ont porté leurs
fruits. Dans la plupart des Etats du monde, la génération
actuelle est devenue l'esclave d'une secte cosmopolite.

Oui, jadis l'Eglise catholique a détruit l'esclavage
païen. Voilà qu'aujourd'hui — par leur ignorance, par leur
aveuglement, par leurs passions — les nations du monde
entier se courbent sous le joug de l'esclavage maçonnique.

Est-ce que j'exagère?

Ah! combien je regrette l'absence de l'éminent prélat
dont nous espérions recevoir les bénédictions, les enseignements et les conseils ! S'il était ici, pour démontrer la réalité et l'efficacité de la puissance maçonnique, je n'aurais
eu qu'à me tourner vers le siége de notre Président d'honneur. Vous auriez salué avec moi la vivante image de
l'Eglise persécutée par les sectes, en la personne du Vicaire apostolique de Genève, cette noble et pure victime
de la Maçonnerie contemporaine.

Je n'ai pas la prétention de faire devant vous, avec les
développements qu'elle réclame, cette démonstration capitale.

Je me bornerai à quelques constatations décisives.

Ces constatations, je le sais, ont été multipliées depuis quelques années. — Les mandements de nos évêques, des écrits remplis de verve et de science, des travaux historiques importants, ont rendu publique l'œuvre de la Franc-Maçonnerie. Il semble qu'il soit devenu difficile d'en contester le péril.

Cependant, croyez-le bien, c'est une vérité qu'il est utile de rappeler sans cesse.

Permettez-moi à ce sujet un souvenir personnel.

Je n'oublierai jamais un entretien que j'ai eu, au mois de février 1874, avec un personnage politique très considérable, que sa haute situation appelait à exercer une surveillance toute spéciale sur les menées révolutionnaires. Je venais d'assister aux efforts qu'avait faits la secte — par ses intrigues autant que par ses préparatifs insurrectionnels — pour empêcher la reconstitution politique de la France. Je prononçai devant le ministre de l'intérieur de 1874 le nom de la Franc-Maçonnerie. Il parut tout à fait incrédule, et pour faire vérifier le fait par un personnage compétent, il me renvoya à son préfet de police — M. Léon Renault.

Messieurs, j'en conviens, il y a dans la puissance maçonnique quelque chose d'invraisemblable.

Que des hommes graves, des chefs d'Etat, des ministres, des sénateurs, des députés, des magistrats, des préfets consentent à s'affubler d'un tablier de peau blanche, à se mettre au cou des rubans de toutes les couleurs, à se couvrir la poitrine de triangles et de serpents émaillés, que dans cette tenue de mascarade ils recueillent autre chose que des éclats de rire dans des réunions, où l'on affecte de ne croire à aucun symbole et de n'admettre aucun culte, cela paraît incroyable. Rien n'est plus vrai cependant.

Le *Monde Maçonnique* lui-même en déplore l'abus. Il en gémissait dans son numéro du 1er mai 1880 :

« Aux termes de l'article 245 des Statuts généraux, disait-il, on ne devrait en loge permettre que le tablier ou le cordon bleu du Maître... »

Il paraît que cela ne suffit pas.

« ... et non le rouge et le noir des soit-disant hauts grades. Cependant ceux qui portent des cordons de toutes les couleurs croient en avoir le droit. »

Que ce serait ridicule, si ces rites grotesques ne cachaient pas un si sérieux péril !

Longtemps dans ses Constitutions, dans ses déclarations publiques, pour donner le change aux gouvernements qu'elle minait, la secte a dissimulé son but, le rôle qu'elle s'efforçait de jouer, ses moyens d'action et d'influence.

Ainsi en Suisse :

« On s'engage à ne jamais parler ni traiter, dans les Loges ou dans les Comités, d'aucune question politique. » *(Statut de la Loge nationale suisse.)*

En Belgique :

« Les Loges ne peuvent, dans aucun cas, s'occuper de matières politiques. » (Art. 135 du *Règlement du Gr∴ Or∴ de Belgique.*)

En France :

« Dans la sphère où elle se place, la Franc-Maçonnerie respecte les opinions politiques de chacun de ses membres ; elle interdit formellement toutes discussions en matière politique qui auraient pour objet la critique des actes de l'autorité civile et des diverses formes du gouvernement. Elle rappelle à tous ses adeptes qu'un de leurs premiers devoirs comme maçons et comme citoyens est de respecter les lois des pays qu'ils habitent. » (Art. 2 de la *Constitution maçonnique*, rédigée et votée par l'Ass∴ Gén∴ du G∴ Or∴ de France en 1865.)

Le F∴ Penchinat, Or∴ adjoint du G∴ O∴ de France, s'écriait, le 18 août 1875, dans un discours de clôture :

« ...La F∴ M∴ n'a jamais dévié de la route ; elle a toujours affirmé qu'il était indigne d'elle de se mêler aux luttes des partis, et, mettant ses actions d'accord avec ses principes, elle s'est toujours tenue dans les sphères hautes et sereines d'une philosophie généreuse dont le dernier mot est amour de l'humanité... Nous avons protesté de toutes nos forces contre ces calomnies à la Basile ; nous protesterons toujours. »

« Nous ne ferons pas de controverse religieuse ; l'article 2 de la Constitution nous l'interdit... Nous respectons les opinions, la foi, les convictions religieuses de tous nos frères, au nom de cette liberté de conscience inscrite dans notre devise ; pour éviter des froissements mutuels et ne jamais troubler l'accord qui doit exister entre nous ; toutes discussions à cet égard sont rigoureusement interdites dans nos loges, et cette interdiction est scrupuleusement respectée... »

Ce sont là des protestations qu'il ne faut pas prendre au pied de la lettre.

Tant que la dissimulation peut leur être utile, les disciples de Voltaire suivent le conseil du maître :

« Mentez, mes amis. Il faut mentir comme un diable, non pas timidement, non pour un temps, mais hardiment et toujours. Le mensonge n'est un vice que quand il fait du mal. »

Quand il n'y a plus de danger, les vénérables Frères sont les premiers à se vanter de leur hypocrisie avec un rare cynisme :

« A la veille de la Révolution française, dit M. Louis Blanc, la Franc-Maçonnerie se trouvait avoir pris un développement immense. Dans l'Europe entière, elle secondait le génie méditatif de l'Allemagne, agitait sourdement la France et présentait partout l'image d'une société fondée sur des principes contraires à ceux de la société civile... Il plut à des souverains, au Grand-Frédéric, de prendre la truelle et de ceindre le tablier. Pourquoi non ? L'existence des hauts grades leur étant soigneusement dérobée, ils savaient seulement de la Franc-Maçonnerie ce qu'on pouvait montrer sans péril... Mais, en ces matières, la comédie touche au drame; et il arriva, par une juste et remarquable dispensation de la Providence, que les plus orgueilleux contempteurs du peuple furent amenés à couvrir de leur nom, à servir aveuglément de leur influence les entreprises latentes dirigées contre eux-mêmes. »

Edmond About, initié en 1860 dans une loge de Nancy, en défendant en 1865 la Franc-Maçonnerie dans l'*Opinion Nationale*, faisait les mêmes aveux :

« Est-ce à dire que les francs-maçons n'aient jamais conspiré ? — M'est avis qu'ils n'ont pas fait autre chose depuis l'an 1725 jusqu'à la Révolution de 1789. »

Henri Martin (*Hist. de France*, t. 16, p. 585) :

« La Maçonnerie est le laboratoire de la Révolution. »

Crémieux, membre du Gouvernement provisoire, répondait en 1848 à une députation des loges :

« La République se trouve dans la Maçonnerie; et c'est pour cela que dans tous les temps, heureux ou malheureux, la Maçonnerie a trouvé des adhérents sur toute la surface du globe... Eh bien ! la République fera ce que fait la Maçonnerie. »

Et M. de Lamartine tenait le même langage :

« Je connais assez, disait-il, l'histoire de la Fr∴ Maç∴ pour être convaincu que c'est du fond de vos loges que sont émanés, d'abord dans l'ombre, puis dans le demi-jour et enfin en pleine lumière, les sentiments qui ont fini par faire la sublime explosion dont nous avons été témoins en 1789, et dont le peuple de Paris vient de donner au monde la seconde et j'espère la dernière représentation, il y a peu de jours. » (10 mars 1848.)

Le F∴ Rebold (auteur de l'*Histoire des Trois Grandes Loges de la F∴ M∴*) essaie d'expliquer cette contradiction :

« Lorsqu'il s'agit de la liberté, de la vie intellectuelle de tout un peuple dont les droits sont foulés aux pieds du pouvoir, alors le devoir du maçon est tout tracé. La conscience de citoyen et la mise en pratique des principes de la Maçonnerie doivent l'emporter sur les restrictions réglementaires. »

Les premiers aveux sur cette infraction à la lettre des statuts sont venus de la Belgique.

Le F∴ Verhaeghen s'exprimait en ces termes au Grand Orient de Belgique (1854) :

« On dira que nos statuts nous interdisent toutes discussions politiques et religieuses. Mais ceci doit, une fois pour toutes, être sérieusement examiné... Constatons d'abord qu'en maintes circonstances la Franc-Maçonnerie a unanimement méconnu cette restriction. Elle s'est activement mêlée aux luttes politiques; et, quand le triomphe de sa cause, salué par la nation entière, démontrait combien elle est sympathique au pays, qui donc oserait la blâmer? Ce serait calomnier l'histoire, nier l'immense service rendu au pays...

» Que ceux-là se rassurent donc qui croiraient la loi maçonnique transgressée par la déclaration que je viens de faire. Quand j'interroge le passé de notre institution, n'y vois-je pas que la Maçonnerie a toujours été la vigie attentive qui veille à la marche du vaisseau politique. »

— « Nous avons atteint notre but, car si l'opinion libérale a triomphé en Belgique, c'est à la Franc-Maçonnerie qu'elle doit ce triomphe. »

— « Dans les crises politiques, chaque fois qu'il le fallait, le centre, le point d'appui de la résistance était là, dans la Maçonnerie!... La Maçonnerie s'est mêlée activement aux luttes politiques... Si l'opinion libérale a triomphé en Belgique, c'est à la Maçonnerie qu'elle doit son triomphe. » — « En fait et en droit, nous sommes fondés à écarter définitivement l'interdiction que la lettre nous impose. »

Quoi de plus saisissant que l'arrêté du Grand Orient de Belgique et la décision de son grand Comité à propos du rôle électoral de la Franc-Maçonnerie ?

La décision du grand Comité, rendue le 5 janvier 1855, est restée le programme impératif de toutes les élections politiques :

ART. Ier. Un candidat maçon sera d'abord proposé par la loge, dans le ressort de laquelle se fera l'élection, à l'adoption du G∴ O∴ pour être ensuite *imposé* aux F∴ de l'obédience.

II. Dans l'élection, qu'elle soit nationale, provinciale, municipale, il n'importe, l'agréation du G∴ O∴ sera également nécessaire, également réservée.

III. Chaque maçon jurera d'employer toute son influence pour faire réussir la candidature adoptée.

IV. L'élu de la Maçonnerie sera astreint à faire en loge une profession de foi, dont acte sera dressé.

V. Il sera invité à recourir aux lumières de cette loge ou du G∴ O∴, dans les occurrences graves, qui peuvent se présenter pendant la durée de son mandat.

VI. L'inexécution de ces engagements l'exposera à des peines sévères, même à l'exclusion de l'ordre maçonnique.

Et le Grand Orient par une délibération solennelle — les colonnes consultées et le Grand Orateur entendu dans ses conclusions — a ratifié cette décision :

« L'obligation prononcée par le maçon donne à celui-ci un caractère indélébile. En promettant de remplir ses obligations, le maçon aliène une partie de la liberté absolue de ses actions... ,

» La Maçonnerie doit tenir ses yeux ouverts sur ses soldats. Sans cette action exercée par la Maçonnerie sur ses membres livrés à la vie publique, le travail maçonnique serait stérile, le dévouement de nos frères une duperie et nos espérances en l'avenir ne seraient que des chimères...

» Par ces considérations principales, le G∴ O∴ résout sans hésitation la question qui lui a été posée, et il décide que non-seulement les loges ont le droit, mais le devoir de surveiller les actes de la vie publique de ceux de leurs membres qu'elles ont fait entrer dans les fonctions publiques, le devoir de demander des explications lorsqu'il paraît qu'un ou plusieurs de ces actes ne tendent pas à éclairer la société du flambeau de la vérité. Le G∴ O∴ pense qu'il faut être sévère et inexorable envers ceux qui, rebelles aux avertissements, poussent la félonie jusqu'à appuyer, dans la vie politique, des actes que la Maçonnerie combat de toutes ses forces comme contraires aux principes sur lesquels il ne peut être permis de transiger. »

En est-il de même en France, et devons-nous croire, suivant les protestations du F∴ Peuchinat, que la Franc-Maçonnerie française refuse de se mêler aux luttes des partis, que dans les questions politiques et religieuses elle laisse à chacun de ses membres leur entière indépendance — que chacun d'eux, sénateurs, députés, fonctionnaires de tout ordre — parlent, votent et agissent suivant les libres inspirations de leur conscience ?

La Franc-Maçonnerie ne s'occupe pas de politique ! Comment s'expliquer alors le discours prononcé par le F∴ Hovius, à la loge de Saint-Malo ?

C'était en 1877, après l'acte du 16 mai.

La Maçonnerie française a pris peur. Bientôt elle a reconnu qu'il n'y avait pas de quoi.

Le F∴ Hovius, vénérable de la loge la *Triple-Essence*, faisait en ces termes à ses F∴ réunis en une tenue solennelle, les confidences de la secte :

Un épais nuage a passé sur notre soleil ; l'horizon s'est assombri ; les ténèbres se sont de nouveau répandues sur la terre. — Une nuée d'hommes noirs, chassée des nations où règnent des gouvernants intelligents, s'est abattue sur cette terre où florissait la liberté. Les perfides conseils de cette bande noire furent écoutés et suivis, et bientôt après, tous les autres citoyens, qui possédaient la confiance de la nation, portant haut le flambeau de la vérité, cherchant à éclairer le genre humain sur les menées des cléricaux — c'était là leur plus grand crime, — furent obligés de quitter le pouvoir.

» Depuis cet acte, la liberté s'est voilée la tête, et nous, ses vrais amis, nous avons pris l'habit de deuil : Gémissons ! gémissons !! gémissons !!! comme nous faisons dans le temple, à nos cérémonies funèbres, mais ne nous décourageons jamais !

Le soleil n'est pas éteint ; la lumière reparaîtra à l'horizon ; le dernier crépuscule de ces jours néfastes va jeter ses dernières lueurs. Ayons toujours foi dans l'avenir. La nuit ne dure qu'un temps... Nous reverrons bientôt l'aurore. Une journée, le 20 février 1876 (1res élections générales) a chassé nos ennemis du pouvoir. Une autre journée les chassera encore... »

Le vénérable de la loge de Saint-Malo ne se trompait pas. La majorité du Parlement français, issue des élections de 1877, était une majorité absolument maçonnique,

comme l'est aujourd'hui la majorité du parlement belge.
Nous l'avons bien vu à ses œuvres.

L'influence électorale de la Maçonnerie, les sénateurs et
les députés qui en profitent la connaissent bien. M. Oudet,
élu en une seule année, en 1877, maire de Besançon, président du Conseil général et sénateur, allait immédiatement, au sein de la loge *Sincérité*, *Parfaite Union et
Constante Amitié réunies*, incliner devant la puissance
maçonnique sa triple investiture officielle.

« Mes Frères, disait-il, je vous remercie de l'honneur que
vous me faites aujourd'hui. Il y a bien longtemps que je fais
partie de votre respectable Atelier. C'est ici que j'ai appris à
connaître la Maçonnerie : c'est parmi vous, grâce à l'étude des
dogmes qui constituent la base de notre institution, que j'ai
appris à être utile à la société. Depuis, *grâce à votre concours*,
je suis arrivé à représenter successivement votre ville, votre
canton au Conseil général, et votre département au Sénat. Ce
sont là des honneurs bien accumulés, et ce sont là aussi bien
des charges; mais ce sera en même temps l'honneur de ma vie,
et cet honneur, je le reporte tout entier à votre société... »

Et en même temps paraissait un article enthousiaste
dans la *Chaîne d'Union*, revue maçonnique :

« Nous constatons avec une réelle satisfaction que nous
comptons, au nombre des sénateurs et des députés élus, bon
nombre de nos frères. Nous les avons connus, pour la plupart,
comme des francs-maçons des plus actifs et des plus dévoués
à notre institution. »

Les mêmes constatations se font à tous les degrés de la
hiérarchie administrative ou électorale.

« Je suis heureux, écrivait au *Monde maçonnique*, un de ses
correspondants (numéro 11 mars 1881), de commencer mon
courrier en appelant votre attention sur le succès remporté
aux dernières élections municipales de Bordeaux par les
Frères Roques et Laroque : le premier, vénérable en titre; le
second, membre de la loge la *Candeur*, qui ont été élus à de
très fortes majorités. Plusieurs des nouveaux conseillers,
les Frères Furs et Dordé notamment, sont d'anciens maçons.
(Presque la moitié des membres du Conseil municipal de Bordeaux se trouve ainsi formée de francs-maçons.) — Dans des
communes suburbaines, la Franc-Maçonnerie bordelaise a
obtenu des succès nombreux. Nous ne pouvons apprécier le
caractère de ces élections, mais nous tenions néanmoins à
les signaler parce qu'elles sont une preuve palpable de la vitalité de notre institution à Bordeaux et de la considération dont
jouissent un grand nombre de nos Frères. »

Le 3 août 1880, la *Chaîne d'Union*, *Journal de la Maçonnerie universelle*, publiait une lettre de Caen :

Nous avons eu l'honneur ou plutôt le bonheur de recevoir
samedi dernier, dans notre L∴ *Saint-Jean de Thémis :*
  M. Gravier, préfet du Calvados;
  M. David, secrétaire particulier de M. le Préfet;
  M. Buquet, conseiller de préfecture.

Ces messieurs avaient demandé l'initiation Maçonn.·.. L'assemblée était nombreuse ; tous les vieux maçons étaient là à l'O.·.. La réception a été splendide et notre F.·. Bouer, orat.·. a prononcé un discours aux FF.·. nouvellement initiés...

Déjà le secrétaire général de la préfecture, M. Farjas, était maçon depuis longtemps, et voilà que nous avons quatre FF.·. à la préfecture, compris M. le Préfet.

Notre Atel.·. a donc fait de belles acquisitions samedi dernier, et nous sommes tous dans la joie de voir nos coll.·. renforcés de FF.·. qui occupent une haute position dans l'administration de notre département.

A Montpellier le Préfet a été reçu solennellement à la fête solsticiale de la loge maçonnique :

Le F.·. Desmons, conseiller général du Gard, a pris la parole et a porté un toast à l'administration républicaine représentée au banquet par le F.·. Fresne, préfet de l'Hérault.

Le F.·. Fresne a répondu à ce toast par une allocution chaleureuse, dans laquelle il a fait ressortir le dévouement de l'administration actuelle aux institutions républicaines et son union avec la Franc-Maçonnerie dans la lutte matérielle contre le cléricalisme. Il a paraphrasé dans un langage élevé la devise de : Liberté, Égalité, Fraternité, commune à la Franc-Maçonnerie et à la Révolution française.

Les allocutions des F.·. Desmons et Fresne ont été couvertes d'applaudissements répétés.

De telles citations pourraient être multipliées à l'infini.

Les dernières élections ont-elles diminué l'influence politique de la Maçonnerie ? Il faudrait être bien accessible aux illusions pour l'espérer.

La Maçonnerie attend du Parlement nouveau de nouveaux services. Nous devons attendre de lui de nouvelles destructions et de nouveaux deuils.

Il y a quelques semaines, à l'ouverture de la période électorale, le Grand Orient de France a jugé utile de rappeler par une circulaire « que le serment prêté par chaque maçon à la puissance maçonnique dont il relève, le lie à cette puissance, qu'il n'est pas une vaine formalité, mais un acte engageant absolument celui qui le prête. »

La secte a un programme impératif. Elle l'impose aux ministres éphémères qu'elle tire de leur obscurité, de leur extrême médiocrité, pour en faire des hommes d'Etat. Pitoyables politiques qui n'ont même pas la liberté des fautes qu'ils commettent !

Par quelle voie se propose-t-elle de conduire à la ruine notre pays, notre culte, nos institutions catholiques et nationales.

Laissez-moi vous rappeler un souvenir trop oublié.

En 1872, une réunion étrange se tint en Italie. Le compte rendu en fut alors publié dans quelques journaux : en le lisant on haussa les épaules, puis on n'y pensa plus. — C'était en effet bien invraisemblable.

Quelques hommes de médiocre notoriété et de mérite inconnu, avaient délibéré sur le sort de tous les Etats de l'Europe.

Leur délibération a une date authentique — 29, 30 et 31 octobre 1872.

Tous les Etats y passèrent successivement. — Pour l'Italie, ces hommes décidèrent qu'il fallait rester provisoirement vis-à-vis de la monarchie de la maison de Savoie sur le terrain de la légalité stricte, se borner à renverser les ministères de droite et empêcher qu'ils pussent jamais être rétablis.

« On ne peut rien tenter pour le moment, et nous n'en avons pas le dessein, dirent-ils. Il nous suffit de nous poser aux yeux du monde comme un parti puissant et de nous poser comme une autorité constituée en face du gouvernement. »

Vis-à-vis de la Prusse même attitude.

« M. de Bismarck est à nous entièrement, dit un général prussien, délégué à ce convent. Le jour où nous le verrions titubant nous lui retirerions notre confiance. Il le sait très bien.

» Il a fait une grosse besogne et, quelque pressé qu'il soit, il lui faut du temps. Pendant que la France, l'Italie, l'Espagne, tout le monde latin enfin sera dans les convulsions d'une transformation sociale, il accomplira plus facilement, croit-il, les exécutions souveraines qu'il a méditées et portera le dernier coup à l'empire d'Autriche. Cela fait, on verra l'Allemagne entière acclamer la République et envoyer promener le vieux Guillaume. »

En lisant ce passage des délibérations du convent de 1872, il m'est impossible de ne pas être frappé d'une étrange concordance.

Ces paroles de haine contre l'empire catholique d'Autriche, nous les avons entendues sortir d'une autre bouche.

Un homme qui prétend — sans succès jusqu'ici — s'emparer par quelque voie tortueuse du gouvernement de France, — celui-là même qui, en 1848, était en ces termes proposé comme Grand Maitre de la Maçonnerie : « *Napoléon Bonaparte, représentant du peuple, initié en 1848 aux* Amis de la Patrie *par les* F∴ *Desaulis, dernier président du* G∴ O∴ — *principes avancés, doué de qualités énergiques, aimant la Maçonnerie à l'exemple de son père, le* F∴ *Jérôme* » et qui, récemment, dans le deuil de la France chrétienne, n'a trouvé dans la générosité de son âme qu'une inspiration — celle d'appuyer de ses applaudissements le travail des crocheteurs, — en 1865, dans son discours d'Ajaccio, a tenu précisément le même langage que les francs-maçons du convent de Locarno :

L'heure est venue où le drapeau de la Révolution doit être largement déployé. Quel est le programme de cette Révolution?

— C'est d'abord *la lutte engagée contre le catholicisme*, lutte qu'il faut poursuivre et clore ; — c'est la Constitution des grandes unités nationales sur les débris des Etats factices et des traités qui ont fondé ces Etats ; — c'est la démocratie triomphante, ayant pour fondement le suffrage universel, mais qui a besoin pendant un siècle d'être dirigée par les fortes mains des Césars ; c'est la France impériale au sommet de cette situation européenne ; c'est *une guerre, une longue guerre,* comme condition et instrument de cette politique.

Voilà le drapeau et le programme. Or, le premier obstacle à vaincre, c'est l'Autriche.

L'Autriche est le plus puissant appui de l'influence catholique dans le monde... *C'est le repaire du catholicisme... Il faut donc l'abattre et l'écraser.* La France impériale doit rester l'ennemie de l'Autriche ; elle doit être l'amie et le soutien de la Prusse, *la patrie du grand Luther ;* et qui attaque l'Autriche par ses idées et par ses armes. Elle doit soutenir l'Italie, qui est le centre de la Révolution dans le monde, en attendant que la France le devienne, et *qui a la mission de renverser le catholicisme à Rome, comme la Prusse a pour mission de le détruire à Vienne.*

Messieurs, revenons au convent de Locarno.

De la Russie, les comptes rendus de la réunion ne parlent pas. La nature des résolutions prises ne supportait sans doute aucune divulgation.

Ce cénacle a fait à la France l'honneur de s'occuper d'elle.

Il a décidé qu'il y serait établi — je cite textuellement — un gouvernement provisoire sous la dictature de Gambetta. « Il nous est lié, affirmèrent les principaux sectaires, par des engagements qu'il ne pourra jamais rompre. »

C'était bien incroyable en 1872. M. Gambetta revenait à peine de Saint-Sébastien. Il était encore pour les républicains eux-mêmes « le dictateur de l'incapacité. »

Le 16 février 1871, un député de la gauche était monté à la tribune et s'était écrié :

« J'insiste auprès de l'Assemblée pour que la conduite du ministre de l'intérieur de Bordeaux soit flétrie comme elle le mérite.

» Je demande L'ENQUÊTE... Elle amènera LA FLÉTRISSURE !... »

Ce député, admirablement au courant des actes de la délégation de Tours et de Bordeaux, n'était autre que M. Wilson, aujourd'hui sous-secrétaire d'Etat au ministère des finances, le compagnon de M. Gambetta lors de son récent voyage de Tours.

Je gage qu'il n'aime pas qu'on rappelle sa proposition du 16 février 1871.

M. Gambetta paraissait écrasé par les souvenirs de son impéritie, par les désastres que sa folie et son égoïsme avaient ajoutés à tous nos désastres. Il revenait avec les avantages matériels, mais avec l'embarras moral d'une fortune subite et inexpliquée.

Ces obstacles semblaient insurmontables : ils ont été aplanis. Les commissions de l'Assemblée nationale se sont tues, les ministres qui auraient dû agir se sont abstenus. La dictature que décrétaient en 1872 les conciliabules de Locarno est aujourd'hui dans toutes les prévisions.

Ni les résistances intermittentes du Sénat, ni les huées de Belleville ne suffiront à y faire obstacle.

M. Gambetta marche ouvertement à cette dictature. Dans quel but y est-il conduit ?

Est-ce pour le vain plaisir de prendre dans une boutique de Cahors le fils d'un épicier génois et de le conduire par la main au Palais de l'Elysée comme chef de la nation française ?

Le contraste est piquant, j'en conviens. Mais ce n'est pas l'amour des contrastes qui a dicté le choix de la secte. L'élévation de M. Gambetta est le résultat d'un pacte. Il a été choisi parce qu'aucune conscience n'a paru plus apte que la sienne à exécuter le programme des sectaires.

Voulût-il s'arrêter, il ne le pourrait pas.

On l'a bien vu lorsque, l'an dernier, un ministre qui s'était associé à une politique de persécution et de violence, essaya de limiter le mal auquel il avait concouru.

Il avait obtenu la majorité dans les Chambres. Le chef de l'Etat lui témoignait toute sa confiance. Le Parlement était absent, et cependant en vingt-quatre heures il tomba, emportant, dirent les journaux républicains eux-mêmes « les regrets de cette opinion moyenne sans laquelle il n'est pas d'appui durable pour les gouvernements libres. »

Il tomba, sous quels efforts et pourquoi cela ?

En apparence sa chute était incompréhensible. Oui, à cette époque les Chambres étaient absentes. Mais l'assemblée générale de toutes les loges de France se tenait — du 14 au 18 septembre 1880 — au Grand Orient. C'est du sein de cette assemblée plénière qu'est parti le coup qui a frappé en pleine poitrine M. de Freycinet, accouru précipitamment à Paris le 16 octobre et démissionnaire le 18.

Lisez les procès-verbaux du Grand Orient, le *Journal officiel* : comparez les dates. La concordance est saisissante.

L'expérience sera-t-elle perdue ? Il faut conclure comme le faisait avec une rare clairvoyance M. Disraéli, premier ministre d'Angleterre, le 20 septembre 1876, dans son discours d'Aylesbury :

« Les gouvernements de ce siècle n'ont pas affaire seulement aux gouvernements, empereurs, rois et ministres, mais encore aux sociétés secrètes, éléments dont il faut tenir compte, qui, au dernier moment, peuvent mettre à néant tous les arrangements, qui ont des agents partout, des agents sans scrupule qui poussent à l'assassinat et peuvent, s'il le faut, amener un massacre. »

II.

Messieurs, j'en ai assez dit, n'est-ce pas, pour montrer combien est redoutable la puissance contre laquelle nous devons lutter avec une indomptable énergie.

Cette nécessité de la lutte, elle nous apparaît plus clairement encore quand, après avoir mesuré les forces d'un si dangereux ennemi, nous cherchons à nous rendre compte du but auquel il tend.

Un très remarquable travail de M. Claudio Jannet, dont nous regrettons tant l'absence, vous fera connaître sous tous ses aspects le programme international de la Franc-Maçonnerie.

J'en retiens trois points principaux.

Avant-hier, à Paris, un maçon de haut parage, M. Paul Bert, dans une réunion présidée par M. Gambetta, tenait avec l'approbation du Maître un langage odieux :

« Je puis vous dire pour ce qui est de l'enseignement religieux (et personne ne me démentira) qu'il est l'école de l'imbécillité (Salve d'applaudissements), qu'il est l'école du fanatisme; qu'il est l'école de l'antipatriotisme; qu'il est l'école de l'immoralité. (Applaudissements redoublés.) »

Messieurs, nous ne répondrons pas à de tels blasphèmes. Mais, à notre tour, étudiant l'enseignement maçonnique, son programme, ses doctrines, nous pouvons dire avec une certitude absolue, et à l'aide de preuves multipliées, que ce progamme antichrétien est, en même temps, anti-français et destructif de toute morale.

Antichrétien. Ah ! nous ne sommes plus à l'heure où on le contestait.

On a dit d'abord : Le cléricalisme, c'est l'ennemi.

Puis les événements ont marché, la logique des faits l'a emporté — il a bien fallu l'avouer. C'est un professeur de faculté qui a fait le premier aveu :

« La distinction entre le catholicisme et le cléricalisme, est purement officielle, subtile, pour les besoins de la tribune; mais ici, en loge, disons-le hautement pour la vérité, le catholicisme et le cléricalisme ne font qu'un. Comme conclusion, ajoutons : On ne peut être à la fois catholique et républicain; c'est impossible. »

Telles sont bien en effet la tradition et la doctrine maçonniques.

« Un cadavre est sur le monde, a dit un sectaire belge, il barre la route du progrès. Ce cadavre du passé, pour l'appeler par son nom, carrément, sans périphrases, *c'est le catholicisme...* C'est ce cadavre, mes Frères, que nous avons aujourd'hui regardé en face, et si nous ne l'avons pas jeté dans la fosse, nous l'avons soulevé du moins de manière à l'en rapprocher de quelques pas.

» C'est un grand résultat. Nous le devons à nos Frères d'Anvers. Nous les en remercions chaleureusement, maçonniquement.

Le sectaire qui tenait un tel langage n'était pas le premier venu. Il n'est autre que le ministre actuel de l'instruction publique de Belgique, M. Van Humbeck.

En 1869, un franc-maçon qui est devenu, lui aussi, un personnage politique important, M. Andrieux, votait à l'Anti-Concile de Naples cette motion qui est l'aveu le plus clair du but de destruction religieuse auquel tend la Maçonnerie :

« Considérant que l'idée de Dieu est la source et le soutien de tout despotisme et de toute iniquité, considérant que la religion catholique est la plus complète et la plus terrible personnification de cette idée, que l'ensemble de ses dogmes est la négation même de la société, les libres-penseurs assument l'obligation de travailler *à l'abolition prompte et radicale du catholicisme, à son anéantissement par tous les moyens, y compris la force révolutionnaire.* »

Abolir le catholicisme, anéantir la religion chrétienne — même pour une tyrannie que n'arrête aucun scrupule, — c'est une tâche qu'il n'est pas facile de mener à son terme. On peut bien crocheter des serrures, chasser de leur asile des religieux sans défense, méconnaître tous les droits, violer toutes les libertés — la résistance indignée des consciences n'obéit pas aux arrêts des conseils académiques et du Tribunal des Conflits.

Alors la rage des oppresseurs redouble. Un nouveau plan de campagne est combiné. Il a sa formule : *il faut noyer le catholicisme dans la boue.*

Dans ce but une société s'est formée à Paris, sous le nom d'Union démocratique de propagande anticléricale.

Elle a un comité d'honneur, à la tête duquel est M. Gambetta avec MM. Jean Macé et Spuller ; — un comité d'action que président M. Schœlcher, M. Paul Bert, M. Gagneur, et où siégent MM. Allain Targé, Lockroy, Naquet — un secrétariat général — un journal hebdomadaire. Elle a été reconnue par le gouvernement comme œuvre d'utilité publique.

Sa mission est de guetter les fautes privées des prêtres catholiques. Quand elle n'en découvre pas, elle en invente. Avec quel éclat elle s'en empare, avec quel luxe d'exagérations elle les amplifie. Tous les échos de la presse en retentissent. Il faut que, sur toute la surface de la France, les puritains de cabaret s'exclament après boire, ne pouvant contenir, entre deux récits obscènes, l'éclat de leur vertueuse indignation.

Quels devoirs, Messieurs, nous impose une telle coalition de toutes les forces du mal!

Lutter contre le monopole de l'enseignement maçonnique, défendre la liberté de notre culte, organiser les associations chrétiennes, assurer aux mourants les secours et les consolations de la religion, opposer à la propagande du mensonge la propagande infatigable de la vérité, redresser les croix que l'on renverse, défendre l'honneur de nos prêtres, assister partout et toujours les persécutés, — rester fermes et fidèles en présence de périls qui s'aggravent — prévoir et combattre sans relâche jusqu'à la fin. Voilà notre mission.

L'année qui s'ouvre verra s'accroître le mal, sous deux formes qui s'annoncent déjà — l'asservissement de la justice — et la confiscation.

L'asservissement de la justice, c'est là aussi une tradition maçonnique.

Le Grand Orient de Bruxelles n'envoyait-il pas, il y a quelques années, une circulaire qui semble contenir tout le secret de la réorganisation de nos tribunaux administratifs et universitaires — réorganisation qui ne tardera pas à atteindre aussi nos tribunaux ordinaires?

« Engagez, autant que possible, disait cette circulaire, les procès devant les tribunaux devant lesquels les vénérables frères sont assurés de la majorité. »

Et la confiscation!

Je sais bien que la Constitution de 1791, celle de 1848, déclaraient que la confiscation ne pourrait jamais être rétablie.

Le conventionnel Barrère était plus franc quand il disait :

« La République ne sera basée que sur les biens nationaux. »

Ce n'était pas la Constitution, c'était Barrère qui avait raison.

Jetez les yeux sur la Suisse, l'Italie; la confiscation y est comme en France le procédé favori de la Maçonnerie triomphante.

Lorsque dans le courant de cette année, de hauts maçons suisses sont venus à Paris apprendre au gouvernement français la manière de mener à bien cette œuvre de spoliation, ils se sont tout d'abord rendus dans les loges.

Le F∴ Héridier, dit *Le Monde maçonnique,* a obtenu un franc succès en montrant que la Maçonnerie suisse n'est pas moins anticléricale que la Maçonnerie française et qu'elle partage les mêmes opinions et aspirations que celle-ci. (Tenue de la loge *la Rose du Parfait Silence* de Paris — 2 février 1881).

Je comprends pourquoi dans les congrès maçonniques on veut avec tant de fureur supprimer Dieu et effacer ses commandements. Il faut effacer surtout le septième commandement, si énergique et si gênant dans son laconisme :

« NON FURABERIS. »

Cet odieux programme, qui menace notre foi, ne menace-t-il pas au même degré notre patrie?

Comment en serait-il autrement ?

On peut bien faire retentir le Trocadéro, devenu le temple des cérémonies maçonniques trop à l'étroit dans l'enceinte du Grand Orient, de déclamations bruyantes, d'amplifications emphatiques sur le patriotisme. On n'altérera pas, dans leur vérité historique, nos traditions nationales. La France est un pays chrétien.

Ceux qui ont entrepris la tâche impie de la déchristianiser, — ni par le sang, ni par le cœur, — ils n'ont rien de français.

Les sectes qui organisent la propagande anticléricale parlent volontiers en public de leur amour pour la patrie.

— C'est la République, c'est la France qu'elles veulent servir, disent-elles, en détruisant le catholicisme. Je ne m'indigne pas seulement contre le blasphème — je nie la sincérité des blasphémateurs. Il faut surprendre dans leurs publications secrètes leur pensée véritable, pour savoir avec quel dédain ils traitent « la vertu appelée patriotisme. »

« Diminuez, retranchez l'amour de la patrie, disait au siècle dernier un de leurs docteurs, les princes et les nations disparaîtront sans violence de dessus la terre. »

Leur doctrine n'a pas changé de nos jours :

« La France régénérée, écrivait naguère un des secrétaires du Grand Orient, n'a pas encore atteint le degré de perfection que commandent les doctrines de la Franc-Maçonnerie... La patrie de tous les hommes, c'est l'univers ! »

Le degré de perfection qu'il faut atteindre n'est autre chose qu'une indifférence absolue pour les destinées de la patrie, lorsqu'elles doivent être sacrifiées aux intérêts de la secte.

« La Maçonnerie n'est d'aucun pays, écrit Ragon un de ses historiens les plus autorisés. Elle n'est ni française, ni écossaise, ni américaine. Elle ne peut pas être suédoise à Stockholm, prussienne à Berlin, turque à Constantinople, si elle y existe : elle est une et universelle. Elle a plusieurs centres d'action, mais elle n'a qu'un centre d'unité qui est le plus grand bien-

fait de la société antique. Si elle perdait ce caractère d'universalité et d'unité, elle cesserait d'être la Maçonnerie. »

Ce n'est pas là la conception isolée d'un esprit chagrin. Les
mêmes déclarations nous parviennent des pays étrangers.

En Suisse, Bluntschli développe la thèse que l'Etat moderne doit embrasser l'humanité entière.

« L'humanité progressive ne trouve pas sa pleine satisfaction
dans les Etats particuliers et elle les consume. »
— » La liberté que réclame la génération actuelle, s'écriait
récemment un orateur de Gœttingue, c'est la suppression de
toutes les barrières devenues superflues lorsque les hommes
sont réunis en un seul Etat. »

Le patriotisme est un obstacle à ce beau plan. Aussi la
Bauhutte, organe maçonnique allemand, a-t-elle soin de
dire :

« L'Union maçonnique ne doit pas différer à marquer le point
exact où le patriotisme cesse d'être une vertu. »

Par un étrange abus des mots, ou par une habileté calculée, ces dangereux ennemis de notre pays, s'affublent
du nom de *patriotes*. Le mensonge des mots — ne nous en
étonnons pas ; nous devons y être habitués. Ces faux patriotes, ce sont les mêmes hommes qui, sous le nom de
libéraux, se montrent les plus durs et les plus intolérants
des despotes.

« Quand j'entends crier bien haut : Vive la liberté, disait
un Genevois qui a longtemps cru aux promesses du libéralisme, je me demande avec inquiétude : Qui donc va-t-on
mettre en prison ? »

L'idéal de tels patriotes, de tels libéraux, c'est la dictature — la dictature de quelque personnage sans nationalité et sans patrie — n'ayant ni dans le passé, ni dans l'a-
venir, aucun lien avec la nation qu'il domine, prêt à servir d'instrument aveugle aux volontés de la secte, sans
qn'aucun scrupule, aucun souvenir puisse l'arrêter.

Et ces hommes osent parler de moralité ! Où est donc la
formule de leur morale civique et laïque, qui doit remplacer
la morale de l'Evangile ?

Je l'ai cherchée. J'ai trouvé dans la bouche de M. Jules
Ferry, prononçant son discours de néophyte à la loge la
Clémente Amitié, cette définition :

« La morale est un fait social qui porte en lui-même son
commencement et sa fin, et la morale sociale devient ainsi par
dessus tout une question de culture, non-seulement la culture
que donne l'éducation primaire ou supérieure, mais celle qui
résulte des législations bien faites, et aussi de la pratique intel-
ligente de l'esprit d'association. »

Ce pathos inintelligible ne suffit pas, n'est-il pas vrai ?

Demanderons-nous la formule de la morale maçonnique au F∴ Voltaire ?

« Mentez, mentez toujours... »

Ou au F∴ Ragon :

« En fait de pureté, la Maçonnerie ne reconnaît que la propreté physique. Il n'y a pas d'autre souillure pour l'homme que la malpropreté matérielle. »

Nous nous en sommes aperçus. Ponce-Pilate se lavant les mains, voilà bien le symbole de l'intégrité des francs-maçons.

Plus de religion, plus de patrie, plus de morale, tel est le don du joyeux avénement de la République française sombrant dans une dictature sectaire.

Je crois avoir répondu à la première question de M. de Hemptine et vous avoir montré *à qui il faut résister*.

Pour répondre à sa seconde et à sa troisième question :

En quoi — et comment faut-il résister? — je me borne à prendre les Constitutions pontificales. Elles ont depuis un siècle et demi prévu le péril que personne n'apercevait. Elles ont tracé aux princes et aux nations catholiques, avec une fermeté tout apostolique, le devoir à remplir.

En 1738, dès les premiers développements de la F∴ M∴, Clément XII dénonçait « les nouveaux et rapides progrès que font chaque jour certaines sociétés, assemblées, réunions, agrégations ou conventicules, nommés vulgairement de francs-maçons, ou sous toute autre dénomination. »

Il défendait, sous peine d'excommunication, à tous et à chacun des fidèles de Jésus-Christ « d'entrer dans ces sociétés de francs-maçons, de les entretenir, les recevoir chez soi, leur donner asile, assister à leurs réunions, leur fournir quelque chose, leur donner conseil, secours ou faveur, ouvertement ou secrètement, directement ou indirectement. »

En 1751, les francs-maçons, qui sont toujours les mêmes, répandaient le bruit que cette peine d'excommunication cessait parce qu'elle n'avait pas été confirmée par Benoît XIV, successeur de Clément XII.

« Voulant fermer la bouche au mensonge et à la calomnie, déclare Benoît XIV, nous confirmons, corroborons, renouvelons cette Constitution de notre prédécesseur ; nous voulons et statuons qu'elle ait force et efficacité à perpétuité. »

Benoît XIV faisait appel « à l'assistance et au secours de tous les princes et de toutes les puissances séculières catholiques, les souverains et les puissances étant choisis de

Dieu pour être les défenseurs de la foi et les protecteurs de l'Eglise. »

En 1811, Pie VII renouvela cette condamnation : « Nous qui sommes constitué le gardien de la maison d'Israël, qui est la sainte Eglise ; nous qui par notre charge pastorale, devons veiller à ce que le troupeau du Seigneur n'éprouve aucun dommage, nous pensons que, dans une cause si grave, il nous est impossible de nous abstenir de réprimer les efforts sacriléges de cette société. »

Quoi de plus éloquent que la condamnation prononcée par Léon XII en 1825.

Rappelant les Constitutions de ses prédécesseurs, il disait :

« Plût à Dieu que ceux qui avaient alors le pouvoir en main eussent su apprécier ces décrets autant que l'exigeaient le salut de la religion et de l'Etat! Plût à Dieu qu'ils eussent employé leur puissance à combattre et à détruire ces sectes dont le Siége apostolique leur avait découvert la perfidie ! Ils y auraient réussi dès lors ; mais soit que ces sectaires aient eu l'adresse de cacher leurs complots, soit que, par une négligence et une imprudence coupables, on eût présenté la chose comme peu importante et devant être négligée, les francs-maçons ont donné naissance à des réunions plus dangereuses encore et plus audacieuses.

» De là vient que, si longtemps après que la torche de la révolte a été allumée pour la première fois en Europe par les sociétés secrètes et portée au loin par leurs agents, et quoique les plus puissants princes aient remporté d'éclatantes victoires qui nous faisaient espérer la répression de ces sociétés, leurs coupables efforts n'ont cependant pas encore cessé. Car, dans les mêmes contrées où les anciennes tempêtes paraissaient apaisées, n'a-t-on pas à craindre de nouveaux troubles et de nouvelles séditions que ces sociétés trament sans cesse ? N'y redoute-t-on pas les poignards impies dont ils frappent en secret ceux qu'ils ont désignés à la mort? Combien de luttes terribles l'autorité n'a-t-elle pas eu à soutenir malgré elle pour maintenir la tranquillité publique?

» Princes catholiques, nos très chers fils en Jésus-Christ, s'écriait le Souverain Pontife, pour qui Nous avons une affection particulière, Nous vous demandons avec instance de venir à notre secours. Nous vous rappellerons ces paroles que Léon-le-Grand, notre prédécesseur, adressait à l'empereur Léon : « Vous devez sans cesse vous rappeler que la puissance royale ne vous a pas seulement été conférée pour gouverner le monde, mais encore et principalement pour prêter main forte à l'Eglise, en comprimant les méchants avec courage, en protégeant les bonnes lois, en rétablissant l'ordre dans toutes les choses où il a été troublé...

» Vous aussi, fils chéris, qui professez la religion catholique, nous vous adressons particulièrement nos exhortations. Evitez avec soin ceux qui appellent la *lumière ténèbres* et les *ténèbres lumière*. En effet, quel avantage auriez-vous à vous lier avec des hommes qui ne tiennent aucun compte ni de Dieu, ni des puissances, qui leur déclarent la guerre par des intrigues et des assemblées secrètes, et qui, tout en publiant tout haut qu'ils ne veulent que le bien de l'Eglise et de la société, prouvent par toutes leurs actions qu'ils cherchent à porter le trouble partout et à tout renverser? Ces hommes sont semblables à ceux à qui l'apôtre saint Jean ordonne de ne pas donner l'hospitalité et qu'il ne veut pas qu'on salue : ce sont les mêmes que nos pères appelaient les premiers-nés du démon. »

Ces condamnations ont été renouvelées par Pie VIII, le 24 mars 1829, par Grégoire XVI.

Le pape Pie IX a prononcé, le 25 septembre 1865, une admirable allocution « contre cette société perverse d'hommes, vulgairement appelée maçonnique, qui, contenue d'abord dans les ténèbres et l'obscurité, a fini par se faire jour ensuite pour la ruine commune de la religion et de la société humaine... Nous exhortons fortement les fidèles à se tenir en garde contre les discours perfides des sectaires, qui, sous un extérieur honnête, sont enflammés d'une haine ardente contre la religion du Christ et l'autorité légitime, et qui n'ont qu'une pensée unique comme ils n'ont qu'un but unique, anéantir tous les droits divins et humains. Qu'ils sachent bien que les affiliés de ces sectes sont comme les loups que le Christ Notre-Seigneur a prédit devoir venir, couverts de peaux de brebis, pour dévorer le troupeau ; qu'ils sachent qu'il faut les mettre au nombre de ceux dont l'Apôtre nous a tellement interdit la société et l'accès qu'il a expressément défendu de leur dire même : *Ave* - Salut. »

Les sectaires affectent de rire de ces condamnations ; mais leur colère ne peut cacher la cruelle atteinte qu'ils en ressentent.

Du vivant de notre bien-aimé Pontife Pie IX, pour les besoins de leur propagande, ils avaient imaginé de répandre le bruit que le Pape lui-même était franc-maçon. A Lyon, en 1875, à la barre du tribunal, M. Andrieux, membre du Conseil de l'Ordre du Grand Orient, essaya de soutenir cette imposture en produisant des photographies où, par une ruse grossière, les insignes maçonniques paraissaient étalés sur les ornements pontificaux.

Bien des événements se sont passés depuis lors. On a vu l'an dernier M. Andrieux, devenu fonctionnaire docile, prêter son concours matériel à l'exécution du programme des loges, en allant en gants gris-perle crocheter les chapelles et les couvents.

Le Souverain-Pontife Pie IX, en qui s'incarnait depuis un demi-siècle la Papauté, s'est endormi dans la paix du Seigneur, laissant au monde catholique la mémoire immortelle de sa bonté et de ses vertus.

En vain aujourd'hui, sans respect pour la majesté de la mort, les sectes font rage autour de sa glorieuse dépouille. La Papauté continue sa marche à travers les âges, grandissant à travers les épreuves, plus forte et plus divine que jamais.

Voyez les dynasties s'écrouler, les empires tomber, et cependant la merveilleuse perpétuité de ce Siége Romain, que les empereurs n'ont pu noyer dans des flots de sang, qui a tenu tête aux invasions des Barbares, qui a traversé les divisions et les violences du moyen âge, qui a fait reculer le mahométisme victorieux, que le protestantisme n'a pas ébranlé, et que, depuis un siècle, la Révolution cosmopolite assiége en vain.

Unis par notre obéissance et par notre foi à ce siége auguste, ah, Messieurs, malgré toutes les apparences, nous sommes bien forts. Ayons le sentiment de notre force. Portons-nous à la défense de notre cause avec cette confiance alerte qui est déjà un gage assuré du succès. Ne redoutons pas l'effort de l'ennemi. Ecartons-nous de ceux qui viennent nous parler de concession, de transaction, de conciliation. Reprenons le mot dont a tant usé un des principaux personnages qui servent aujourd'hui d'instrument à la puissance maçonnique : soyons vis-à-vis de cette tyrannie violente, menteuse et corruptrice, irréconciliables.

Irréconciliables en face de ces implacables ennemis de l'ordre chrétien, nous pouvons l'être en toute sécurité de conscience, car je ne crains pas de démenti sur ce point :

Jamais l'Eglise catholique ne signera de concordat avec le Grand Orient.

Rapport de M. Claudio JANNET sur le caractère particulier que la persécution universelle, dirigée par la Franc-Maçonnerie contre l'Eglise et l'ordre social chrétien, revêt dans les différents pays.

I.

Notre éminent confrère, M. R. de Cléry, vient de montrer comment la Révolution est essentiellement internationale et quelle méprise ce serait que de voir uniquement des mouvements locaux dans les attaques dirigées dans tous les pays du monde contre l'Eglise de Jésus-Christ et contre les institutions sociales, qui se sont développées conformément à l'ordre sous son influence.

La Maçonnerie, — c'est un fait aujourd'hui absolument prouvé, — est partout la directrice de ces attaques et c'est elle qui en fait la redoutable unité.

Elle a pour but dernier de séparer l'homme de Dieu, son Créateur et son Rédempteur, et de l'élever contre Lui. Un penseur profond, le Père Pachtler, a résumé tout le développement de l'idée maçonnique dans ces trois formules : l'*Humanité sans Dieu*, — l'*Humanité se faisant Dieu*, — l'*Humanité contre Dieu*. Elles aboutissent, dans l'ordre des faits, à ces trois étapes de la Révolution : le *Libéralisme*, — le *Césarisme d'Etat*, — la *Commune ou le Nihilisme*.

Pour atteindre plus sûrement ce but, la Maçonnerie affecte d'imiter les moyens d'action et les caractères de l'Eglise de Jésus-Christ, et notamment elle revendique hautement les caractères de l'unité et de l'universalité.

Cette unité, dont les trois grades fondamentaux sont la base, se révèle par l'identité de ses procédés d'attaque, des mesures législatives qu'elle inspire, aussi bien que des courants d'opinion qu'elle sait créer. A-t-elle pour organe *un centre directeur*, une loge suprême connue des seuls initiés ? nous le croyons pour notre part, quoique quelques indices seulement, soigneusement cachés même à la grande masse des initiés, nous amènent à cette opinion. Si on ne l'admettait pas, on ne pourrait expliquer cette unité que par une inspiration directe de celui qui est homicide dès le commencement et qui, par la chute originelle, a acquis un si terrible pouvoir d'immixtion dans les choses humaines. Méconnaître ou seulement passer sous silence l'action satanique dans toute étude touchant aux intérêts moraux de l'Humanité, c'est volontairement négliger un des facteurs les plus puissants de l'histoire des nations comme de l'histoire individuelle de chaque âme. Aussi bien notre affirmation de l'existence d'un centre directeur maçonnique n'exclut nullement l'action satanique : ce centre ne peut être lui-même qu'un agent de transmission de ce moteur premier.

L'unité satanique de la Maçonnerie ne saurait être qu'une contrefaçon grimaçante de l'unité divine de l'Eglise. Aussi est-elle imparfaite et ne se réalise-t-elle jamais pleinement. Non-seulement ses doctrines sont toujours contradictoires comme l'erreur et le mensonge; mais encore les sectes maçonniques, selon les temps et les pays, obéissent à deux tendances distinctes quoique non absolument opposées : les unes voudraient maintenir un ordre social matériel, dont leurs membres recueillent les avantages; elles ne dirigent leurs attaques que contre l'Eglise catholique et les dynasties qui se sont déclarées les serviteurs de la vérité; elles acceptent les princes qui se font leurs instruments actifs ou au moins leurs complices par une indifférence coupable entre le Bien et le Mal : elles accepteraient même l'Eglise, si elle pouvait se réduire au rôle de simple organisation de police pour le peuple et renoncer à combattre les vices de l'Humanité révoltée contre Jésus-Christ.

Mais cette *mesure dans le mal* n'est pas une position que ces sectes puissent maintenir indéfiniment. Une logique vengeresse pousse derrière elle des sectes plus avancées, se recrutant en majorité parmi les déshérités de l'ordre social et dirigées par des esprits, distingués parfois, qu'un fanatisme destructeur domine. Cette nouvelle couche de l'armée maçonnique accepte toujours à titre de premier travail de déblai, la destruction de l'Eglise catholique commencée par les premières, mais elle pousse plus avant la haine contre l'œuvre du Dieu Créateur et prétend détruire tout l'ordre naturel des sociétés, le gouvernement civil, la propriété, la famille. L'Internationale, le parti démocrate-socialiste, le Nihilisme, représentent actuellement cette fraction de l'armée des sectes : elle paraît être en antagonisme avec la Maçonnerie proprement dite ; mais l'observateur attentif aperçoit les liens qui les empêchent de se diviser, au moins tant qu'il s'agit de combattre l'Eglise.

L'action de la Maçonnerie dans les différents pays est naturellement affectée par les circonstances propres à chaque peuple et à chaque époque. L'homme est un être complexe et la vie sociale présente une complication très grande. Dans le développement d'une situation historique, comme dans la formation de l'état moral d'une âme, des causes multiples viennent mêler leur influence à l'action des causes dominantes, et il faut savoir reconnaître les unes et les autres. Nous n'hésitons pas à le dire bien haut : ce serait une grave exagération que de voir uniquement dans l'histoire l'action des sociétés secrètes. La vérité est que cette action est UN des facteurs importants des événements et qu'à *certains moments* ce facteur a été prépondérant.

Nous préciserous notre pensée par deux considérations de fait :

La prospérité et la stabilité sociale des pays protestants comparativement à la décadence des pays catholiques est pour nos contemporains un grand sujet de scandale : nous expliquerons dans un instant comment l'action des sectes a dû se porter presque exclusivement sur ces derniers pays ; mais il faut aussi tenir compte de ce qu'à partir du XVIe siècle les grandes routes commerciales s'étant détournées du bassin de la Méditerranée, l'Espagne, l'Italie, le sud de l'Allemagne ont été frappées d'une infériorité relative, tandis que l'Angleterre, la Hollande, l'Allemagne du Nord trouvaient de nouveaux éléments de prospérité dans cette situation économique.

Actuellement, en France et dans une partie de l'Europe, l'enseignement irréligieux donné à la jeunesse depuis un siècle et la presse impie, ont fait leur œuvre : une fraction considérable de la nation est imbue de préjugés et d'idées fausses, qui correspondent trop bien aux secrets désirs des passions pour ne pas se propager comme d'eux-mêmes. Bien des gens ont toutes les idées de la Maçonnerie avant d'être affiliés dans ses loges. C'est évidemment là un état de choses, dont il faut tenir compte pour la solution pratique de certaines questions de gouvernement. Mais il n'en est pas moins vrai que cette situation est le résultat de la propagande des sociétés secrètes au XVIIIe siècle et dans la première moitié de celui-ci. Même actuellement, l'action maçonnique donne à tous ces mauvais éléments une direction autrement précise pour le mal qu'ils ne l'auraient, s'ils étaient livrés à eux-mêmes ; elle empêche l'action médiatrice exercée constamment sur la société par l'Eglise et surtout elle agit puissamment dans la sphère des relations internationales.

II.

Ces observations générales permettront, croyons-nous, de mieux se rendre compte du caractère particulier que présente l'action des sociétés secrètes dans chaque pays.

Nous nous bornerons du reste à poser quelques points de repère, laissant à ceux de nos confrères venus de l'étranger, que nous avons l'honneur de voir au milieu de nous, le soin de nous donner des indications plus précises.

Une notable différence existe entre les pays exclusivement protestants comme l'Angleterre, les États-Unis, les États Scandinaves d'une part et de l'autre les pays purement catholiques ainsi que ceux où l'Église a, concuremment avec les confessions protestantes, une position constitutionnelle comme l'Allemagne du Nord, la Suisse, la Hollande.

Dans les premiers, la Maçonnerie est *actuellement* regardée comme ayant perdu en grande partie son caractère antireligieux et antisocial. Les institutions politiques y présentent une stabilité qui fait leur force, et l'Église y jouit en fait d'une liberté que nous sommes réduits à envier. Les uns concluent de ce contraste que le catholicisme est précisément la source des conflits politiques et sociaux qui désolent la France, l'Italie, l'Espagne, la Belgique, l'Amérique du Sud. C'est la thèse soutenue par M. de Laveleye, dans un pamphlet que la secte a fait traduire en onze langues. Nous n'avons pas ici à le réfuter.

Des catholiques sincères, mais empreints de libéralisme, prétendent à leur tour que le développement des sociétés secrètes et l'accentuation de leur caractère antisocial dans ces pays, ont principalement des causes politiques, et proviennent des vices des gouvernements. Ils sont ainsi portés, au mépris des enseignements de l'Église, à regarder le renversement des gouvernements légitimement établis, comme une chose bonne; en outre ils favorisent inconsciemment l'opinion de nos adversaires, en admettant comme un fait démontré que les pays catholiques ont été et sont encore les plus mal gouvernés, avec la complicité du clergé, jusqu'à ce qu'ils aient ressenti *les bienfaits du mouvement de 1789.*

Quand on a étudié la suite de l'action des sociétés secrètes et qu'on connaît leur principe générateur, ce contraste s'explique facilement.

La fraction la plus nombreuse de la Maçonnerie, celle qui a eu jusqu'ici la prépondérance, poursuit presque exclusivement la destruction du Christianisme. C'est la personne adorable du Verbe incarné qui est l'objet propre de sa haine; car la Maçonnerie, comme la Révolution, est essentiellement satanique, ne l'oublions pas.

Or, le Christianisme ne se trouve à l'état intégral, vivant et expansif, que dans l'Église catholique. Le protestantisme, malgré toutes les vertus naturelles et surnaturelles même que peuvent avoir un bon nombre de protestants baptisés et de bonne foi, n'est qu'un christianisme en voie de décomposition. De lui-même, en vertu du principe du libre examen, il se désagrége peu à peu ; moins il est combattu extérieurement, plus ce résultat s'accentue, et, deux siècles après les *Avertissements* de Bossuet, la grande majorité des pasteurs protestants, — sinon des peuples que Dieu, dans son infinie bonté, semble garder davantage, — ne croit plus en la divinité de Notre-Seigneur Jésus-Christ. Le Protestantisme et la Maçonnerie vont ainsi au-devant l'un de l'autre, sans que cette dernière ait besoin d'agir. Bien plus, la haine sauvage contre la Papauté, allumée par les apostats, auteurs de la Réformation, fait qu'un grand nombre de protestants se font de bonne foi les complices de toutes les attaques dirigées contre l'Eglise catholique. Les gouvernements de ces pays, notamment ceux de la Prusse et de l'Angleterre, ont, sous cette impulsion, trop souvent propagé dans les pays catholiques la Révolution qu'ils combattaient chez eux. C'est à peine si depuis le commencement de ce siècle, les hommes les plus éclairés s'affranchissent de ces préjugés.

Les pays protestants ne doivent donc être atteints par le flot destructeur, que lorsque l'Eglise catholique ayant perdu sa position extérieure dans le monde, la logique du mal poussera les sectes à attaquer l'ordre social naturel. Les progrès des *social-democrats* en Allemagne, des internationalistes en Suisse et en Danemarck, des *radicaux* en Angleterre, des nihilistes en Russie, sont un premier symptôme de cette évolution à peine esquissée encore.

Cette démonstration, à laquelle le raisonnement nous amène, est corroborée par des déclarations positives faites dans les loges.

Il y a trente ans, une revue maçonnique très importante, *la Latomia*, disait que le Protestantisme était la moitié de la Maçonnerie (1).

En 1874, le f∴ Conrard, vénérable d'une loge, écrivait dans la *Bauhütte* de Leipsig :

« *Quant au Protestantisme, qui est resté lamentablement enfermé dans le marécage de la servitude à la lettre d'un livre et qui, privé d'une discipline vivante poussant en avant le travail de l'esprit, s'est brisé et morcelé en partis confessionnels sans force, il n'y a plus à en tenir compte que comme d'une rubrique statistique. Seule l'organisation si fortement cohérente du Catholicisme, est encore un facteur actif, capable d'arrêter par une puissante barrière la formation des hommes en vue d'une Humanité indépendante.*

---

(1) Reproduit par le P. Deschamps, *les Sociétés secrètes et la Société*, 4ᵉ édit., t. I, p. 128.

» Voilà ce que les maçons soucieux de leurs serments ne sauraient oublier. Qui vise au plus haut doit atteindre au plus haut. Dans le sens de l'infaillibilité de l'Eglise catholique papale romaine, un franc-maçon ne peut absolument pas être chrétien. Cette Eglise est un défi jeté non-seulement à la société franc-maçonnique, mais encore à toute société *civilisée*. Voulons-nous, comme de dignes maçons, progresser dans l'esprit de notre association, nous devons alors dire résolûment avec Strauss : *Nous ne sommes plus des chrétiens, mais seulement des francs-maçons, ni plus ni moins!* En voilà assez! Nous devons concentrer notre force sur cela seul qui réellement est utile à l'homme, l'*Association humanitaire*. Le dilettantisme maçonnique n'apporte que peu d'avantages à l'humanité et peu de considération à notre association. Ou tout l'un ou tout l'autre! » (1)

Les principaux efforts de la Maçonnerie se sont donc tournés contre les pays catholiques depuis un siècle et demi, et c'est ce qui explique les bouleversements politiques constants dont ils ont été le théâtre. Là même, sa tactique a varié selon certaines circonstances de temps et de milieu qu'il faut exposer.

III.

Ne comprenant pas l'assistance surnaturelle dont l'Eglise de Jésus-Christ est l'objet, les habiles directeurs de la Franc-Maçonnerie ont cru pendant longtemps qu'ils pourraient parvenir à la séduire, au moins dans certains pays, qu'ils pourraient propager, avec la connivence des gouvernements légitimes et d'un clergé aux mœurs corrompues, leurs pratiques et leurs principes antichrétiens. C'était l'ancien procédé des Gnostiques, des Manichéens, des Albigeois, des Templiers. Weishaupt en a, à son tour, tracé l'esquisse et l'on connaît le plan complet arrêté en 1818 par la Haute-Vente Romaine, pour faire asseoir un affidé sur le siége de Pierre lui-même !

De pareils desseins nous paraissent à nous absolument insensés. Cependant, à la rigueur, leur réalisation partielle serait possible dans certaines églises particulières, si la Providence divine et la vigilance du Siége apostolique n'intervenaient pas. Dans les pays où la Maçonnerie a adopté cette tactique, elle n'attaque ni la propriété ecclésiastique ni la position privilégiée du clergé : les pompes extérieures de la religion sont maintenues comme une sorte de police pour le peuple. Il lui suffirait que le clergé de ces pays

____

(1) Reproduit par le **P. Pachtler**, *Stille Krieg gegen Thron und Altar*, 2ᵉ édit., p. 58.

devînt expressément ou au moins de fait, schismatique et ainsi s'enfonça dans ces abîmes dont un ancien a dit : *Optimi corruptio pessima*.

Cette tactique des loges n'a-t-elle pas, à la fin du XVIIIe siècle, reçu une certaine exécution dans une partie de l'Allemagne et dans le nord de l'Italie et la Toscane, au commencement de celui-ci en Portugal ? Nous nous bornons à poser la question. Ce qui est certain, c'est que tel était le plan des loges dans le Brésil, nation si profondément catholique, que jamais la secte n'eût pu, du premier coup, y attaquer ouvertement la Religion. Il a été heureusement déjoué par la vigilance de Pie IX, qui a jeté dans ce pays les germes de la régénération en y envoyant des évêques dont la science et l'énergie ont rompu ces trames si perfidement conçues.

Quand la Maçonnerie en est à cette période d'action, elle professe extérieurement un grand respect pour la Religion et se défend de lui être hostile. Mais elle cherche à séparer le clergé du foyer d'unité, elle pousse le pouvoir civil à étendre les limites de ses attributions dans les matières mixtes et même à empiéter sur les attributions essentiellement spirituelles, sous prétexte qu'il est l'*évêque du dehors*. Le gallicanisme et le fébronianisme ont été en leur temps de très utiles auxiliaires de la Maçonnerie, quoique la plupart de leurs fauteurs en fussent probablement inconscients. Aussi la secte ne craint pas à l'occasion, dans certains pays, d'en réveiller les souvenirs surannés inscrits dans la législation civile, quelque grotesque que soit dans sa bouche l'évocation de principes aussi contradictoires avec ses théories d'une société purement humaine.

Les ordres religieux, qui ont précisément pour mission de réchauffer le zèle dans l'Eglise, sont particulièrement odieux à la Maçonnerie et elle a toujours cherché à séparer leur cause de celle du clergé séculier. Quand les nécessités de sa tactique l'obligent à ne pas attaquer tous les ordres religieux à la fois, elle a soin de distinguer parmi eux ceux dont la direction est à Rome même et qui par là contribuent à resserrer l'unité catholique. C'est là le secret de ses attaques toutes particulières contre la Compagnie de Jésus. Le P. Deschamps a péremptoirement établi par des témoignages du temps, comment leur suppression de 1759 à 1773 fut la première étape de la marche en avant concertée par les sectes.

IV.

La conduite des sectes vis-à-vis des gouvernements légitimes, a toujours été subordonnée au but suprême qu'elles poursuivent.

Là où les chefs des dynasties nationales ont consenti à se mettre à la tête de la guerre à l'Eglise, comme en Prusse et en Italie, elles les ont acclamés : elles leur ont donné, au moins pour un temps, ces royaumes du monde, dont elles semblent pouvoir disposer.

Là où les circonstances locales ont permis d'élever des difficultés sur l'ordre de succession au trône, elles n'ont pas attaqué en lui-même le principe de la légitimité, dont les bons effets au point de vue de la prospérité purement matérielle sont incontestables. Elles se sont bornées à choisir parmi les branches, se prévalant d'un droit d'accession légitime au trône, celles dont les chefs leur ont promis leur concours.

Cette conduite a été particulièrement marquée en Portugal et en Espagne. La régente Marie-Christine, parvenue au pouvoir en invoquant à tort ou à raison les principes du droit public espagnol, a inauguré en ce pays le cours de la Révolution. Au sein de cette nation unanimement catholique, des droits constitutionnels ont été spontanément reconnus à l'hérésie et à l'erreur, qui ont ainsi acquis toute facilité de propagande, le clergé a été dépouillé de ses biens, les ordres religieux ont été proscrits. La reine Isabelle ayant refusé de continuer cette politique a été chassée. Au bout de peu d'années, son fils a été élevé sur le trône par ceux-mêmes qui avaient expulsé la mère, pour éviter avant tout le triomphe de don Carlos. Le jeune Alphonse XII est aujourd'hui — inconsciemment probablement — l'exemple de ce que peut être un *roi légitime de la Révolution*. Les tentatives faites depuis son règne pour enlever l'enseignement de la jeunesse à la direction du clergé par le ministère Canovas del Castillo, l'étrange proposition d'établissement faite aux juifs de Russie par le ministère Sagasta, montrent bien que là aussi la secte poursuit le plan arrêté dans son centre directeur indépendamment et par-dessus toute question politique purement nationale.

Quand la Franc-Maçonnerie s'est trouvée en face de dynasties, qui, malgré les défaillances individuelles de leurs membres, sont par une disposition providentielle et une glorieuse tradition, les serviteurs de l'Eglise, les défenseurs de la vérité, elle dirige contre elles tout son effort.

Leur renversement devient alors le but auquel elle sacrifie momentanément tous ses autres desseins.

Tel a été le sort des Bourbons. *Lilia pedibus destrue*, est depuis le xviiie siècle le mot d'ordre des sectes. L'histoire contemporaine est là toute entière pour attester avec quelle persévérance il a été exécuté.

Sans parler du *devoir* propre, qui oblige les citoyens de chaque pays à faire respecter le droit public national, garantie de tous les droits privés, la tactique des sectes indique assez l'*intérêt* majeur qu'ont les catholiques à vouloir le contraire de ce que veulent si obstinément les adversaires de l'Eglise. Cet intérêt existe avant tout pour les catholiques français. Il ne peut leur être indifférent que tous les moyens d'action qu'a l'Etat dans un pays comme le nôtre, soient livrés à un dictateur choisi par les sectes, ou appartiennent au Prince qui fait hautement profession de vouloir faire régner Dieu en maître. Qu'on ne dise pas que les mœurs font les lois et que de persévérants efforts sur le terrain exclusivement religieux, referont à la longue des mœurs chrétiennes dans notre pays : ces efforts et ces œuvres de zèle sont assurément un devoir impérieux ; mais il *faut faire cela et ne pas omettre le reste*, car cette action ne peut être que fort lente, si même elle n'est pas complétement paralysée par le torrent des mesures révolutionnaires. — Au contraire, l'expérience démontre l'influence puissante et beaucoup plus immédiate que les lois, et l'impulsion donnée par la puissance souveraine, ont sur les mœurs publiques : la majorité des hommes est déterminée dans sa conduite principalement par les impressions qu'elle reçoit du dehors. Or, les chances de salut sont beaucoup plus multipliées pour les individus, si le milieu où ils vivent est chrétien. Voilà pourquoi l'Eglise a toujours condamné sous toutes ses formes la dangereuse théorie de la séparation de l'Eglise et de l'Etat ; voilà pourquoi la Maçonnerie cherche au contraire à établir partout ce qu'on peut appeler la *sécularisation de la vie sociale.*

On est ici en présence d'un intérêt commun aux catholiques du monde entier ; nulle part ils ne sauraient être indifférents à la restauration en France d'un pouvoir vraiment chrétien.

La situation particulière de beaucoup de pays, le mélange des races et des croyances, y rendent impossible, probablement pour toujours, l'établissement de l'Etat chrétien, c'est-à-dire la réalisation pratique des doctrines que le Saint-Siége n'a cessé depuis un siècle d'enseigner, et qui ont été résumées dans le *Syllabus.* L'établissement d'un pouvoir pleinement chrétien en France, tout en respectant scrupuleusement les droits civils acquis aux confessions religieuses séparées, est rendu possible à la fois par la tradition nationale, par la logique de l'esprit français et enfin par la violence même de la lutte engagée à cette heure par la Révolution.

Or, la réalisation pratique de l'idée chrétienne dans un pays *rayonnant* comme la France, doit exercer une influence très heureuse sur l'opinion publique dans les autres régions du monde et sur le maintien de la conscience chrétienne dans son intégrité.

Le défaut complet d'application pratique des enseignements donnés dans notre siècle par le magistère suprême du Pontife Romain, serait autant qu'on peut juger humainement des vues de la Providence, un sujet de scandale pour les esprits faibles, surtout dans les pays où le catholicisme commence à s'établir au milieu des hérétiques. Ce qui n'est que l'*hypothèse* commandée par les circonstances de temps et de lieux, risquerait de prendre peu à peu dans les esprits la place supérieure, qui appartient uniquement à ce qui doit toujours rester la *thèse* pour des fils soumis à l'enseignement de l'Eglise.

A défaut du raisonnement, le spectacle de la fureur des loges de tous les pays devant la possibilité d'une restauration monarchique en France, suffirait à éclairer les esprits.

« Jetez les yeux sur la France, disait après le 24 mai 1873, le
» f.·. Smitt dans une loge de Leipsig, dans un discours publié
» sous ce titre : *Nous et les Ultramontains.* Voyez quels plans
» mortels pour nos frères français sont préparés en ce mo-
» ment, de quels dangers les loges françaises sont menacées
» de la façon la plus sérieuse par l'Ultramontanisme ro-
» main (1). »

Il ne pouvait s'agir ici du ministère du 24 mai : l'opinion que l'éloquent parlementaire qui en était le chef, se faisait de l'importance de la Maçonnerie, était assez connue pour donner toute sécurité aux loges : c'est l'avenir qui se préparait alors pour la France, qu'elles voulaient écarter à tout-prix.

A cette époque, ainsi qu'en 1877, le cri de détresse maçonnique, « *A moi, les fils de la veuve,* » a retenti dans le monde entier.

N'est-ce pas le cas de répéter *Et est fas ab hoste doceri.*

Ce que nous venons de dire pour la France et la dynastie des Bourbons, s'applique également, à l'Autriche et à la noble race des Habsbourgs (2).

---

(1) Cité par Pachtler *Stille krieg gegen Thron und Altar*, 2ᵉ édit. p. 75.

(2) Ne pouvant faire ici cette démonstration, nous renverrons à l'excellent ouvrage intitulé *Der Hammer der Freimaurerei am Kaiserthrone der Habsburger* von *Annuarius Offeg* Leipsig, Habbel, 1880.

V

Quand la Révolution ne peut pas renverser les dynasties vraiment chrétiennes, elle cherche à les paralyser en les enveloppant dans les entraves du *régime constitutionnel.* C'est ce qu'elle a fait en France en 1814, dans des circonstances qui ont été pleinement éclaircies dans l'ouvrage du P. Deschamps; c'est ce qu'elle a fait de nos jours en Autriche.

Ici une explication est nécessaire pour éviter des malentendus.

Assurément, le régime constitutionnel ou parlementaire est une forme de gouvernement mixte parfaitement légitime en soi, comme peut l'être la République. L'Eglise, qui ne répugne à aucune forme de gouvernement, l'accepte parfaitement, pourvu que dans le pays dont il s'agit elle soit établie selon la justice, c'est-à-dire conformément à la constitution nationale. La libre constitution de l'Aragon au moyen âge, la constitution presque anarchique de la Pologne, ont été approuvées par Elle : c'est uniquement affaire aux peuples, instruits par l'expérience, à corriger les défauts naturels à ces sortes de constitutions.

Mais lorsque la Maçonnerie s'est faite en ce siècle-ci la propagatrice du régime constitutionnel dans les pays catholiques, elle a eu uniquement pour but : 1° de poser le principe du DROIT de l'erreur à être professée et propagée sous le couvert des libertés de conscience, de presse et d'association, en substituant ce faux principe à la pratique de la tolérance recommandée par l'Eglise dans les limites des nécessités particulières à chaque pays ; 2° d'affaiblir l'autorité de dynasties dont elle connaissait l'attachement à l'Eglise, et de préparer de longue main leur renversement au moyen de la liberté de la presse, liberté qui dégénère toujours en licence, là où la loi de Dieu n'est pas la base incontestée des institutions.

C'est là un point de vue pratique, dont il faut tenir compte pour apprécier la véritable portée des efforts de la Franc-Maçonnerie pour l'établissement du régime constitutionnel en France, en Italie, en Espagne, en Portugal et en Autriche.

Assurément, quand des gouvernements de ce genre fonctionnent depuis de longues années et que des rapports civils se sont établis sur cette base, les catholiques doivent respecter loyalement de semblables constitutions malgré leurs défauts, car l'Eglise, « comme il arrive quelquefois » dans les choses humaines, est contrainte de tolérer quel-

» quefois des maux qu'il serait presque impossible d'em-
» pêcher, sans s'exposer à des calamités et à des troubles
» plus funestes encore (1). » Mais autre chose est un respect des situations acquises, aussi conforme à la grande
politique dont s'inspirait Henri IV en donnant l'édit de
Nantes, qu'à la prudence que l'Eglise a toujours recommandée aux chrétiens, sans pour cela trahir les droits
imprescriptibles de la vérité ; autre chose est un aveuglement sur les manœuvres des sectes, qui aboutit dans le
passé à la falsification de l'histoire et dans le présent à
faire jouer aux catholiques le rôle de dupes.

Une meilleure connaissance des faits aurait empêché certains publicistes, qu'il est inutile de nommer, de représenter
les luttes des catholiques contre cette tactique comme de ri-
dicules tentatives des tenants de l'*ancien régime* et de l'*absolutisme monarchique*. M. d'Israëli, dans sa dernière œuvre, a
parfaitement exprimé, avec sa grande expérience, ce point
délicat de politique pratique à propos de la Révolution de
Juillet :

« Ce n'est pas la bourgeoisie qui a élevé les barricades ; je
connais les gens qui les ont faites, ils ne forment pas une
nation mais une confraternité... Leurs sociétés secrètes couvrent
l'Europe d'un réseau. Elles sont répandues dans toute l'Espagne, l'Italie en est ruinée. La même organisation existe en
Allemagne et en Russie. Les wighs n'admettent qu'un remède
et suivant eux infaillible : le gouvernement constitutionnel.
Ils assurent que les sociétés secrètes ne sauraient coexister
avec les institutions représentatives ; je puis me tromper, mais
il me semble que les *sociétés secrètes feront plutôt disparaître
les institutions représentatives* (2). »

Ce qui prouve combien les sociétés secrètes sont indiffé-
rentes au régime constitutionnel pris en lui-même, quand
les circonstances ne leur permettent pas d'en tirer un
profit particulier, c'est qu'elles ont favorisé l'absolutisme
de tous les princes qui ont voulu servir leurs desseins,
qu'elles suppriment partout les constitutions traditionnelles
les plus libérales comme celles du Tyrol et des Pays-Bas-
ques ; qu'elles ont détruit l'autonomie des républiques les
plus libres comme celle des cantons forestiers en Suisse.

---

(1) Bref de N. S. P. Léon XIII au cardinal Deschamps, archevêque de
Malines, du 3 août 1881.
(2) *Endymion* (London 1880), t. i., ch. vii.

VI

Ce qui vient d'être dit aidera à comprendre comment l'action de la Franc-Maçonnerie dans les pays catholiques passe successivement par deux phases : dans la première, elle pose ses principes dans les lois ; dans la seconde, quand la *légalité révolutionnaire* a pris racine, elle attaque directement les mœurs chrétiennes par l'organisation d'un enseignement impie et corrupteur.

Le système de la législation maçonnique repose tout entier sur cette erreur : que l'Etat (délégation du peuple souverain, Roi absolu ou organe de la science positive) crée le droit, peut faire la loi sans tenir compte de la dépendance où est l'homme vis-à-vis de Dieu dans tous les ordres de son activité.

Voltaire exprimait cette idée dès le milieu du XVIIIe siècle, dans sa tragédie des *Guèbres* ou l'*Intolérance* :

> Que chacun dans son cœur cherche en paix la lumière,
> Mais la loi de l'Etat est toujours la première.

Un autre franc-maçon avancé, Odilon Barrot, a dit brutalement en 1828 : « *la loi est athée et doit l'être ;* »

Le publiciste de l'empire maçonnique Allemand, le f.·. Bluntschli, dit plus hypocritement :

« L'Etat moderne est fondé humainement sur la nature humaine. L'Etat est une communauté humaine de vie, créée et administrée par l'homme dans un but humain... L'Etat moderne est une organisation constitutionnelle humaine : son pouvoir est réglé par le droit public. Sa politique cherche le bien public d'après les conceptions de la raison humaine avec des moyens humains... Il se sent indépendant et libre même au regard de l'Eglise, et il affirme même sur elle son droit élevé (1).

De là découlent l'égalité des cultes devant la loi, la liberté de la presse entendue en ce sens qu'il n'y a pas de délit d'opinion (pour mieux dire de manifestation d'opinion), le mariage civil, la négation du droit propre de l'Eglise à exister comme société indépendante, à s'administrer selon sa propre constitution, à enseigner, à posséder les biens nécessaires à l'entretien de ses ministres et de ses temples, la destruction des ordres religieux ou leur assimilation aux autres associations.

Les formules juridiques varient selon le tour d'esprit

---

(1) *Théorie générale de l'Etat,* trad. française, in-8°, Guillaumin, p. 50-55.

particulier à chaque peuple et le développement historique de sa législation.

Ainsi pour les Français, peuple à l'esprit logique, ami de l'égalité, habitué à la centralisation, le mot d'ordre actuel de la Maçonnerie est : il faut soumettre les chrétiens au *droit commun*, formule captieuse dont l'évêque d'Annecy a récemment montré le caractère destructeur du Christianisme. — En Italie, dont le peuple est si foncièrement religieux, mais qui est échauffé par de glorieux souvenirs historiques appliqués à contre-sens, ce fut *l'Eglise libre dans l'Etat libre*. — En Allemagne, pays couvert encore d'associations traditionnelles de toute sorte et où la vie corporative a une vitalité indestructible, la formule d'oppression de l'Eglise est celle-ci : « L'Eglise est dans l'Etat » et n'est devant lui qu'une corporation aux droits subor- » donnés, comme les autres. »

Sous ces différences d'expression, le programme maçonnique est toujours le même. Nous citerons une fois encore ici un document authentique, qui résume bien l'ensemble des procédés suivis par les sectes. C'est le programme des travaux de la *grande Loge du Chili* arrêté en 1876 et publié dans le *Monde maçonnique*.

Art. I. En outre des commissions actuelles, il y aura dans la grande loge des comités de travaux : — Art. II. Les comités seront intitulés : section d'instruction, section de bienfaisance, section de propagande et section de fraternité maçonnique. — Art. III. La section d'instruction s'occupera : 1° *de fonder des écoles laïques ;* 2° d'accorder son concours à toutes les sociétés qui ont pour objet de donner l'instruction gratuite aux pauvres ; 3° d'aider au progrès de toutes les institutions scientifiques, littéraires et artistiques, qui existent dans le pays; 4° *de faire des conférences populaires pour la propagation des connaissances tendant à faciliter le progrès de l'humanité.* — Art. IV. La section de bienfaisance s'occupera : 1° d'aider à la fondation d'hôpitaux, etc. ; 2° *de donner son appui direct ou indirect à toutes les institutions de cette nature, dans lesquelles on ne poursuit pas un but égoïste ou sectaire (c'est-à-dire catholique).* — Art. V. La section de propagande devra : 1° défendre et faire connaître par la presse les véritables idées de la Maçonnerie; 2° *travailler à introduire dans les institutions publiques les principes de liberté, d'égalité et de fraternité, et spécialement à amener la séparation de l'Eglise de l'Etat, à faire établir le mariage civil, à combattre les privilèges, à séculariser la bienfaisance, à protéger les travaux artistiques;* 3° *protéger et soutenir les victimes de l'intolérance religieuse...,* 4° en général, s'occuper de tout ce qui peut faire de l'humanité une seule famille. »

Quand à la suite d'un travail de ce genre sur l'opinion et les assemblées publiques, la légalité est devenue révolutionnaire, la Maçonnerie fait une seconde étape et entreprend de corrompre les peuples en détruisant ces mœurs chrétiennes, fruit de dix-huit siècles de foi, qui servent de rempart aux croyances, poussent les individus

au bien par les influences extérieures et semblent être
nécessaires pour que dans une société donnée la majorité
des hommes pratique la religion.

On trouvera dans les écrits originaux de Weishaupt,
dans les instructions de la Haute-Vente Romaine publiés par
Crétineau-Joly, et dans les nombreux documents mis au jour
par le P. Deschamps et le P. Pachtler, le plan systématique
de corruption de la famille et de la moralité poursuivie
par les loges. Aujourd'hui elles semblent n'avoir plus besoin
de recourir à des manœuvres occultes. Elles prétendent
pervertir les nations en grand, au moyen de l'enseignement des jeunes générations qu'elles arrachent complètement à la surveillance de l'Eglise pour en faire un monopole de l'Etat. Or l'Etat est devenu leur chose. Elles ont
eu soin de s'emparer préalablement du pouvoir politique
et sous cette direction l'*Instruction publique* devient une
propagande continue d'athéisme et d'immoralité.

Séparer l'éducation de la Religion, voilà, d'un bout à
l'autre du monde, le mot d'ordre des loges.

Nous assistons au développement le plus complet de ce
plan en France et en Belgique.

La Maçonnerie y régnant ostensiblement, elle y ajoute
pour activer la démoralisation, un ensemble de fêtes et de
pratiques qui ont pour but avoué de remplacer le culte
catholique dans les habitudes populaires : ce ne sont que
baptèmes, mariages et sépultures maçonniques. Les fêtes
de l'œuvre du *Sou des Ecoles* et de la *ligue de la libre-pensée*,
les *tenues de maçonnerie blanche*, prennent la place de nos
processions interdites par l'arbitraire administratif. Toutes
les associations scientifiques et professionnelles sont en-
vahies par elles, et elles font de tous ces groupements
naturels des hommes autant de moyens de retenir les populations sous leur empire. De même que toute la vie
sociale dans les sociétés chrétiennes s'imprégnait de la
Religion, de même dans une nation livrée à la Maçonnerie,
elle est pénétrée par le venin de la secte dans toutes ses
manifestations, en attendant le jour où, selon la prédiction
de l'Apocalypse, *il faudra porter au front le signe de la
bête pour pouvoir acheter et vendre.*

VII

En France et en Belgique, l'action maçonnique s'accuse
avec une ostentation telle que personne ne peut plus la
nier. A la lumière de l'incendie allumé aujourd'hui, on en-
trevoit le travail de mine souterraine qui l'a précédé pendant de longues années.

L'histoire des partis en Belgique est à ce point de vue singulièrement instructive et nous signalons ici un remarquable travail de M. Woeste, intitulé *l'Evolution du parti libéral*, publié dans la *Revue générale de Belgique* en 1876. On y verra comment pendant longtemps la Maçonnerie s'est gardée d'attaquer de front la Religion et a travaillé uniquement à poser dans la législation des principes dont les conséquences ne devaient se produire que longtemps après.

Ainsi, en 1842, les francs-maçons, discutant dans la Chambre des représentants les questions d'enseignement, disaient qu'ils voulaient tout autant que les catholiques faire de la Religion et de la morale la base de l'instruction primaire ; seulement ils prétendaient que la Religion et la morale au lieu d'être enseignées par l'Eglise, le fussent par *la voie administrative* (1).

Tous les débordements d'impiété auxquels nous assistons étaient en germe dans cette maxime. Et cependant, à cette époque, beaucoup de catholiques n'y voyaient qu'une querelle de mots, ils accusaient d'exagération les hommes plus perspicaces qui combattaient la Maçonnerie et croyaient pouvoir être *libéraux* en sûreté de conscience !

Nous rappelons cette phase déjà ancienne de l'action maçonnique en Belgique, parce qu'elle éclaire singulièrement le travail entrepris de nos jours par la secte, pour détruire la constitution catholique d'un peuple bien cher à nos cœurs, le Canada français ou province de Québec.

Ce pays, qui compte aujourd'hui une population d'origine française de près de 1,500,000 âmes, n'a conservé sa nationalité et sa civilisation, il n'a reconquis vis-à-vis de l'Angleterre l'autonomie avec l'honneur, que grâce à son clergé. On peut redire de lui ce que Gibbon disait de la France : que ses évêques l'ont fait comme les abeilles font leur ruche. Sa constitution, telle qu'elle s'est formée dans une suite de luttes légales et de compromis remontant aux capitulations de Montréal et de Québec, telle qu'elle s'est développée sous l'action des mœurs publiques, en fait un pays essentiellement catholique.

Eh bien ! depuis un certain nombre d'années, un sourd esprit de défiance contre le clergé est répandu systématiquement ; on a vu se former un parti qui ne craint pas de faire appel à des juges séculiers, anglais et protestants, pour réprimer les immixtions peut-être discutables de certains curés dans les élections.

On nie ouvertement aux évêques et aux pasteurs des

---

(1) M. Rogier à la Chambre des Représentants, cité par M. Wœste.

âmes le droit d'éclairer la conscience des fidèles par des
mandements ou des prédications, et l'on prétend soumettre
ces actes à l'appréciation du juge civil. A Montréal, en 1869,
ces mêmes hommes n'ont pas craint, conformément à un
des articles du programme maçonnique, de faire détruire
par l'autorité du conseil privé de la Reine d'Angleterre, le
caractère sacré du cimetière catholique, en y enterrant un
excommunié; c'est la même situation que celle de la Belgique en 1842, et l'on y trouve également les mêmes divergences d'appréciation entre les catholiques, sur l'origine
et la portée du travail maçonnique, la même funeste alliance de *libéraux* que nous voulons croire catholiques sincères, avec des hommes dont la violente hostilité à l'Eglise
est connue. Aussi nous ne saurions trop recommander à nos
amis du Canada d'étudier l'histoire de la Belgique et l'évolution de son *parti libéral*; ils y verront projeté comme
dans un miroir, le péril qui s'avance sur eux (1).

Nous le savons, le nombre des francs-maçons est petit
dans la population canadienne-française. Dans le mouvement que nous signalons, il faut aussi faire une large part
1° aux traces laissées par la jurisprudence et même l'enseignement théologique gallicans; 2° au contact des Anglais
protestants, pour qui la suprématie religieuse de la Couronne est un principe constitutionnel indiscuté; 3° enfin au
courant d'idées fausses qui, sous les noms spécieux de progrès, de culture, de développement scientifique, atteint
dans tous les pays les meilleurs esprits.

Cependant l'existence d'un petit groupe de francs-maçons parmi les hommes voués aux professions libérales,
est un fait indéniable. Ils sont à la fois en communication
avec la Maçonnerie des provinces anglaises et avec celle
beaucoup plus dangereuse de l'Europe. L'existence de ce
noyau remonte à 1837. Un témoignage très précis a établi
que, dès 1853, une société littéraire intitulée l'*Institut canadien de Montréal*, était composée d'affiliés. Or, c'est cette
société, excommuniée par l'évêque, qui a engendré le conflit
connu sous le nom d'affaire Guibord en 1869 (2).

Des catholiques éminents, dans un document déposé aux
pieds du Saint-Siége, s'expriment ainsi à ce sujet :

Au Canada comme en Europe, il s'est formé des écoles qui,
sous différentes formes, et de diverses manières, n'ont cessé,

---

(1) V. dans la *Revue catholique des Institutions et du Droit* divers
articles sur ce travail de la secte (t. III, p. 261 et t. VIII, p. 46).
L'*Association catholique* a publié également en 1881 un mémoire plein
de documents, intitulé : le *Mal révolutionnaire en Canada*.
(2) V. la *Minerve* de Montréal du 18 avril 1881.

de concert avec la Franc-Maçonnerie, de combattre la doctrine et les œuvres catholiques.

D'un autre côté la presque totalité du clergé et un très grand nombre des laïques éclairés, se sont enrôlés sous la conduite des membres les plus illustres et les plus saints de l'épiscopat canadien, pour combattre toujours et partout ces pernicieuses doctrines et travailler à faire aimer le Pape et l'Eglise et à faire triompher partout l'esprit du Saint-Siége. Ceux qui en Canada sont les adeptes des sociétés secrètes, sont d'autant plus dangereux, qu'ils n'arborent jamais franchement leurs couleurs, mais qu'au contraire ils se proclament catholiques dévoués, tout en travaillant sans cesse à miner sourdement et à ruiner partout les saines doctrines et l'esprit de l'Eglise.

Cette guerre à l'Eglise du Christ se traduit surtout dans le travail constant, bien que caché, auquel ils se livrent pour détruire l'influence du clergé dans toutes les matières sociales, et dépopulariser, ruiner où décourager les institutions et les œuvres les plus chères au cœur de l'Eglise; c'est ainsi qu'ils crient sans cesse contre divers ordres religieux qu'ils méprisent, cherchent à décourager par tous les moyens, et même ridiculisent les congrégations de la sainte Vierge, les cercles catholiques, la dévotion au sacré Cœur de Jésus, etc. C'est ainsi qu'ils persécutent constamment les catholiques dévoués qui, suivant le conseil du saint Pontife Pie IX, votre prédécesseur, consacrent leurs veilles à écrire des livres et des journaux pour la propagation de la bonne doctrine, et qu'ils soulèvent contre eux les préjugés et les haines et emploient tous les moyens de les déconsidérer et de les ruiner (1).

Encore une fois, il ne faut pas, dans la situation du Canada, faire une part trop large à l'action de la Maçonnerie; mais on doit, éclairés par l'expérience que donne l'histoire des sociétés secrètes dans le monde, se souvenir qu'elle excelle à prendre les masques les plus divers, à exploiter toutes les questions nationales et locales par lesquelles elle peut attaquer la constitution catholique d'un peuple, et à faire dans ce but des alliances où les honnêtes gens seront toujours ses dupes.

Il y a longtemps que Joseph de Maistre disait : « Il n'y a qu'une secte : c'est ce qu'aucun homme d'Etat ne doit ignorer ni oublier. Cette épouvantable secte, qui s'appelle légion, n'a jamais été plus à craindre qu'en ce moment, *surtout à cause de ses alliances* (2). »

Que nos frères du Canada français n'oublient pas cet avertissement !

---

(1) Supplique des citoyens de Montréal à Sa Sainteté Léon XIII, publiée dans la *Minerve* du 27 juillet 1881.

(2) *Quatre chapitres inédits sur la Russie*, pp. 175 et 185.

VIII

C'est en 1837, disions-nous, que la Secte s'est manifestée au Canada. Quelques hommes, à cette époque, exaspérés par des abus de pouvoir et des dénis de justice, commis par les gouverneurs anglais, sortirent des voies légitimes pour défendre ces intérêts assurément très respectables. Méprisant les avertissements de leurs évêques, ils s'insurgèrent contre la domination anglaise, à qui la cession consentie par la France en 1763 donnait un titre légitime de gouvernement.

A la différence de la résistance passive, l'insurrection n'est jamais permise contre un gouvernement légitime, d'après la doctrine théologique la plus sûre, et c'est l'enseignement que vient de redire au monde le Souverain Pontife Léon XIII dans son Encyclique du 29 juin 1881. Par leur conduite imprudente ces patriotes exaltés semèrent au Canada les premières semences de séparation entre la Religion et le peuple : c'est à ce premier germe que remonte la constitution d'un parti dont les tendances sont assez accusées par le nom qu'il se donne lui-même de *parti rouge*.

N'est-ce pas là l'histoire de la Pologne en 1830 et de l'Irlande en 1881 ? N'est-ce pas la même défiance du clergé, le même abandon des enseignements pratiques de l'Eglise, la même alliance avec les révolutionnaires des autres pays ?

L'Eglise catholique est une mère, et elle multiplie ses sollicitudes et ses tendresses pour ceux de ses enfants qui souffrent. Chez les peuples qui jouissent de la plénitude de leur vie nationale, elle se renferme soigneusement dans le domaine spirituel, et laisse aux pouvoirs civils le soin des choses temporelles. Mais quand une nation est en deuil, quand elle est veuve de ses souverains légitimes et de son indépendance, alors l'on voit les évêques et les moines panser les plaies saignantes, soutenir l'âme défaillante du peuple, et le sanctuaire devient ainsi le foyer sacré où vit sous les cendres l'étincelle patriotique, gage de la résurrection future !

Dans ces conditions, la Maçonnerie se garde bien de faire la guerre à la Religion, elle cache son vrai but ; mais, tentatrice perfide, elle promet des victoires temporelles aux peuples opprimés, s'ils acceptent l'aide de la Révolution cosmopolite. L'Eglise s'oppose inévitablement à d'aussi funestes compromissions, et peu à peu la Maçonnerie crée dans ces pays un parti, qui se sépare d'abord de la direction des évêques sur le terrain de l'action nationale, puis qui graduellement devient hostile à l'Eglise elle-même.

C'est ainsi que la Révolution a perdu la Pologne (1). Elle renouvelle la même tactique vis-à-vis de l'Irlande. Les *Fenians* laissent de plus en plus paraître leur affiliation à la Maçonnerie universelle, aussi bien en Amérique que dans l'Irlande elle-même. Dans le courant de ce mois, une grande convention de Fenians a été tenue à Chicago, et les délégués des loges y ont figuré solennellement.

Les démarches de l'agitateur irlandais Parnell auprès des chefs de la Révolution continentale, montrent assez dans quelle voie funeste le peuple Irlandais, si fidèle jusqu'ici à la foi, menace d'être entraîné.

Aussi ses évêques ne cessent de dénoncer les sociétés secrètes, et c'est ce que vient encore de faire récemment Mgr Mac-Cabe, archevêque de Dublin, dans une instruction pastorale. Nous en reproduisons les principaux passages :

Nous avons souvent entendu des gens de bien s'étonner des énergiques condamnations portées par les Papes contre les sociétés secrètes et leurs coupables adhérents. Ces sociétés semblaient aux yeux ordinaires si inoffensives et même si bienfaisantes, qu'ils ne pouvaient discerner la raison de leur condamnation. Mais la sentinelle placée sur la tour d'alarme a plus que la sagesse ordinaire, car elle tient la place de Pierre. Il est le Vicaire de Celui qui lit les secrets des âmes, et cette sentinelle a découvert le plus âpre ennemi de la religion et de la liberté humaine rationnelle sous le masque du philanthrope et du philosophe.

L'état déplorable de l'Europe actuelle montre si les Papes se sont ou non trompés. La France, tombée sous l'étreinte de l'infidélité, fait la guerre à Dieu et à son Christ; la Russie pâlit devant l'affreux spectre du nihilisme; l'Italie gémit sous la tyrannie des sectes, qui lui avaient promis la liberté et la prospérité et ne lui ont apporté que le paupérisme et le déshonneur. L'Allemagne, devenue un camp permanent et qui a dévoré sans profit pour elle la substance d'un peuple économe, nous apprend ce que des hommes d'Etat aux ordres de la Maçonnerie peuvent accomplir. L'Angleterre, jusqu'à présent victorieuse de ses ennemis extérieurs, est menacée au dedans par un ennemi, qui s'est glissé jusque dans la citadelle de l'autorité et lui prépare des conflits qui peuvent finir par une révolution sauvage.

Mais que dirons-nous de l'Irlande, notre cher pays? Elle a passé par des jours bien sombres, mais une glorieuse bénédiction lui a été assurée par une Providence miséricordieuse. La foi, l'honneur, l'amour pour l'éternelle justice l'ont caractérisée aux plus mauvais jours. Ces principes seraient-ils maintenant mis de côté? Dieu l'en garde! Mais vous connaissez ce que dit l'Apôtre, que la communication avec le mal corrompt les bonnes mœurs. Ce qui est vrai des individus, l'est aussi d'une nation. Vous devez donc, chers coopérateurs, élever vos

---

(1) V. dans la quatrième édition de l'ouvrage du P. Deschamps, *les Sociétés secrètes et la Société*, t. II. DOCUMENT ANNEXÉ K. *La Franc-Maçonnerie en Russie et en Pologne. — L'Insurrection de 1850 et la Révolution de Juillet.*

voix, même au risque d'être mal compris par nos amis et de voir nos intentions calomniées par nos ennemis, et prémunir notre peuple contre un danger imminent.

Il y a quelques mois, quand une alliance entre l'Irlande et les représentants de la pire infidélité du malheureux Paris fut recherchée par des agents sans mandat, nos instincts catholiques ont frissonné d'horreur devant cette union déshonorante. Une semblable tentative est faite en ce moment, et il y a peu de jours le peuple catholique de Dublin fut invité à recevoir les délégués d'une association, dont les membres directeurs sont des infidèles avoués et dont le but formel est de renverser toute religion. L'expérience nous apprend que dans sa marche le monstre de l'infidélité ne découvre jamais ses vrais desseins et son caractère. Ceux sur lesquels il jette, comme un filet, ses premières séductions, fuiraient d'horreur en entendant ouvertement l'expression de son impiété. Mais des paroles de sympathie assurent à leurs messagers un accueil favorable. La confiance suit leur zèle prétendu pour le redressement de nos maux. Leur fourberie attribue ces maux réels ou imaginaires à la société, à la religion ou à Dieu même. Le serpent charme ainsi sa victime avant de s'élancer sur elle.

Avertissez donc les fidèles contre les dangers auxquels la loyauté même de leur nature les expose. Montrez-leur que ces sociétés, qui doivent de toute nécessité être proscrites par l'Eglise, sont les pires ennemies de la paix domestique et de la prospérité nationale. Dites-leur que l'homme qui donne son nom aux listes de ces malfaisantes associations, place sa liberté et son honneur aux mains d'agents inconnus qui sont prêts à les trahir. Peut-être nos Irlandais diront-ils qu'ils sont assez forts dans la foi pour ne rien risquer. Hélas! ils étaient *forts aussi dans la foi* ces milliers de nos frères, qui ont perdu ce trésor précieux dans les cités de l'Angleterre et de l'Amérique.

IX

Il est un certain nombre de pays dont les gouvernements sont protestants, mais où les catholiques forment des minorités compactes et où ils avaient des droits reconnus par les constitutions nationales, qui leur assuraient la liberté nécessaire au gouvernement ecclésiastique. Telle est la condition de l'Allemagne du Nord, de plusieurs cantons de la Suisse, de la Hollande.

Cette situation n'était assurément pas celle que l'Eglise propose comme un idéal : cependant, étant données les circonstances, elle l'acceptait pour le bien de la paix. Tant que les gouvernements l'ont respectée loyalement, ces peuples ont joui de toute la tranquillité intérieure qui est compatible avec la division des croyances. On relira avec d'autant plus de profit dans l'ouvrage de Mgr de Ketteler intitulé *l'Allemagne après la guerre de 1866* (1), la consta-

---

(1) Trad. française par l'abbé Belet, 1 vol., in-8°, Gaume, 1868.

tation des résultats heureux de cet état de choses, qu'ils contrastent avec le trouble profond des consciences qui en a suivi le renversement.

C'est la Franc-Maçonnerie qui a exigé le *Kultur-Kampf* comme gage de son concours à l'œuvre de l'unification allemande. Nous n'avons pas ici à reproduire les témoignages positifs qui l'établissent, ni à retracer les diverses phases de cette nouvelle persécution, qui a eu son contre-coup dans toutes les parties du monde. Il convient seulement au but de cette réunion d'en donner les caractérisiques juridiques.

Le gouvernement allemand ni le gouvernement de Berne n'affichent, comme les ff.·.·. Gambetta et Ferry, la prétention de soustraire la nation à ce qu'ils appellent les *rêveries* et les *superstitions*, c'est-à-dire la Religion, pour y substituer l'*empire de la science positive*, c'est-à-dire un brutal matérialisme. Non! ces pays ne sont pas encore assez avancés, et les *maçons-conservateurs* qui dirigent le mouvement, trouvent dans les Eglises d'Etat protestantes un instrument trop commode de gouvernement pour vouloir ruiner dans le peuple toute idée de religion.

Le *Kultur-Kampf* a consisté à nier tout droit PROPRE à l'Eglise catholique, à ne lui reconnaître que des droits concédés par l'Etat, comme pour les confessions protestantes ; ensuite à lui imposer dans sa discipline et son administration les procédés propres aux protestants du pays, mais qui répugnent essentiellement à sa constitution. C'est ainsi qu'à Berne et à Genève, aussi bien qu'en Allemagne, le *Kultur-Kampf* a prétendu interrompre toute relation avec Rome et détruire les ordres religieux. La différence des procédés s'accuse uniquement en ceci : Les lois prussiennes, dites lois de mai, sur l'éducation des clercs et la nomination aux fonctions pastorales, tendent à imposer à l'Eglise catholique l'immixtion du pouvoir civil, qui est la base de la confession Evangélique ; tandis que les lois de Genève et de Berne sur l'élection des curés, tentaient de la soumettre au régime démocratique de ces pays. Voilà pour ce qu'on pourrait appeler l'essence juridique du *Kultur-Kampf*.

Quant à sa physionomie extérieure, le trait le plus caractéristique est l'union dans une haine commune contre l'Eglise catholique, de la Maçonnerie et de la fraction du protestantisme appelée libérale, c'est-à-dire qui ne reconnaît plus la divinité de Notre-Seigneur Jésus-Christ.

Le nombre des ministres de l'Eglise évangélique qui font partie des loges maçonniques en Allemagne, en Hollande, en Suisse (et nous pourrions ajouter aussi chez les calvinistes français) est considérable.

Dans l'Almanach des loges allemandes, publié à Leipzig pour 1880, on voit figurer deux pasteurs parmi les directeurs des grandes loges et vingt-deux parmi les vénérables des loges locales. Le nombre des pasteurs, simples membres des loges, est bien plus considérable. En 1851 on en comptait déjà de trois à quatre cents ; depuis ils sont devenus plus nombreux, malgré la défense que l'*Altlutherisches conferenz* a fait en 1872 à ses membres d'y entrer (1).

L'histoire de la Maçonnerie en Allemagne présente deux phénomènes, contradictoires seulement en apparence, sur lesquels nous appelons l'attention : d'une part, la Maçonnerie dans certains systèmes, a revêtu des apparences chrétiennes, a emprunté une partie de ses rites au Christianisme et a exclu les Juifs de ses loges ; d'autre part, c'est le pays où les Juifs par le moyen des loges supérieures ont certainement exercé et exercent encore la plus active direction sur la Secte entière. Il ne faut pas se lasser de répéter qu'une grande partie des pratiques de la Maçonnerie a pour principal objet de tromper les esprits. On s'explique ainsi comment un nombre si considérable de ministres protestants entrent dans les loges.

La Franc-Maçonnerie ne renie pour cela en rien sa haine contre Notre-Seigneur Jésus-Christ et toute révélation. Écoutez plutôt ce que dit le f∴ Es. Van-Schaick dans l'*Almanach officiel des Loges hollandaises* pour 1872, sur l'emploi de la Bible dans les loges :

« Comme les choses sont, la Bible est placée sur l'autel des Loges comme une *simple figurante*. A quelque point de vue que nous considérions la Bible, nous n'hésitons pas à déclarer ouvertement, qu'elle n'est plus à sa place dans nos travaux et ne peut y être, depuis que la doctrine de l'Humanité en est la base et est proposée comme le moyen d'améliorer l'homme » (2).

Aussi est-ce sans étonnement qu'on voit un écrivain ecclésiastique protestant, le Dr Guerike, déclarer dès 1840 que la « pénétration de la Franc-Maçonnerie dans les églises protestantes, a contribué, comme un marteau frappant sans cesse, à détruire le Christianisme positif, à élever à la place du Christ un nouveau temple, et qu'elle s'est servie du principe de l'aide fraternelle comme d'un puissant système de corruption et de monopole, pour envahir toutes les positions officielles et les emplois ayant une influence dans l'Eglise et la science » (3).

---

(1) V. Pachtler *Stille Krieg gegen Thron und Altar* (2e édit. p. 119.
(2) Cité par Pachtler. *ibid.* p. 111.
(3) *Handbuch der Kirchengeschichte*, t. II., p. 253, cité par Pachtler, *ibid.*, p. 118.

X

C'est un fait constant que la Maçonnerie ne présente pas le même caractère antireligieux et antisocial en Angleterre et aux Etats-Unis que sur le Continent Européen et dans l'Amérique du Sud. La grande majorité de ses membres ne voient en elle qu'une occasion de réunions amicales et une institution d'appui mutuel. Néanmoins les loges anglaises se considèrent comme faisant partie de la Maçonnerie universelle, et elles ne refusent pas à l'occasion, conformément aux serments maçonniques, l'aide fraternelle à leurs frères du continent. Donc il n'y a dans ce caractère spécial de la Maçonnerie anglaise qu'une différence dans l'intensité de l'action et non dans l'essence des principes. Le Saint-Siége ne s'y est pas trompé et il a toujours maintenu l'application aux loges de ces pays des censures portées par tous les Souverains Pontifes, depuis Clément XII en 1738. Elles ont été nommément appliquées en Amérique à l'*Odd-Fellowship*, qui n'est qu'une simplification de la Maçonnerie à l'usage du peuple.

Les causes qui ont amené cette situation sont multiples : il faudrait pour les exposer complétement esquisser toute l'histoire politique, sociale et religieuse de l'Angleterre depuis le xviiie siècle. Il faudrait, d'une part, dire le retour au Christianisme que provoqua le spectacle des horreurs de la Révolution française chez ce peuple fortement constitué, et la restauration graduelle du principe de la légitimité politique après les révolutions de 1648 et de 1688, par un effet de la prescription qu'on pourrait comparer à la *vis medicatrix naturæ*. D'autre part, il faudrait montrer les progrès constants faits au sein du protestantisme par les confessions dissidentes, et la lutte qu'elles ont soutenue contre l'Eglise établie, dont elles signalent sans pitié le relâchement.

Enfin, il faut tenir compte aussi de ce fait : c'est que sous la violence de la persécution, le Catholicisme a pendant près de deux siècles disparu presque complétement de l'Angleterre et de ses colonies. N'ayant plus à combattre son ennemi essentiel, la Maçonnerie s'est endormie. Le mouvement qui a abouti à rendre la liberté civile aux catholiques, a eu pour principaux propagateurs les *dissenters*. La lutte religieuse reste très vive entre ceux-ci et l'Eglise établie. A ce sujet un prêtre anglais fort distingué nous disait que le *disestablishment* de l'Eglise épiscopale ne présenterait aucun avantage réel pour les catholiques. Au contraire le résultat serait plutôt de tourner contre eux tout le fanatisme intolérant qui existe encore dans les sectes protestantes.

On en peut juger aux Etats-Unis, où depuis un quart de siècle les catholiques sont devenus assez nombreux pour être un facteur social important. Leurs progrès ont été suivis de tentatives nombreuses pour réveiller à la fois l'intolérance protestante *contre le Papisme*, et *poser le principe de la suprématie de l'Etat moderne*, selon le programme maçonnique tracé plus haut. Nous avons décrit ailleurs ces tentatives, restées heureusement stériles, grâce au bon sens du peuple des Etats-Unis. Elles étaient inspirées évidemment par le *Kultur-Kampf* allemand. Les Américains les plus portés à atténuer le danger des sociétés secrètes dans le Nouveau-Monde, reconnaissent que l'entrée constante dans les loges américaines de sectaires venus de l'Europe, devra à la longue les rendre beaucoup plus hostiles à l'Eglise et à l'ordre social.

Il est d'ailleurs en Angleterre et aux Etats-Unis une question vitale sur laquelle il est bien difficile de ne pas reconnaître l'action des loges. C'est la *question de l'école.* Les *sécularistes* anglais ont déjà réussi à faire pénétrer le principe de la séparation de la religion et de l'éducation dans la législation de leur pays, malgré la résistance qu'y opposent, dans un grand nombre de localités, les mœurs domestiques et religieuses. Aux Etats-Unis, ce mouvement inauguré par le testament de Girard et les prédications de Fanny Wright, s'est développé avec une rapidité très grande: aujourd'hui, dans chacun des trente-huit Etats et des huit territoires de l'Union, il y a un enseignement d'Etat primaire et moyen, complétement organisé sur le principe *unsectarian.* Il faut reconnaître toutefois, pour être exact, que le fractionnement des protestants en mille sectes diverses, et le peu de densité des populations dans les campagnes, rendaient matériellement fort difficile dans bien des localités le maintien des écoles confessionnelles. Mais la ténacité avec laquelle le principe *unsectarian* est maintenu, malgré les vraies traditions nationales, même dans les situations où il eût été le plus facile de donner satisfaction aux vœux des familles, cette obstination, disons-nous, indique bien que nous sommes là en présence d'un de *ces dogmes de la Révolution* que la Maçonnerie soutient avec un fanatisme égal à celui de l'Islam.

Aux Etats-Unis, le rituel des loges est extérieurement fort empreint de Christianisme. Un chapelain ouvre et clôt leurs tenues par une prière. Presque tous les ministres épiscopaliens et méthodistes en font partie.

La Maçonnerie y gagne-t-elle, ou bien leur propre foi y perd-elle?

La question est délicate. Sans chercher à la résoudre par nous-même, nous constaterons qu'un certain nombre de confessions protestantes, fermement attachées à la croyance en la divinité de Notre-Seigneur Jésus-Christ, interdisent absolument à leurs membres de faire partie des loges. De leur sein est sortie une ligue de bien public intitulée le *National Christian Party*, qui s'est donné pour mission spéciale de combattre la Maçonnerie par la presse, par les conférences, par les sermons et même en intervenant dans les élections. Assurément, dans les publications de cette ligue, nous sommes souvent choqués par l'expression d'idées bien étranges sur le Catholicisme, et de préjugés contre ses enseignements : mais la haute honorabilité, la parfaite bonne foi de ses membres sont au-dessus de toute contestation. Et, en engageant une lutte aussi inégale contre une puissance plus forte que partout ailleurs, en matière d'intérêts politiques et d'argent, ils font preuve d'un grand courage chrétien.

Le *National Christian Party* reproche à la Maçonnerie : 1° d'être antisociale, en substituant aux liens de famille des liens secrets, en viciant l'administration de la justice par des influences occultes et en faisant intervenir une fausse camaraderie dans les affaires d'argent ; 2° de détruire la foi chrétienne par ses rites et ses enseignements. Voici comment s'exprime à ce sujet le révérend J. Day Brownles :

« La Maçonnerie est une religion. Elle prétend sauver l'homme et le perfectionner. Elle se proclame elle-même la vraie religion, la religion de l'humanité... Or, elle profane le nom de Dieu, elle profane les saintes Ecritures... Mais c'est surtout le Christ qui est exclu de leurs prières... J'ai analysé toutes leurs prières et elles sont nombreuses. Il y en a pour la dédicace de leurs lieux de réunions, pour l'ouverture et la conclusion des tenues de loges, pour la réception de leurs membres et leur avancement à de nouveaux degrés, pour leur enterrement. Eh bien, il n'y en a pas une seule où Notre-Seigneur Jésus-Christ soit reconnu comme notre Sauveur et notre médiateur ?... Or c'est là le renversement radical du Christianisme. Un orateur maçonnique disait : « La religion de la Maçonnerie est celle qui comprend à la fois le Juif et le Gentil, le Mahométan et l'Indou. Mais alors ce n'est pas la religion chrétienne, car les Juifs ne reconnaissent pas Jésus-Christ. Ce n'est pas la religion de la Bible, car le Mahométan ne la reconnaît pas. Ce n'est pas la religion du vrai Dieu, car l'Indou ne croit pas que le Seigneur est Dieu. Quelle religion est-ce alors ? c'est le pur Déisme. La Maçonnerie ne croit ni dans le Fils de Dieu notre Sauveur, ni dans le Saint-Esprit notre sanctificateur. Elle ne croit pas davantage à la Bible, puisqu'elle en arrache l'Evangile, qui en est le couronnement. Elle ne croit pas davantage au vrai Dieu, car le Dieu de la Bible est le vrai Dieu, et le Dieu de la Bible est le Dieu en Jésus Christ. Quelle est donc sa foi ? elle n'est pas autre que ce que la pure nature nous indique. Elle demande de croire en un incompréhensible architecte de l'Univers, qui peut être tout ce qu'on veut, ou le Dieu des Panthéistes, ou le grand esprit des Indiens d'Amérique. Nous pouvons donc conclure que la Franc-Maçonnerie est un faux système de religion, que le culte qu'elle établit est un culte faux, et que les temples qu'elle élève ne sont que des temples païens, sur la porte sombre desquels on pourrait écrire à bon droit, comme sur l'autel des Athéniens : *Au Dieu inconnu* (1). »

Les caractères particuliers de l'action de la Maçonnerie varient donc suivant les différents pays et il importe de se rendre compte de ces différences, mais l'essence de ses principes reste pourtant le même.

Rapport de M. BRESSON, avocat à Dijon, sur la Persécution fiscale.

Proposition Brisson. — Loi du 28 décembre 1880. — Article 3. — Nouvel impôt sur les Congrégations religieuses. — Instructions fiscales. — Graves conséquences d'exécution. — Article 4. — Droits excessifs de mutation — sans tenir compte du passif — nonobstant toute cession antérieure.

La guerre implacable et sans merci que l'on fait à l'Eglise affecte, de nos jours, des formes particulières. Si, à l'occasion, on ne recule pas devant la violence, et les événements de l'année dernière en font foi, plus généralement on demande à la légalité des moyens moins apparents, mais tout aussi efficaces. C'est là, pour les institutions catholiques, un immense danger; car, en France, au moins jusqu'à présent, les masses conservent encore pour la loi un certain respect; et en décorant de ce beau nom des mesures iniques, il est plus facile de les faire accepter par l'opinion. Le péril s'aggrave encore si une telle situation dure; car, alors, on pervertit le sens moral de la nation et on efface dans les esprits toute distinction entre le juste et l'injuste.

Pendant que le gouvernement préparait les funestes décrets du 29 mars, un député, M. Brisson, animé d'une haine profonde contre la religion catholique, entreprit, de son côté, contre les congrégations religieuses, une campagne fiscale. Violer dès maintenant le droit de propriété, en confisquant les biens des communautés religieuses, lui parut une mesure prématurée; il ne se fit pas faute, du reste, de déclarer qu'on y aurait recours plus tard s'il y avait lieu : mais, comme la tactique du radica-

---

(1) Ce discours, aussi éloquent que vigoureusement déduit, a été publié en entier dans *The Christian Cynosure* du 16 juin 1881.

lisme est d'aller lentement pour arriver sûrement, il voulut atteindre les communautés dans leur fortune, diminuer leurs ressources, les assiéger, pour ainsi dire, et les prendre par famine. Cette tactique était certainement d'une habileté incontestable et d'un résultat certain.

Le 18 mars 1880, M. Brisson déposa donc, devant la commission du budget, une proposition de loi dirigée uniquement et ouvertement contre les congrégations. La franchise et la brutalité de l'attaque devaient en assurer le succès devant la Chambre des députés. M. Brisson, à l'appui de sa proposition, tint un langage d'une violence inouïe contre les congrégations, qui, suivant lui, accaparaient, par les moyens les plus odieux, les biens des familles, se jouaient de la loi, savaient se rendre l'administration favorable et dictaient les sentences des tribunaux. Aussi, la majorité de la Chambre, reconnaissant dans cette espèce de réquisitoire l'expression de ses propres sentiments, s'empressa-t-elle de voter la proposition, à peine retouchée par sa commission.

Devant le Sénat, de pareilles exagérations eussent compromis le succès de ce projet, à la pensée duquel le gouvernement s'était associé. Aussi se borna-t-on, devant la haute Assemblée, à invoquer le principe de l'égalité devant la loi. A entendre les orateurs qui prirent la parole pour défendre la proposition, les congrégations avaient, au point de vue fiscal, une situation privilégiée ; la loi et la jurisprudence leur accordaient de nombreuses faveurs ; elles échappaient à l'application des lois qui obligent tous les citoyens ; il fallait les replacer dans le droit commun, et tirer enfin des lois antérieures les conséquences qu'elles comportaient et qu'on avait négligé de déduire. C'est en vain que les défenseurs des congrégations s'efforcèrent de réfuter ces sophismes et de faire ressortir l'énormité des dispositions dont on sollicitait l'adoption : leur éloquence et leurs efforts se dépensèrent en pure perte ; ils purent à peine obtenir quelques modifications qui ne devaient ni changer l'esprit de la loi, ni en affaiblir la portée. Les questions à résoudre étaient, du reste, d'un ordre tout spécial ; leur examen demandait du temps, de la réflexion et des connaissances particulières ; mais on voulut brusquer la solution, on se refusa à tout délai, et de cette délibération hâtive, de ces discussions sans préparation suffisante, devant une Assemblée en grande majorité incompétente, sortirent les articles 3 et 4 de la loi du 28 décembre 1880.

Nous voulons examiner de près cette législation nouvelle, et notre dessein est de démontrer, à l'encontre des affirmations répétées à la tribune, qu'elle constitue, sous des formes hypocrites, une persécution véritable et péril-

leuse contre les congrégations et contre les œuvres catholiques; qu'elle méconnaît les principes du droit, qu'elle
viole le Code civil, qu'elle renverse la jurisprudence la
mieux établie, qu'elle torture le sens des lois fiscales antérieures et qu'elle en aggrave les dispositions, et, enfin,
qu'elle aboutit à de scandaleuses injustices.

Notre démonstration sera complète; elle sera confirmée
d'une manière éclatante par l'exécution que les agents du
fisc vont donner à la loi dès l'année prochaine.

ARTICLE 3.

Lorsqu'après nos désastres, le gouvernement chercha,
de concert avec l'Assemblée nationale, les moyens de
relever la fortune de la France, il fut unanimement reconnu
qu'il était impossible de grever de nouvelles charges la
propriété immobilière; mais la propriété mobilière, qui
s'était prodigieusement développée sous nos régimes politiques successifs, pouvait, avec plus de justice et de facilité,
supporter les taxes dont les besoins du Trésor exigeaient
la création : on résolut donc de s'adresser surtout à elle.

Des sociétés industrielles et commerciales s'étaient formées en grand nombre; elles avaient attiré des capitaux
considérables, et leur avaient donné un emploi fructueux :
les fonds qui avaient été versés avaient produit d'importants bénéfices. Sans vouloir frapper le capital de ces
sociétés, ni atteindre le travail producteur de leur richesse,
ne pouvait-on pas au moins, au moment où le capitaliste
qui leur avait confié ses fonds, toucherait des bénéfices,
lui demander au moins, au profit du Trésor, un léger prélèvement sur ces bénéfices mêmes? Le législateur l'a cru,
et de cette pensée naquit la loi du 29 juin 1872, dont il est
nécessaire de rappeler les termes, les voici :

« Indépendamment des droits de timbre et de trans-
» mission, établis par les lois existantes, il est établi, à
» partir du 1er juillet 1872, une taxe annuelle et obliga-
» toire :

» 1o Sur les intérêts, dividendes, revenus et tous autres
» produits des actions de toute nature, des sociétés, com-
» pagnies ou entreprises quelconques, financières, indus-
» trielles, commerciales ou civiles, quelle que soit l'époque
» de leur création :

» 2o...

» 3o Sur les intérêts, produits et bénéfices annuels des
» parts d'intérêts et commandites dans les sociétés, com-
» pagnies et entreprises dont le capital n'est pas divisé
» en actions...

Le sens de cette loi n'est pas douteux. Elle n'a en vue
que le produit réalisé et distribué des capitaux mis dans

une société, et c'est à ce produit seul qu'elle s'adresse pour le frapper d'un impôt. C'est bien ainsi que l'entendait le gouvernement lui-même, lorsqu'il avait présenté le budget de 1872 dans lequel on lisait, sous l'article 8, une disposition analogue à celle qui est devenue la loi du 29 juin 1872 : — et dans son exposé des motifs il s'exprimait ainsi :

« L'article 8 frappe d'une taxe annuelle les intérêts,
» dividendes, des actions et obligations des sociétés et
» compagnies, et des parts d'intérêts dans les sociétés
» civiles dont le capital n'est pas divisé par actions. Il
» laisse en dehors de la taxe les revenus produits par les
» sociétés en nom collectif, coopératives ou autres, dans
» lesquelles le bénéfice réalisé n'est le plus souvent que
» le fruit du travail et de l'intelligence des associés, qui,
» en outre, engagent dans ces entreprises leur fortune
» tout entière, leur crédit et même leur honneur. — L'ac-
» tionnaire ou le détenteur de parts d'intérêts, au con-
» traire, ne risque que des capitaux sollicités par l'appât
» d'une large rémunération. Il en est de même de l'associé
» commanditaire qui n'est qu'un bailleur de fonds... »

Toutefois, si l'esprit de la loi se révélait avec clarté, les expressions dont elle s'était servie n'étaient pas assez précises; aussi, lorsque, revenant sur l'application qui avait été faite de cette loi pendant trois années, et sur une circulaire très explicite du 11 décembre 1872, la Régie de l'enregistrement voulut soumettre à la taxe les produits des sociétés en nom collectif, ses prétentions furent accueillies par la Cour de Cassation qui se regarda comme liée par les termes généraux, absolus et sans restriction de la loi du 29 juin 1872. — On sait quelle émotion produisit dans le monde des affaires l'arrêt du 23 août 1875; elle fut telle qu'un député, M. Ferry, s'empressa de soumettre à l'Assemblée nationale une proposition destinée à compléter et à rectifier la loi de 1872. — Cette proposition fut accueillie, et elle devint la loi du 1er décembre 1875, qui est ainsi conçue :

« Les dispositions de l'article 1er, paragraphe 3, de la loi
» du 29 juin 1872, ne sont pas applicables aux parts d'intérêt
» dans les sociétés commerciales en nom collectif, et elles
» ne s'appliquent, dans les sociétés en commandite dont
» le capital n'est pas divisé en actions, qu'au montant de
» la commandite.

» La même exception s'applique aux parts d'intérêt
» dans les sociétés de toute nature, *dites de coopération*,
» formées exclusivement entre des ouvriers ou artisans au
» moyen de leurs cotisations périodiques. »

Ces deux lois, qu'il ne faut pas séparer l'une de l'autre, déterminent de la façon la plus claire le caractère de la taxe nouvellement créée. Elle n'est pas assise sur le capital des sociétés : ce capital, s'il est immobilier, est assujetti aux diverses contributions directes comme toute propriété foncière : elle n'atteint pas le travail de la société, ce travail, cette industrie, subissent la charge de la patente : elle frappe le revenu du capital engagé par l'associé simple bailleur de fonds, au moment où il est perçu..

Donc, il n'y a pas d'impôt, là où il n'y a pas de bénéfices réalisés.

Donc, encore, il n'y a pas d'impôt, si le revenu ou bénéfice produit par la société ne doit pas être distribué entre les bailleurs de fonds.

Ainsi, lorsqu'une société anonyme, obéissant aux prescriptions de l'article 36 de la loi du 24 juillet 1867, met des fonds à la réserve, cette réserve est affranchie de la taxe établie par la loi de 1872.

Il en est de même des réserves extraordinaires que la société fait, dans des vues de prudence, sur les bénéfices d'une année exceptionnellement favorable, pour parer aux éventualités de l'avenir.

Ces réserves, bien qu'étant produites par des bénéfices, ne sont pas actuellement distribuées : elles n'entrent pas dès maintenant dans la caisse du bailleur de fonds. Elles ne devront la taxe qu'au moment où, par la distribution qui en sera faite aux associés, elles deviendront leur chose, et seront effectivement touchées par eux.

Le principe de l'impôt étant posé, il restait à savoir comment et d'après quelles données l'impôt serait perçu.

Cette question est résolue par l'article 2 de la loi du 29 juin 1872.

« Le revenu, dit cet article, est déterminé :

» 1° Pour les actions, par le dividende fixé d'après les
» délibérations des assemblées générales d'actionnaires ou
» des conseils d'administration, les comptes rendus, ou
» tous autres documents analogues ;

» 2° . . . . .

» 3° Pour les parts d'intérêt et commandites, soit par
» les délibérations de conseils d'administration des inté-
» ressés, soit, à défaut de délibération, par l'évaluation à
» raison de cinq pour cent du capital social ou de la
» commandite, ou du prix moyen des cessions de
» parts d'intérêt consenties pendant l'année précédente. »

Le mécanisme établi par la loi pour la perception de l'impôt est donc extrêmement simple.

Si le capital social est divisé en actions, chaque année, les actionnaires doivent se réunir en assemblée générale pour entendre le compte rendu de la gestion des administrateurs de la société : la délibération de l'assemblée fixe le dividende à distribuer. Si les statuts sociaux permettent au conseil d'administration de se passer d'assemblée générale, ce sont les délibérations de ce conseil qui décideront s'il y a un dividende à répartir, et quelle en sera l'importance.

S'agit-il de sociétés dont le capital n'est pas divisé en actions ? Il n'y a pas alors de réunions générales d'actionnaires ; mais il y a, dans presque tous les cas, un conseil d'administration. Les délibérations de ce conseil suffiront pour l'assiette de l'impôt. — Le conseil d'administration omet-il de délibérer ? Le capital social est connu, d'après l'acte même de constitution de la société. Alors la Régie agissant d'office, évaluera le revenu non déclaré à cinq pour cent du capital social. Et s'il y a eu des cessions de parts d'intérêt de ces sociétés, le prix moyen de ces cessions sera un élément que la Régie pourra consulter, et dont elle sera libre de s'emparer pour évaluer le bénéfice qui aura pu être réalisé et qui aura dû être distribué.

Ainsi rien n'est laissé dans le vague ou abandonné à l'arbitraire. Les bases sur lesquelles doit être assise la taxe sont connues du fisc ou peuvent être facilement évaluées : on part, dans tous les cas, de la connaissance que l'on a du capital social pour arriver à la détermination du revenu, lorsque ce revenu n'est pas déclaré par ceux qui ont mission de le faire connaître.

Telle est la législation établie en 1872, laquelle fonctionne depuis ce temps sans soulever des plaintes trop amères et sans exciter de trop vives récriminations.

Sous son empire, quelle était la situation des congrégations religieuses ?

Les congrégations autorisées n'avaient pas à s'en préoccuper.

Les congrégations non autorisées, n'ayant pas d'existence légale, se composaient de citoyens soumis à la taxe s'ils se trouvaient dans les conditions exigées par la loi.

A quoi bon dès lors des dispositions nouvelles ?

C'est donc que l'on voulait sortir des limites de la loi de 1872, et exiger un impôt là où cette loi interdisait de le percevoir.

Ceci va ressortir avec évidence des observations que nous allons présenter.

Parlons d'abord des congrégations autorisées.

« Jusqu'à présent, a dit au Sénat M. Wilson, sous-secré-
» taire d'Etat au ministère des finances (séance du 21 déc.
» 1880. *Officiel*, page 12781, 2ᵉ colonne), jusqu'à présent,
» on n'a pas demandé l'impôt établi par la loi de 1872 aux
» établissements publics et aux congrégations autorisées.
» On s'est arrêté devant l'insuffisance du texte. Mais nous
» n'hésitons pas à déclarer que, selon nous, assujettir les

» congrégations religieuses autorisées à la loi du 3 % sur
» le revenu, c'est faire quelque chose qui rentre absolu-
» ment dans les intentions du législateur de 1872. »

Autant de mots, autant d'erreurs. Si l'intention du législateur de 1872 eût été telle que l'affirme M. Wilson, il l'eût
nettement indiquée ; et si la Régie n'a pas exigé des congrégations autorisées l'impôt établi par cette loi, c'est
qu'elle en était empêchée par le texte et par l'esprit de
cette législation, non moins que par la nature même des
choses.

Qu'est-ce en effet qu'une congrégation autorisée ? C'est
un être de raison, une personne civile, une entité juridique,
complétement indépendante des personnes qui la com-
posent. Elle a sa fortune particulière, ses intérêts spéciaux,
ses droits et ses obligations à part. Elle a une existence
propre dont les conditions sont déterminées par ses statuts
vérifiés au Conseil d'Etat, et par l'acte administratif qui, en
lui conférant l'autorisation, lui donne la vie. Elle possède
et elle acquitte les impôts auxquels la loi assujettit la fortune de tous les citoyens. De plus, comme la perpétuité
de son être soustrait ses biens aux droits établis pour la
mutation par décès, elle acquitte la taxe de mainmorte
créée par la loi du 20 février 1849, laquelle a eu pour but
et a pour résultat de la mettre sur un pied d'égalité complet avec tous les autres contribuables.

Est-il possible de voir là une société, dans le sens juridique du mot? Assurément non. L'individu disparaît et est
absorbé dans la congrégation. L'individu ne possède pas ;
c'est la communauté qui possède. L'individu peut travailler,
mais ce n'est pas pour lui ; c'est pour la communauté qu'il
travaille. C'est la communauté qui profite de l'activité in-
telligente du religieux ; et si sa fortune s'accroît, ce n'est
pas au profit individuel des membres qui en font partie. Le
religieux n'aura aucune part dans le capital de la congrégation ; il ne touchera jamais, pour se l'approprier, un
centime de ses revenus : il ne pourra jamais être question
pour lui ni de part d'intérêt, ni de dividende. La loi de
1872, visant les sociétés, ne peut donc pas atteindre la
congrégation autorisée, qui est une personne civile.

Voyez plutôt la loi du 24 mai 1825. Quand une congrégation autorisée de femmes cesse d'exister, ses biens
sont-ils partagés entre les religieuses qui se séparent? Pas
le moins du monde. Les biens légués ou donnés font retour
aux donateurs ou testateurs ou à leurs héritiers. Les biens
qui ne font pas retour et *ceux qui ont été achetés à titre
onéreux*, sont attribués moitié aux établissements ecclésiastiques, moitié aux hospices du département. A quoi se réduisent donc les droits des ex-religieuses sur cette fortune

de leur ancienne communauté, qu'elles ont augmentée par leurs travaux, par leurs économies, par leurs largesses personnelles? A une simple pension alimentaire! — Elles n'étaient donc pas en société, dans le sens légal du mot.

En 1872, le législateur voit des sociétés qui sont constituées dans un but intéressé, qui se proposent de réaliser des bénéfices, dont le capital sera réparti un jour entre les sociétaires, et dont les produits annuels leur sont distribués, et il exige un prélèvement sur ces produits, au moment où ils sortent de la caisse sociale pour aller grossir le patrimoine propre de chaque associé. Mais, quand il s'agit de congrégations autorisées, la situation est essentiellement différente. Il n'y a pas contrat de société; il n'y a ni but intéressé, ni distribution de bénéfices, ni partage possible du capital social. — Donc la loi de 1872 n'est pas applicable à ces congrégations; — et prétendre que l'on se conforme à l'esprit de cette loi, en les soumettant à ses exigences, c'est mentir à cette loi, non moins qu'à la nature même des choses.

Examinons maintenant la situation des congrégations non autorisées. Celles-ci n'ont pas d'existence légale, ni de vie propre. La loi ne les connaît pas, elle les ignore. Il n'y a donc, dans leur sein, que des individualités juxta-posées, que des citoyens jouissant des droits qui appartiennent à tous, et soumis aux obligations qui pèsent sur tous. Ces citoyens seront, au point de vue politique, électeurs et éligibles; en ce qui concerne les droits civils, ils auront leur fortune personnelle qu'ils administreront à leur gré, et dont ils disposeront en pleine liberté : ils feront des contrats de vente, de louage, de prêt, de dépôt; et s'ils veulent former des sociétés, il leur sera loisible de les établir, et d'introduire dans les actes qui en régleront les conditions toutes les clauses qui seront de nature à satisfaire le mieux leurs intérêts.

Il est donc arrivé que des membres de congrégations non autorisées se sont liés entre eux par des actes de société, et ont mis en commun, pour en jouir comme ils l'entendaient, tout ou partie de leur fortune mobilière et immobilière. La même chose est advenue ou a pu advenir à des membres de congrégations autorisées, qui, à côté de l'être de raison, de l'entité juridique à laquelle ils appartenaient, sans se laisser, comme autrefois, absorber par elle, ont conservé leur personnalité et leur fortune individuelle. Rien assurément de plus simple, de plus raisonnable et de plus légal que la formation de semblables sociétés. Le gouvernement n'en conteste pas la parfaite régularité. Ces sociétés, si elles se trouvent dans le cas d'être atteintes par la loi de 1872, se conforment exactement à ses pres-

criptions, et n'ont jamais songé à se soustraire à son empire. Loin de solliciter aucune faveur et aucun privilége,
elles ont acquitté les taxes avec la plus scrupuleuse exactitude : le gouvernement l'a formellement reconnu, et, en
son nom, M. Wilson a dit, dans la séance du Sénat du 23
décembre : « — Pas de difficulté ; nous percevons l'impôt ;
» *ce droit n'a jamais été contesté.* »

Si ce point est indiscutable, à quoi bon, encore une fois,
une législation nouvelle ?

Ce qui a donné lieu aux doléances du fisc, c'est cette
circonstance que dans certains actes de société, se trouvait
une clause portant que les bénéfices de la société ne seraient pas distribués ; — et lorsque la Régie s'est présentée
pour percevoir la taxe établie par la loi de 1872, elle a vu
ses prétentions repoussées de par les termes mêmes de
cette loi.

Le fisc avait-il tort ou raison ?

Bien évidemment il avait tort.

Une clause telle que nous venons de l'indiquer, est-elle
licite ? Est-il permis de stipuler en s'associant que les bénéfices de l'association ne seront, pendant la durée de la
société, distribués annuellement qu'en partie ? Est-il permis
de dire qu'ils ne seront pas distribués du tout, si ce n'est
au moment de la liquidation ? Le doute sur cette question
n'est pas possible, puisque en matière de convention tout
ce qui n'est pas défendu par la loi est permis. Or, aucune
loi ne prohibe de clause de ce genre. Il y a plus ; l'article
36 de la loi du 24 juillet 1872 impose aux sociétés anonymes
l'obligation d'un prélèvement sur les bénéfices annuels, lequel est affecté à la création d'un fonds de réserve ; et ce
fonds ne doit être distribué aux actionnaires qu'au moment
où la société prend fin.

Est-ce que le fisc a jamais pensé que ces capitaux ainsi
mis en réserve devaient supporter la taxe de la loi de 1872 ?
Non, assurément. Ces capitaux n'étant pas mis en distribution échappaient à l'impôt : et ils ne devaient être assujettis aux taxes établis sur les partages qu'au moment où,
la société se liquidant, ils entreraient par la distribution
qui en serait faite, dans le domaine des intéressés. Le perception de l'impôt était suspendue, mais elle devait avoir
lieu plus tard. Le fisc devait attendre, et il attendait.

Mais, en ce qui concerne les sociétés formées entre
religieux et religieuses, il n'a pas voulu attendre ; de là, la
loi de 1880 qui applique la taxe aux *sociétés dans lesquelles
les produits ne doivent pas être distribués en tout ou en
partie entre leurs membres.*

Or, qu'on veuille bien le remarquer. La loi de 1880 n'est
pas la conséquence, le complément, le corollaire de la loi

de 1872 ; elle en est la négation complète. En 1872, le législateur saisit un revenu au moment où de la caisse sociale il passe dans celle du sociétaire : en 1880, il saisit l'économie au moment où elle se réalise, et le capital lui-même à l'instant où il se forme. Entre ces deux données, il y a un abîme.

Quel est donc le motif juridique qui a déterminé le législateur de 1880 à bouleverser ainsi l'œuvre de son devancier ? Le rapporteur de la loi au Sénat, M. Roger Marvaise, l'explique de la manière suivante : « Qu'importe, au point de vue de l'établissement de l'impôt, que les produits et bénéfices soient distribués entre les associés ou consacrés à l'augmentation du capital social ? Dans un cas comme dans l'autre, la matière de l'impôt est absolument la même et il est aussi facile de la déterminer... Lorsque le gouvernement vient demander aux Chambres d'étendre le texte de la loi du 29 juin 1872, afin d'assimiler, au point de vue de l'impôt sur les produits et bénéfices, les sociétés et associations dont les statuts contiennent la clause du non-partage des bénéfices, et celles où cette clause ne se rencontre pas, il nous semble difficile de contester la justice de cette demande, et de ne pas reconnaître que l'assimilation qu'elle contient rentre entièrement dans l'esprit de la loi constitutive de l'impôt sur le revenu... »

Dans cette explication, le rapporteur émet une théorie, et immédiatement par un illogisme singulier il n'ose pas le suivre jusqu'au bout, et lui inflige un démenti.

La théorie, la voici nettement formulée : — Il n'y a pas de différence, au point de vue de l'impôt, entre les bénéfices distribués et les bénéfices mis en réserve : les uns et les autres doivent la taxe.

S'il en est ainsi, si le principe est juste, il faudra assujettir à la taxe toutes les réserves des sociétés, soit que les statuts en imposent la formation, soit que des délibérations ou des décisions particulières des conseils d'administration les autorisent.

Est-ce cela que l'on fait ? Non, et M. Roger Marvaise le dit nettement : on veut étendre le texte de la loi du 29 juin 1872 aux sociétés seules dont les statuts contiennent la clause de non-distribution des bénéfices.

Ainsi, d'après le rapporteur du Sénat, tout bénéfice doit être frappé de l'impôt, qu'il soit distribué ou qu'il ne soit pas distribué. Toutefois, il faut, pour que l'impôt soit exigible, dans ce dernier cas, que la non-distribution soit prescrite par les statuts.

C'est aussi ce que dit M. Wilson. Il a répété, avec autant de netteté que d'énergie, que la loi nouvelle ne visait que les sociétés *dont les statuts renfermaient la clause que les bénéfices ne seraient jamais distribués*, — dans lesquelles la distribution est à *jamais* interdite par les statuts.

Et, comme on lui objectait que le texte de l'article n'était pas clair et ne se prêtait pas à une pareille interprétation ; qu'il visait, dans sa seconde partie, toute espèce de société, M. Wilson répondait (*Officiel*, page 12,843) :

« Est-il possible de prétendre que, si vous votez l'article 3 tel qu'il est présenté par la commission et tel qu'il est accepté par le gouvernement, vous vous exposez à faire tomber sous le coup de l'impôt des sociétés autres que celles qui contiennent la clause : *les produits ne doivent pas être distribués en tout ou en partie entre leurs membres ?* Cela est impossible, et voici pourquoi : c'est que nous ne nous trouvons pas en présence d'une rédaction vague et générale, d'une rédaction qui ait été modifiée sans explications. Nous nous trouvons en présence d'un texte formel et parfaitement précis qui dit : « L'impôt établi par la loi du » 29 juin 1872, sur les produits et bénéfices annuels des » actions, parts d'intérêts et commandites sera payé par » toutes les sociétés dans lesquelles les produits ne *doivent* » pas être distribués en tout ou en partie entre leurs mem- » bres. » Et qui ajoute « *la même disposition*, » par conséquent la même instruction, c'est-à-dire le fait de la non-distribution obligatoire des dividendes, « *rend l'impôt applicable à toutes les associations et à toutes les sociétés de fait.* » Vous vous trouverez, par conséquent, en présence d'un texte clair et parfaitement précis, et vous n'avez en aucune façon à craindre l'inconvénient qu'on a signalé. »

On insistait, et on faisait remarquer que la loi en projet visait aussi les sociétés de fait dans lesquelles, assurément, il n'y a ni statuts, ni clauses d'aucune sorte ; mais M. Roger Marvaise répondait fort cavalièrement : « Il est question des sociétés de fait dans lesquelles il ne doit pas y avoir de distribution de bénéfices, voilà tout. »

La pensée exprimée par les auteurs de la loi est-elle rendue par le texte même de cette loi ? Malheureusement non. Ce texte ne reproduit pas le mot *jamais* que M. Wilson a répété avec tant d'insistance. — De plus, le sens que M. Wilson donnait à ces expressions de la seconde partie du premier alinéa de l'article 3 : *les mêmes dispositions*, il est manifestement impossible de l'admettre, la tournure grammaticale de la phrase s'y oppose ; ces mots s'appliquent évidemment à la nécessité de payer l'impôt.

Non-seulement la loi de 1880 innove en ce qu'elle assujettit à l'impôt les bénéfices non distribués, mais encore elle ment aux déclarations faites par ses auteurs, parce qu'elle atteindra fatalement même des sociétés dans lesquelles les statuts n'interdiront pas la distribution des bénéfices.

Aussi voyez le parti que le fisc s'apprête à tirer du texte législatif.

Dans l'instruction adressée le 20 juin 1881 par le directeur général de l'enregistrement à ses agents, instruction approuvée par le ministre des finances, on lit ce qui suit :

N° 2. — « D'après le texte de l'article, il est nécessaire ,
» pour l'application de la loi, que les produits de la société
» ne *doivent* pas être distribués en tout ou en partie entre
» ses membres.
» Cette circonstance résulte de deux ordres de faits.
» Elle peut provenir, *d'abord*, des interdictions placées
» dans les statuts de la société *ou dans les conditions de la*
» *convention qui en tient lieu.*
» Elle peut résulter, en outre, *en l'absence de toute con-*
» *vention statutaire, de la nature de l'association,* s'il s'agit
» d'une société organisée dans des conditions ou *sous un*
» *régime* légal *qui ne comporte pas la distribution des*
» *produits aux membres de la société.* Il en est ainsi, notam-
» ment, des congrégations religieuses reconnues, puisque
» les associés ne peuvent acquérir de droit aux produits de
» l'association ni en recevoir aucune partie à titre de dis-
» tribution. Il en est de même des congrégations religieuses
» non reconnues, lorsque *leur organisation a également*
» *pour but et pour résultat de conserver tous les produits*
» *à l'association.* »

Il n'est pas permis d'en douter. Le gouvernement se donne à lui-même un éclatant démenti, et les affirmations qu'il a produites devant le Sénat sont entièrement méconnues et oubliées. Il avait déclaré que les sociétés qu'il entendait seules soumettre à l'impôt, étaient celles dans lesquelles, statutairement et obligatoirement, les bénéfices ne devaient *jamais* être distribués, et maintenant il entend y assujettir celles dont la *nature*, le *régime*, l'*organisation* lui paraîtront impliquer l'intention de conserver les bénéfices à la société.

Mais il peut arriver que l'acte constitutif de la société prescrive la distribution d'une partie des bénéfices, et la mise en réserve d'une autre partie; qu'arrivera-t-il dans ce cas ? Voici la réponse de la Régie :

N° 3. — « L'article 3 prévoit les distributions totales ou
» partielles de produits. Le législateur a voulu, par cette
» énonciation, régler le cas où des sociétés, dans le but
» d'échapper à la taxe, limiteraient à *une partie* des produits
» la prohibition de distribution aux associés, et autorise-
» raient en conséquence la distribution du surplus, de ma-

» nière à ne payer l'impôt que sur cette dernière portion.
» En désignant les sociétés — dans lesquelles les produits
» ne doivent pas être distribués en tout ou en partie — l'ar-
» ticle 3 indique que la prohibition partielle de distribution
» sera assimilée à la prohibition totale. Les sociétés qui in-
» terdiraient la distribution d'une partie seulement des
» produits entre leurs membres en la réservant à leur profit
» personnel, seraient donc régies entièrement par l'ar-
» ticle 3. Elles devraient acquitter la taxe de 3 % dans les
» conditions fixées par cet article, sur le montant intégral
» de leurs produits, même sur ceux dont la distribution a
» été autorisée. »

Ainsi, c'est bien entendu : — tout bénéfice, par cela
seul qu'il a été réalisé, doit supporter l'impôt de 3 % —
sans qu'on ait à s'occuper de savoir s'il sera ou ne sera pas
distribué.

C'est bien là la théorie de M. Roger Marvaise.

Mais alors, que dire des réserves des sociétés industrielles et commerciales, si nombreuses et si puissantes en
France, auxquelles la loi d'abord, et les statuts ensuite,
imposent l'obligation de mettre en réserve une partie de
leurs bénéfices? Le Crédit Lyonnais, par exemple, qui a
une réserve, c'est-à-dire des bénéfices accumulés et non
encore distribués, s'élevant à 80 millions, paiera-t-il annuellement la taxe de 3 % sur ces 80 millions? Oui, si le
fisc est logique et impartial ; oui, si la loi est faite pour
tous et doit s'appliquer à tous. Non, si la loi n'est qu'un
moyen de persécution contre les associations religieuses.
Et on peut être assuré qu'il ne la paiera pas.

La question, toutefois, a été posée et elle en valait la peine.
Elle l'a été devant le Sénat par M. Gouin (séance du 23
décembre 1880). M. Wilson, au nom du gouvernement, a
répondu que l'impôt ne serait pas perçu sur ces réserves,
et il en a donné pour motif, que si des revenus sont ainsi
réservés, ils ne le sont que temporairement, et qu'ils paient
dès que, sous une forme ou sous une autre, ils font l'objet
de la distribution qui est le but essentiel de l'entreprise ;
tandis que « ce que le projet vise, ce sont les sociétés ou
» associations dans lesquelles la distribution est à jamais
» interdite par les statuts. »

Et l'instruction de la Régie s'exprime en ces termes :

N° 4. — « Il ne suffit pas, pour justifier l'application de
» la loi du 28 décembre 1880, qu'il existe une prohibition
» quelconque de distribution des produits. Il faut encore
» que cette prohibition soit absolue et qu'elle ait pour ré-
» sultat d'attribuer à la société, d'une manière définitive
» les produits réalisés.

» Les dispositions nouvelles n'atteignent donc pas les
» sociétés dans lesquelles il est stipulé qu'une partie des
» bénéfices sera distraite des distributions périodiques pour
» constituer des fonds de réserve, de garantie ou de pré-
» voyance. Les produits ainsi réservés ne sont pas attribués
» définitivement à la société, à l'exclusion des associés.
» Ceux-ci, au contraire, conservent sur ces produits un
» droit individuel dont l'échéance seule est retardée. La
» réserve demeure entre les mains de la société avec un
» caractère de disponibilité permanente, qui permet de le
» faire servir à tout moment à une distribution. Il ne s'agit
» donc pas de produits qui ne doivent pas être distribués. »

Il est impossible de ne pas être frappé de la contradiction
qui existe entre la doctrine du numéro 4 et de celle qui
est consignée dans les numéros 2 et 3 de l'instruction
de la Régie. Tous les motifs qui sont donnés en faveur
des réserves des sociétés industrielles et commerciales
s'appliquent, en effet, aux réserves des associations quelconques, notamment de celles qui sont formées entre membres des congrégations religieuses. — Que, dans ces dernières associations, le pacte social prescrive la mise en
réserve de tout ou partie des bénéfices de la société, ou
que cette mise en réserve résulte de délibérations posté-
rieures, il n'est pas moins vrai que ces bénéfices ainsi réservés *ne sont pas attribués définitivement à la société, à
l'exclusion* des associés; — *que ceux-ci conservent sur ces
produits un droit individuel dont l'échéance seule est
retardée*; et que *cette réserve demeure entre les mains de
la société avec un caractère de disponibilité permanente.*
Vienne le moment de la liquidation, vienne par une circonstance quelconque la dissolution avant terme de cette
société; la distribution de la réserve entre les associés
aura lieu : elle aura été retardée par l'existence même de
la société; mais elle sera irrévocablement effectuée : et,
sous ce rapport, la société dont nous parlons et les grandes
compagnies industrielles ou commerciales sont dans une
situation absolument identique.

La distinction faite par le gouvernement et par l'instruction de la Régie ne supporte donc pas l'examen; et il faut reconnaître que malgré toutes les affirmations et déclarations,
en dépit de tous les artifices de langage et de toutes les
atténuations de la parole, ce que le gouvernement a voulu
faire, et ce qu'il a fait, c'est une loi contre les congrégations
et les associations religieuses. On épargnera la Banque de
France, les compagnies de Chemins de fer, le Crédit Fon-
cier, la Banque Hypothécaire, le Crédit Lyonnais, et toutes
ces compagnies qui enrichissent leurs actionnaires et augmentent chaque année leur capital de plusieurs millions; —

mais on poursuivra à outrance quelques pauvres religieuses travaillant toute l'année à soigner des malades ou à instruire des enfants, vivant de peu, se contentant pour elles du plus strict nécessaire, et consacrant les quelques économies qu'elles peuvent réaliser à soulager les misères qui frappent sans cesse à leurs portes. Aux puissants l'immunité de l'impôt, — aux charitables et aux faibles, les taxes avec toutes leur rigueur ; voilà la loi du 28 décembre 1880.

Il n'existe pas seulement des sociétés contractées entre membres de congrégations religieuses reconnues et non reconnues. La France compte une multitude de sociétés établies sous des formes variées, répondant à des besoins divers et poursuivant des buts différents. Il y a les sociétés de secours mutuels qui ont en vue l'intérêt pécuniaire de leurs membres ; il y a des cercles, des comices agricoles, des associations scientifiques ou littéraires, dans lesquelles on recherche soit des distractions et des plaisirs, soit des avantages d'une nature plus matérielle. Il y a, enfin, des associations dont les ressources sont consacrées exclusivement à des œuvres de charité ou de bienfaisance. Quel sera le sort de toutes ces sociétés en présence de la législation nouvelle ?

Le gouvernement, sollicité au Sénat de répondre à cette question, a éprouvé un grand embarras. Déclarer que ces associations seraient toutes et sans distinction atteintes par la loi dont il demandait l'adoption, c'eût été révolter les sentiments intimes de ceux dont il sollicitait les suffrages ; affirmer qu'elles seraient exonérées de l'impôt, c'était s'exposer à voir formuler et adopter un amendement qui contrarierait ses vues. Aussi ne fit-il aux interrogations qui lui furent adressées que des réponses évasives. Ce fut d'abord M. Roger Marvaise qui parla : « L'objet du projet, dit-il, est extrê-
» mement clair. Ce sont les sociétés atteintes par la loi de
» 1872, c'est-à-dire *celles ayant pour objet de se procurer*
» *des produits, d'avoir des bénéfices, qui sont atteintes par*
» *le texte soumis au Sénat*. Mais, quant à ces sociétés cho-
» rales, quant à ces comices agricoles, quant à toutes ces
» associations dont on vous a parlé hier, elles sont mani-
» festement en dehors de la loi.. »

M. Roger Marvaise faisait, en effet, une réponse qui était très claire, mais qui était incomplète : il ne parlait pas des associations charitables, et, par le temps qui court, il n'était pas inutile de savoir à quoi s'en tenir relativement à elles. MM. Buffet et de Broglie insistèrent donc, et M. Lucien Brun, dans un langage ému, adjura le gouvernement de dire si les sociétés de charité, si notamment les Petites-Sœurs des Pauvres seraient soumises à l'impôt pour le produit des quêtes qu'elles font.

Le gouvernement se borna à répondre qu'on avait pris
« le mot *produit*, et qu'on n'avait fait en cela qu'emprunter
» une des expressions de la loi de 1872. Nous ne l'avons,
» dit-il, modifié en rien ; nous lui avons laissé le caractère
» qui subsiste dans la loi de 1872, et *c'est à la jurispru-*
» *dence à répondre à la question de M. Lucien Brun.* Nous
» n'avons pas à interpréter des mots insérés dans la loi,
» quand nous nous référons à une loi existante comme
» celle de 1872, qui a donné lieu à beaucoup de décisions
» judiciaires qui en ont fixé la portée. Nous ne pouvons
» entrer dans l'examen de cette jurisprudence ; nous de-
» vons nous en référer purement et simplement à ses en-
» seignements. »

Et comme M. Desbayssins de Richemont lui demanda
si on ferait payer l'impôt aux congrégations expulsées et,
par exemple, aux trappistes chassés, sur leurs maisons
désertes et leurs terres en friche, le gouvernement garda
le silence.

Lorsque le projet de loi reparut devant la Chambre des
députés, M. Wilson reconnut bien que les sociétés de secours mutuels, les sociétés d'assurances mutuelles, les
sociétés scientifiques, etc., ne pouvaient pas tomber sous
l'application de la loi nouvelle, parce qu'elles ne contiennent pas la clause de non-distribution des bénéfices ; mais
il ne dit pas un mot relativement aux sociétés de charité.
Et même, n'étant plus obligé à la même retenue de langage qu'au Sénat, il avoua nettement à la Chambre que ce
que la loi visait, c'étaient les congrégations religieuses.

Mais, une fois la loi votée et promulguée, les masques
tombent ; l'hypocrisie de langage n'a plus de raison d'être,
et voici les instructions que le gouvernement fait donner
aux agents du fisc : c'est le commentaire officiel de la loi.

« N° 5. — Le mot société a, dans l'article 3 de la loi du
» 28 décembre 1880, la même signification que dans la loi
» du 29 juin 1872.

» Il embrasse dans sa généralité, les compagnies ou
» entreprises quelconques, financières, commerciales ou
» civiles, désignées dans le premier paragraphe de l'ar-
» ticle 1er de cette loi. Les décisions judiciaires qui en
» ont déterminé le sens recevront leur application.

» De même donc que sous l'empire de la loi du 29 juin
» 1872, on ne considérait pas comme soumises à la taxe
» les compagnies d'assurances mutuelles et les sociétés de
» secours mutuels, parce que ce ne sont pas des sociétés
» proprement dites, réalisant des bénéfices, mais des en-
» treprises donnant lieu à des conventions aléatoires d'in-
» demnité, de même il est impossible de les comprendre

» parmi les sociétés prévues dans l'article 3 de la loi du
» 28 décembre 1880. Elles échapperaient d'ailleurs à son
» application, par le motif que, si les cotisations consti-
» tuent des produits, ni les statuts, ni la nature de l'en-
» treprise n'en prohibent la distribution entre les membres
» de la société. »

Ainsi, voilà toute une catégorie de sociétés opulentes,
créées en vue de procurer des bénéfices à leurs membres,
qui ne seront pas assujetties à l'impôt.

L'instruction de la Régie continue :

» N° 7. *Sociétés scientifiques ou littéraires, cercles*, etc.
» — Certaines entreprises scientifiques ou littéraires, cer-
» tains cercles, comices, *ouvroirs*, loges etc., sont établis
» sous forme de sociétés. L'organisation de ces sociétés ne
» leur interdit pas d'une manière absolue de distribuer
» entre leurs membres les produits qui dépassent les be-
» soins de l'association. Elles ne tombent donc pas *de
» plein droit* sous l'empire de l'article 3 de la loi du 28 dé-
» cembre 1880. C'est seulement dans le cas exceptionnel
» où les statuts interdiraient la distribution des produits
» entre les associés et attribueraient ces produits à la so-
» ciété même, pour constituer une augmentation de patri-
» moine, que les conditions requises pour l'application des
» dispositions nouvelles se trouveraient réunies. Placées
» qu'elles seraient alors sous un régime civil absolument
» semblable à celui des congrégations constitutives de la
» mainmorte, ces associations devraient, *quels que soient
» leur caractère et leur destination*, y être assimilées pour
» la perception de l'impôt.

Quant aux sociétés de fait, l'administration, n° 8, « est au-
» torisée à établir par les moyens de preuve dont elle dis-
» pose, l'existence de sociétés *verbales* donnant lieu à
» l'impôt... Les actes opposables aux parties *et les présomp-
» tions* serviront à démontrer l'existence des sociétés de
» fait, à en déterminer le caractère, et à prouver qu'elles
» sont, *par leur nature* ou par les conventions arrêtées
» entre les associés, soumises aux conditions qui justifient
» l'exigibilité de la taxe. »

Et pour qu'il soit bien entendu que les sociétés de charité
ne seront pas affranchies de l'impôt, la même instruction
ajoute, et c'est la réponse de l'administration à la question
de M. Lucien Brun : n° 17. « Les *quêtes, collectes, aumônes* ou
» *dons* font partie des produits, dès lors que les sommes ou
» valeurs qui en sont l'objet deviennent la propriété per-
» sonnelle de la société ou de l'association. »

Cette explication de la loi de 1880, donnée par ceux qui
l'ont inspirée aux agents chargés de l'appliquer, fait voir

dans quel esprit les recherches et l'action du fisc vont être dirigées. Ce sera l'arbitraire mis à la place de la légalité, la persécution à la place de l'équité, la passion à la place du droit. Les congrégations religieuses, les associations charitables, les œuvres catholiques, seront traquées et poursuivies : les entreprises de la libre-pensée seront épargnées et protégées, tout autant que les grandes entreprises commerciales.

Voici, par exemple, une confrérie pieuse, une association de dames de charité, une conférence de Saint-Vincent-de-Paul ; qui empêchera le fisc de leur tenir ce langage : — Vous êtes une société, au moins une société de fait ; vous avez des fonds ; que ces fonds proviennent de cotisations, de dons ou de *quêtes*, peu importe ; il résulte, ou bien de vos statuts, ou bien de la *nature* même de votre association que ces *produits* ne doivent pas être partagés entre vous ; vous entendez les donner aux pauvres, soit ! mais la loi ne veut pas connaître et ne connaît pas cette destination ; il lui suffit de constater qu'ils sont la *propriété personnelle de l'association ;* payez !

Et vous, admirables Petites-Sœurs des Pauvres ! allez de porte en porte solliciter la charité publique en faveur des vieillards délaissés auxquels vous consacrez votre dévouement, vos forces et votre vie ; mais tenez bien note des aumônes que vous recevrez, dressez un inventaire exact des denrées en nature que les femmes du peuple mettent dans vos paniers quand elles vous rencontrent ; car il peut se faire que, sur le montant de vos quêtes, sur le nécessaire de vos pauvres, vous deviez prélever 3 % au profit du Trésor public, auquel ne suffisent pas des recettes de près de quatre milliards !

Les congrégations et associations charitables ne devront-elles au moins la taxe que sur ce qui restera en caisse au 31 décembre de chaque année, déduction faite des dépenses effectuées ? Il semble, en effet, que ce solde puisse seul être considéré comme le bénéfice réalisé.

A cet égard, voici ce que nous lisons dans l'*Instruction* (n° 18), et l'obscurité du langage nous fait craindre les plus révoltantes exigences :

« Les sociétés font souvent emploi de leurs produits *en*
» *subventions volontaires*. Ces emplois, bien que n'aug-
» mentant pas le patrimoine de la société *doivent être*
» *assimilés aux placements réalisés en son nom*. Ils ne
» peuvent pas être compris parmi les charges susceptibles
» de déduction. L'appréciation du caractère de ces emplois
» dépend des circonstances et doit être faite avec atten-
» tion. En cas de difficulté, il en sera référé à l'adminis-
» tration. »

Que sortira-t-il de ces explications ambiguës et de ce commentaire d'une obscurité calculée? Le plus effrayant et le plus intolérable arbitraire.

Mais que dire des moyens mis à la disposition des agents du fisc, pour assurer la perception de l'impôt?

La loi de 1872, en établissant une taxe sur les *bénéfices* annuels des sociétés, avait permis de déterminer d'une manière très simple et très facile l'importance de ces bénéfices.

S'agissait-il de sociétés par actions? Le produit net des actions était indiqué par les dividendes fixés d'après les délibérations des assemblées générales des actionnaires ou des conseils d'administration, ou de tous autres documents analogues.

Etait-il question de sociétés qui n'étaient pas constituées par actions? Les délibérations des conseils d'administration des intéressés, — ou l'évaluation à raison de 5 o/o du capital social ou de la commandite, ou bien encore le prix moyen des cessions des parties d'intérêt consenties pendant l'année précédente fixaient le *quantum* des bénéfices.

Il faut remarquer ici que le fisc partait d'une donnée certaine pour arriver à la détermination du revenu, et s'il fallait, à défaut de délibération des conseils d'administration, admettre que le produit net des parts d'intérêt était de 5 % du capital social, ce capital était parfaitement connu d'après les actes de société eux-mêmes.

Donc, à ce sujet, il ne pouvait s'élever aucune difficulté, on ne pouvait susciter aucune tracasserie.

La loi de 1880 innove sur ce point, comme sur les autres, et de la manière la plus grave.

Elle admet, pour les actions, la détermination du revenu d'après les délibérations des assemblées générales d'actionnaires ou des conseils d'administration, les comptes rendus ou autres documents analogues. La Régie ne tolérera pas qu'on substitue à ces pièces les déclarations dont nous allons parler dans un instant, et « elle se réserve de con- » trôler l'exactitude des délibérations par les moyens qui » sont à sa disposition, » et que nous ferons connaître plus loin.

Pour les valeurs autres que les actions, valeurs très nombreuses, puisque le fisc va assujettir à la taxe toutes les sociétés, même les sociétés de fait, le revenu sera déterminé :

» 1° Soit par les délibérations des conseils d'administration;

» 2° Soit par la déclaration des représentants des sociétés » ou associations appuyée de toutes les justifications né- » cessaires;

» 3° Soit à défaut de délibérations et de déclaration , à
» raison de 5 % de l'évaluation détaillée des meubles
» et des immeubles composant le capital social. »
Reprenons.

1° *Les délibérations des conseils d'administration.* — Se-
ront-elles admises sans contrôle ? Non. Et l'*Instruction* de
la Régie le dit nettement. Après avoir indiqué (n° 12), que
l'administration ne pourrait pas accepter des délibérations
prises par des conseils de surveillance ou des conseils fic-
tifs , ne participant pas à l'administration et n'ayant pas dès
lors l'autorité nécessaire pour fixer les dividendes dans les
cas ordinaires , elle ajoute : « Le droit est perçu sur la re-
» mise d'un extrait de la délibération , sans que la société
» ait d'autres justifications à fournir , *et sauf l'exercice du*
» *contrôle de l'administration.* »

2° *La déclaration des représentants des sociétés ou associations appuyée de toutes les justifications nécessaires.*
Ici la déclaration pure et simple ne suffit pas : il faut
que le déclarant fournisse les pièces à l'appui. Quelles devront être ces justifications ? La loi ne le dit pas. Et le fisc
s'empresse de suppléer à son silence (n° 14 de l'*Instruction*). « L'administration a donc un droit d'appréciation
» *très étendu* qu'elle exercera *sous le contrôle des tribu-*
» *naux*, d'après les circonstances et selon la nature par-
» ticulière de chaque association.
» Les justifications dont il s'agit, ayant pour but de cons-
» tater le montant exact du produit qui aurait dû être distri-
» bué , doivent , en général, comprendre toutes les pièces
» qui sont de nature à établir la situation détaillée de
» chaque exercice.
» Elles impliquent , en premier lieu , la production ,
» soit dans le contenu même de la déclaration , soit dans
» une pièce additionnelle , d'un compte sommaire des re-
» cettes et des dépenses de l'année , faisant ressortir le
» montant net des produits imposables.
» Elles impliquent en outre la représentation de pièces
» justificatives proprement dites, l'indication des titres en
» vertu desquels les recettes ont été effectuées et les dé-
» penses acquittées , et tous autres renseignements propres
» à faire apprécier l'exactitude au moins approximative de
» certaines recettes ou dépenses non susceptibles , par
» leur nature , de justifications détaillées. »
Etc., etc.
Qui pourra jamais dire les justifications que le fisc trouvera régulières et suffisantes ? Qui fixera les limites du
droit d'appréciation très étendu qu'il entend exercer ? Lui
seul assurément ; et s'il parle du *contrôle des tribunaux*,

c'est un langage dérisoire : il faut comprendre que si on résiste à ses exigences, il menacera d'un procès.

3° Le *forfait*, *à raison de 5 %₀ de l'évaluation détaillée des meubles et des immeubles composant le capital social.*

Lorsque la loi de 1872 admettait une pareille base pour asseoir l'impôt, le capital social était connu et il s'agissait uniquement de déterminer le revenu.

Ici tout est inconnu, et il s'agit d'évaluer la fortune elle-même de la société en capital, pour arriver à indiquer le revenu.

C'est donc le bilan de la société qui, chaque année, doit être mis au jour ; c'est son inventaire qui, chaque année, doit être communiqué aux agents du fisc.

« L'évaluation *détaillée des meubles et des immeubles,*
» dit l'*Instruction* (n° 16), doit s'entendre d'une évaluation
» faite *article par article.*

» Elle doit comprendre, suivant les termes même de
» l'article 3, les meubles et les immeubles composant le
» capital social. Ce sont effectivement ces valeurs elles-
» mêmes, et non pas seulement les biens originairement
» apportés en société et indiqués dans le contrat qui cons-
» tituent le capital social. L'estimation pourra donc varier
» annuellement, suivant que le patrimoine social augmen-
» tera ou diminuera. *Elle devra être renouvelée à chaque*
» *payement annuel.* »

Il est inutile d'insister sur l'aggravation apportée par la loi de 1880 à la législation antérieure. Elle est manifeste.

Ici encore pourra s'exercer, et s'exercera, avec toute sa rigueur, la surveillance inquiète et jalouse de l'administration fiscale.

Nous savons bien qu'avant 1880, le fisc avait un droit d'investigation dans les dépôts et les établissements publics, et dans certaines sociétés. Relativement aux dépôts et établissements publics, ce droit lui était conféré par la loi du 22 frimaire an VII et par le décret du 4 messidor an XIII. Pour les sociétés, il résultait des lois des 5 juin 1850, 17 juillet 1857, 23 août 1871 et 21 juin 1875. Le fisc est autorisé par ces lois à se faire communiquer le registre à souche des titres ou certificats d'actions, des sociétés constituées par actions ; — le registre des transferts et conversions des titres, — les livres, registres, titres, pièces de recettes, de dépenses et de comptabilité, polices d'assurances, à l'effet de constater l'exécution des lois sur l'enregistrement et le timbre. Mais il faut remarquer que cette faculté donnée aux agents du fisc ne peut être exercée qu'au siége des sociétés, ou dans leurs succursales, qu'elle a un objet nettement défini, et qu'elle ne s'étend pas à la constatation de

leur actif et de leur passif : elle ne constitue pas une ingérence dans leur administration.

La loi de 1880 innove donc sur ce point comme sur tant
d'autres, et voici la situation vraiment intolérable qu'elle
fait aux associations qu'elle vise, en permettant au fisc de
contrôler l'exactitude des déclarations qui lui seront faites.

« La loi du 28 décembre 1880, dit *l'Instruction* (n° 20),
» décide que ces inexactitudes peuvent être établies con-
» formément aux dispositions des lois antérieures, relatives
» aux expertises d'immeubles et aux dissimulations de prix
» de vente. Cette référence de la loi signifie que les moyens
» employés pour constater la valeur des immeubles ou la
» sincérité des prix de vente, serviront également à dé-
» mentir l'exactitude des déclarations ou évaluations im-
» posées aux sociétés. De même donc qu'on peut provo-
» quer l'expertise, afin de déterminer le revenu ou la valeur
» vénale d'un immeuble, on pourra également la provoquer
» pour constater *l'estimation* ou le produit réel *de biens*
» *quelconques* dont les revenus servent à établir la base de
» l'impôt. Les moyens de contrôle organisés par la loi ont
» une portée générale et absolue, qui est la *constatation*
» *des erreurs existant dans des évaluations mobilières ou*
» *immobilières.* Ils s'appliquent donc nécessairement à
» *toutes ces évaluations.* On ne saurait les restreindre aux
» immeubles seuls ou aux dissimulations. Ce serait violer
» sur ce dernier point le texte de la loi qui vise les *inexac-*
» *titudes.* Ce serait en méconnaître absolument l'esprit. »

Et non-seulement le fisc pourra provoquer une expertise
mais il pourra recourir « à tous les genres de preuves
» admis par le droit commun, » à l'exception du serment
décisoire. Il pourra « provoquer la preuve testimoniale
» pour établir tous les faits dont la constatation intéresse
» la composition de l'actif et du passif de la société ou les
» résultats de la gérance : recourir à l'interrogatoire sur
» faits et articles des associés ou des représentants de la
» société ; invoquer les présomptions simples de quelque
» nature qu'elles soient, même celles qui sont fondées sur
» la notoriété publique (*Inst.*, n°s 20, 21, 22). Il pourra
» (*Instruction*, n° 39) ; exiger la représentation de tous
» livres, registres, titres, pièces de recette, de dépenses et
» de comptabilité. »

Et pendant combien de temps après chaque déclaration
pourra s'exercer ce droit exorbitant accordé à la Régie ?

Pendant DIX ANS ! (lois des 22 frimaire et 7 et 18 mai
1850, *Instruction*, n° 22). Oui, pendant dix ans : et si dans
l'intervalle, les pièces de la société disparaissent, si son
personnel se modifie, si les renseignements font défaut, si

la connaissance exacte du passé s'est perdue, tant pis ! Le
fisc agira, fouillera, exigera, menacera et fera payer !

Et encore, s'il ne s'agissait que de payer des suppléments
de droit sur les inexactitudes relevées par l'administration !
mais la loi prononce en outre une amende qui de 100 fr.
peut s'élever à 5,000 fr ! (Loi du 23 juin 1857, art. 5,
Instruction n° 24.)

Et encore si cette pénalité n'atteignait que la mauvaise
foi, que les réticences calculées, que les fraudes inten-
tionnelles ! Mais non, elle frappe les simples *inexactitudes*.
Et l'*Instruction* (n° 19) a bien soin de mettre ce fait en
saillie. « La loi, dit-elle, parle d'une manière générale des
» *inexactitudes. Elle ne distingue pas entre les erreurs*
» *pures et simples et les dissimulations.* Ces inexactitudes
» *comprennent tous les faits desquels il résulte une altéra-*
» *tion dans le chiffre du revenu passible de l'impôt.* Elles
» *embrassent* notamment les omissions de valeurs dans
» les documents qui doivent en renfermer l'énonciation,
» *les insusffiances dans l'évaluation de ces biens* ou dans
» les sommes déclarées, les exagérations commises dans
» la consistance ou dans l'importance du passif admis en
» déduction. »

Ceci est tout simplement monstrueux : mettre sur la même
ligne, frapper de pénalités semblables l'erreur involontaire
et la fraude, punir des déclarations sincères parce qu'elles
se trouveront n'être pas d'accord avec le résultat d'une expertise ou d'une preuve par témoins (et l'on sait au palais
ce que valent les expertises et les enquêtes), ce n'est plus
de la justice, c'est de la haine et de la passion !

Et maintenant, membres des associations religieuses,
ouvriers des œuvres catholiques, pauvres femmes, timides
religieuses, vous tous qui ne savez que visiter les pauvres,
soigner les malades, instruire les enfants, voici venir l'a-
gent du fisc : — ouvrez les portes de vos demeures : videz
les tiroirs de vos bureaux ; présentez vos registres ; faites
connaître vos minces ressources, vos plus minimes dépenses,
l'emploi de vos aumônes ; laissez fouiller dans vos papiers ;
répondez aux questions : subissez des séances qui peuvent
se prolonger pendant quatre heures et se renouveler indéfiniment : — et payez tout ce que l'on exigera : autrement
vous serez appelés devant les tribunaux, vous pourrez y
subir un interrogatoire public ; vos moindres paroles seraient livrées à mille commentaires : — payez donc, ainsi
le veulent les lois existantes !

L'administration de l'enregistrement attend, du reste,
un redoublement de zèle de ses agents à tous les degrés.
Il est bon que l'on sache à quelle besogne elle les appelle :
« Les employés supérieurs, dit-elle (*Inst.*, n° 1173), n'o-

» mettront, lors de la vérification des gestions, aucune des
» recherches qui sont de nature à révéler l'existence des
» associations, leur organisation et la consistance de leurs
» biens. Ils utiliseront, à cet effet, outre les documents
» des bureaux, les renseignements particuliers qu'ils pour-
» ront recueillir dans les préfectures, sous-préfectures,
» mairies, près des agents du service des contributions
» directes et de tous autres fonctionnaires.

» Des recherches spéciales seront faites dans les bureaux
» de la préfecture, lors de la vérification annuelle des pièces
» relatives à la comptabilité communale et des établisse-
» ments publics. Elles porteront particulièrement sur les
» tableaux de recensement ou autres documents statistiques,
» sur les dossiers relatifs aux lois ou décrets ayant pour
» objet de reconnaître les congrégations ou de les autoriser
» à accepter des dons et legs, et *sur les autorisations de
» police* auxquelles peut être subordonnée la constitu-
» tion de certaines sociétés. »

Après le passage que nous venons de transcrire, nous
nous reprocherions d'ajouter une réflexion quelconque.

ARTICLE 4.

Si l'article 3 de la loi du 28 décembre 1880 est en contradiction formelle avec la loi de 1872, l'article 4 est la négation
complète de tous les principes du droit civil et des règles
du droit fiscal.

Il est ainsi conçu :

« Dans toutes les sociétés ou associations civiles qui ad-
» mettent l'adjonction de nouveaux membres, les accrois-
» sements opérés par suite de clauses de réversion, au
» profit des membres restants, de la part de ceux qui ces-
» sent de faire partie de la société ou association, sont
» assujettis au droit de mutation par décès, si l'accroisse-
» ment se réalise par le décès, ou aux droits de donation,
» s'il a lieu de toute autre manière, d'après la nature des
» biens existants au jour de l'accroissement, nonobstant
» toutes cessions antérieures faites entre-vifs, au profit d'un
» ou de plusieurs membres de la société ou de l'association.

» La liquidation et le payement de ce droit auront lieu
» dans la forme, dans les délais et sous les peines établies
» par les lois en vigueur pour les transmissions d'immeu-
» bles. »

Par cet article, nous rentrons exclusivement dans le droit
civil, et c'est dans le Code que l'on devrait chercher les
règles à suivre dans la matière qui nous occupe.

La loi nouvelle vise les associations tontinières, c'est-à-dire celles qui sont formées avec la stipulation que la part des prémourants accroîtra aux survivants; — et, dans ces associations, elle vise spécialement celles qui admettent l'adjonction de nouveaux membres.

Mais, avant de rechercher le sort qui leur est désormais réservé et d'examiner le sens et la portée de l'article 4 que nous venons de transcrire, il est nécessaire de nous demander quel est le régime fiscal de droit commun, en ce qui concerne la cession de parts ou d'actions dans les sociétés.

Qu'il soit licite de former une société avec pacte tontinier, personne assurément ne le contestera; on rencontre là l'exercice du droit primordial et naturel qui appartient à tout citoyen de faire les conventions qui lui plaisent, toutes les fois qu'elles ne sont contraires ni aux bonnes mœurs ni à l'ordre public.

Pareillement, il est permis de stipuler qu'une société, contractée entre tels et tels, pourra remplacer par d'autres les sociétaires qui cesseraient d'en faire partie, et même pourra augmenter le nombre de ses membres par des admissions nouvelles.

La jurisprudence n'offre pas un seul exemple d'annulation ou de blâme prononcé contre des conventions de ce genre.

Et nous avons dit plus haut que la faculté qui appartient à tous les citoyens de s'associer aux conditions qui leur agréent, ne peut pas être déniée et n'est pas déniée aux membres des congrégations religieuses non autorisées ou même autorisées.

Lors donc qu'arrive le décès d'un sociétaire dans une société tontinière, est-il dû un droit de mutation? Et quel est le chiffre de ce droit?

Pour répondre à cette question, demandons d'abord quel est le droit fiscal dû pour une cession ou vente entre-vifs de part d'intérêt ou d'action dans une société? On se trouve en présence de trois tarifications différentes, établies par la loi du 22 frimaire an VII. Cette loi, dans son article 79, assujettit au droit de 4 fr. par 100 fr. (porté depuis à 5 fr. 50 par la loi du 28 avril 1816) les actes translatifs de propriété de biens immeubles (§ 7); — au droit de 2 %, les actes translatifs de propriété de biens meubles (§ 5), — et au droit de 0 fr. 50 seulement par 100 fr., les cessions d'actions et de coupons d'actions mobilières des compagnies et sociétés d'actionnaires.

Au début, la Régie eut à enregistrer des cessions d'actions des mines de Bouxwiller et du canal de Briare; elle exigea le droit de vente immobilière. Les redevables offrirent le droit de 2 %, en soutenant que ces ventes étaient des ventes de valeurs mobilières, et ils invoquèrent l'article 527 du Code civil qui déclare meubles, par la détermination de la loi, « les actions ou intérêts dans les compagnies de » finances, de commerce ou d'industrie, encore que des » immeubles dépendant de ces entreprises appartiennent » aux compagnies. » La Régie eut beau se prévaloir de quelques expressions inexactes insérées dans les actes de vente, elle eût beau invoquer la seconde partie de l'article 527, qui porte que ces actions et intérêts sont réputés meubles *à l'égard de chaque associé seulement*, tant que dure la société; elle fit de vains efforts, et, par deux arrêts des 7 et 14 avril 1824, la Cour de Cassation décida que le droit de vente immobilière n'était pas dû. — La Régie ne renouvela plus ses prétentions.

Mais était-ce bien le droit de 2 % qui était dû dans des mutations semblables? N'était-ce pas plutôt le droit de 50 cent.? La question fut soulevée en 1837, et elle le fut non pas par une congrégation religieuse, mais par la puissante compagnie des mines d'Anzin. Le capital de cette société, personne ne l'ignore, est fractionné en portions qu'on appelle des deniers, et ces deniers eux-mêmes sont divisés en portions plus petites. La Régie, sur une transmission de part dans cette compagnie, voulut percevoir 2 %, comme elle avait l'habitude de le faire en pareille occurrence; mais on protesta, on plaida, et, par un arrêt du 8 février 1837, la Cour de Cassation condamna les prétentions de la Régie. La Cour considéra : que la loi civile place sur la même ligne l'*action* et l'*intérêt*; que la distinction qu'on voudrait introduire dans la loi fiscale, et qui consisterait à ne considérer l'*action* que comme la représentation d'une somme d'argent à prendre sur le fonds social, tandis que l'*intérêt* « représenterait une part et portion en » nature dans ce même fonds, est inadmissible, d'abord » parce qu'elle a été rejetée lors de la discussion du Code » civil; ensuite parce qu'elle est contraire à la nature de » l'*action*, qui n'est pas distincte de l'*intérêt*, et qui n'est » que la représentation de la quotité déterminée de la part » d'*intérêt* de l'actionnaire ou de l'associé, porteur de cette » action dans le fonds social. »

La Régie n'accepta pas volontiers sa défaite. Avec sa ténacité ordinaire, elle saisit toutes les occasions possibles d'infirmer la valeur de l'arrêt du 8 février 1837, et s'attachant aux nuances les plus délicates, aux plus minces circonstances de fait, qui pouvaient colorer ses prétentions, elle essaya à maintes reprises de faire écarter la perception de ce droit de 0,50 %. Mais son obstination n'eut d'égale que l'inébranlable fermeté de la Cour de Cassation qui, malgré tous les sophismes, maintint invariablement la doctrine qu'elle avait adoptée. Indiquons les arrêts des 6 juin et 21 août 1827, — 16 juillet 1845, — 3 mars 1864, — 7 mars 1866, — 6 février 1867, — 16 novembre et 29 décembre 1868, — 15 mars 1869, — 14 février et 27 juillet 1870, — 4 décembre 1871, — 6 mars 1872, rendus dans des espèces diverses, mais consacrant tous le même principe.

Du reste, pour bénéficier du droit exceptionnel de 0,50 %, il est indispensable, et les arrêts précités l'exigent d'une manière formelle, que le capital social soit *statutairement* divisé en fractions, actions ou parts d'intérêt ; et que la cession de ces fractions puisse s'opérer, abstraction faite des meubles et des immeubles appartenant à la société.

Si la transmission de l'action ou de la part d'intérêt, au lieu de se faire au moyen d'une vente ordinaire, s'opère par suite d'un décès, quel droit sera-t-il dû? Sera-ce celui de 2 %? Sera-ce celui de 0,50 %? Sera-ce celui de mutation par décès?

La question s'est posée, il n'y a pas longtemps, devant le tribunal de Dreux, où les Trappistines de Bourg-le-Sec, sans contester l'obligation où elles étaient de payer un droit de mutation, soutenaient qu'elles ne devaient que 0,50 %. Le tribunal leur donna raison, et les motifs de sa sentence qui mériteraient d'être rapportés en entier, mais nous devons abréger, furent si puissants que nous ne voyons pas que la Régie se soit pourvue contre cette décision. (Voir Sirey, 1875, 2, 17.)

La Cour de Cassation a, du reste, été bientôt après saisie de la même difficulté dans les circonstances que voici :

Des Trappistes de la Meilleraye avaient formé une société universelle de biens présents et de gains, ayant pour objet d'exercer la charité et de propager les bonnes méthodes d'agriculture. L'acte stipulait que pendant la durée de la société, qui était fixée à trente ans, il ne serait fait aucun prélèvement personnel par aucun des associés ; que tous les biens et produits de l'association appartiendraient exclusivement à ceux des associés qui existeraient encore au moment de la dissolution, lesquels se les partageraient entre eux. Il y avait aussi faculté d'adjonction de nouveaux membres, en remplacement de ceux qui viendraient à décéder. — Trois religieux étant morts, la Régie perçut, sur la valeur de chaque part transmise aux survivants, le droit de 2 %. Les Trappistes réclamèrent, mais leur demande en restitution fut rejetée par le tribunal de Châteaubriand. Ils se pourvurent alors devant la Cour de Cassation, qui, le 16 novembre 1877, *cassa* le jugement qui était déféré à sa censure. La Cour, après avoir visé le texte de la loi du 22 frimaire an VII, considéra que « si le législa-
» teur a pu avoir principalement en vue et pour objet les

» sociétés commerciales, il a néanmoins statué en termes
» dont la généralité ne permet pas de refuser le bénéfice
» de la disposition dont il s'agit aux sociétés civiles ; que,
» d'un autre côté, s'il a visé spécialement les cessions
» d'actions ou de coupons d'actions dans les compagnies
» ou sociétés d'actionnaires, et s'il a compris dans la même
» disposition lesdites actions et coupons d'actions, les
» billets à ordre et les effets négociables des particuliers,
» il ne s'ensuit en aucune manière ni qu'il ait entendu ex-
» clure les autres divisions d'un capital social, ni que sa
» pensée se soit arrêtée uniquement et exclusivement aux
» actions transmissibles par les mêmes voies que les billets
» à ordre et autres effets négociables ; qu'il résulte au con-
» traire, des termes dans lesquels est établie la modération
» du tarif par la disposition précitée, que cette disposition
» peut être invoquée par toutes les sociétés, en quelque
» forme qu'elles soient constituées, et doit profiter à toutes
» les divisions du capital social, quelle qu'en soit la déno-
» mination, pourvu que la transmission puisse avoir lieu
» en faisant abstraction des meubles et immeubles appar-
» tenant à la société ; qu'il y avait lieu par suite d'en faire
» l'application dans l'espèce, bien que l'intérêt represen-
» tant la part de chaque associé dans la société universelle
» de Meilleray ne fût cessible que par voie d'accroissement,
» dès qu'il n'apparaît ni du texte ni de l'esprit de la loi, au-
» cune raison de distinguer entre les cessions opérées
» moyennant un prix, et celles qui s'opèrent en vertu
» d'un pacte aléatoire, par la réalisation d'un événement
» prévu dans l'acte de société, pour les soumettre à des
» tarifs différents. (Sirey, 1878. i, 144.) »

Pour qui sait avec quelle sévérité la Cour de Cassation
maintient la stricte application des tarifs fiscaux, la décision que nous venons de transcrire a une grande signification : elle est la souveraine et lumineuse interprétation de
la loi.

La loi se résume ainsi en deux mots : Les actions ou
parts d'intérêt dans les sociétés quelconques sont meubles :
leurs ventes ou cessions sont assujetties au droit de transmission de 2 %, et si le capital est divisé statutairement en portions qui puissent être cédées ou ven-
dues, abstraction faite des meubles et des immeubles appartenant à la société, le droit de transmission n'est plus
que de 0,50 %. Peu importe, du reste, que la transmission se fasse par acte séparé, ou qu'elle s'opère par
l'effet d'une clause de réversion ou d'accroissement. —
La stipulation qui permet l'adjonction de nouveaux associés n'a aucune influence sur la perception des droits.

Ces explications, un peu longues peut-être, nous ont

paru nécessaires pour bien comprendre le bouleversement que la loi de 1880 a apporté dans cette partie de notre législation.

Qu'ont donc fait les congrégations pour mériter qu'on édictât contre elles l'article 4 ? Les congrégations religieuses, comme telles, n'ont rien fait ; quelques-uns de leurs membres, usant de leur liberté et agissant en toute sincérité, ont formé, comme des laïques l'avaient fait avant eux, des sociétés civiles, dont le capital était divisé en actions ou en parts déterminées, et stipulant que la part des prédécédés accroîtrait aux survivants, et que de nouveaux membres pourraient être adjoints à la société. Rien de plus légal, assurément, au point de vue du droit civil ; et quant aux obligations envers le fisc, ces sociétés payaient, en cas de transmission des actions ou des parts d'intérêt, soit le droit de 2 %, soit le droit plus modéré de 0,50 %, suivant les stipulations du pacte social. Elles suivaient en cela l'exemple de toutes les autres sociétés, civiles, industrielles et commerciales, et profitaient de la jurisprudence qu'avait fait inaugurer la compagnie des mines d'Anzin.

Et qu'on ne vienne pas crier au rétablissement de la mainmorte, laquelle n'a rien à faire ici. La mainmorte est perpétuelle de son essence. Une société, au contraire, est limitée dans son existence et doit nécessairement prendre fin à une époque déterminée d'avance, et même se liquider avant le terme fixé par suite de causes de dissolution anticipée. Ce n'est pas dans un pays où les grandes compagnies de chemins de fer doivent durer quatre-vingt-dix-neuf ans, qu'il convient de s'alarmer parce que quelques individus ont contracté des sociétés pour trente, quarante ou cinquante ans.

Quoi qu'il en soit, la Régie ne s'était pas consolée des échecs qu'elle avait subis, notamment lors de l'arrêt de 1877, et de ses rancunes, jointes à la haine de la secte qui est omnipotente aujourd'hui, est né l'article 4 que nous allons examiner.

Cet article est dirigé principalement contre les congrégations religieuses, malgré la généralité de ses termes, et on l'a avoué dans la discussion qui a eu lieu devant le Parlement. Il vise les sociétés ou associations *civiles* seulement, et parmi les sociétés civiles, celles-là seulement qui ont inséré dans leurs statuts la faculté d'admettre de nouveaux membres, et, en même temps, la réversion de la part des prédécédés au profit des survivants.

Lorsqu'un associé vient à mourir, cet article assujettit la transmission de biens qui s'opère, au droit de mutation par décès. Un droit de mutation par décès, alors que la transmission s'opère en vertu d'une convention, qu'elle est le résultat d'un contrat, la conséquence d'un pacte aléatoire! Alors qu'il n'y a pas de dévolution de biens opérée en vertu de la loi! Alors qu'il n'y a pas de disposition testamentaire! Alors que les prédécédés et les survivants sont étrangers les uns aux autres et ne sont liés entre eux que par les clauses d'un contrat synallagmatique de droit commun!

Que si l'accroissement s'opère non plus par décès, mais de toute autre manière, le fisc percevra le droit exigé pour les donations. — Mais quoi de plus contraire à l'idée d'une donation qu'un pacte dans lequel chacun des associés aliène conditionnellement sa part dans la chose commune et reçoit en échange la possibilité de recevoir la part des autres associés? Une telle convention écarte absolument la pensée d'une libéralité; chaque contractant reçoit et donne; il y a là contrat commutatif à titre onéreux. Et le tribunal de Dreux avait dit avec une grande justesse : « La stipula-
» tion d'un prix en argent n'est pas la condition nécessaire
» de l'existence de la cession, le prix étant remplacé dans
» la pensée de chaque associé par l'*alea*, ou l'espérance de
» recueillir un jour en tout ou en partie les parts des
» associés prédécédés. »

La loi de 1880 veut davantage encore. Elle entend que le droit sera calculé *d'après la nature des biens existants au jour de l'accroissement.* Cette disposition est tout simplement la mise à néant de l'article 529 du Code civil, qui considère comme *meubles* les actions et les parts d'intérêt dans les sociétés. Il est inutile de rappeler les considérations décisives qui ont fait édicter cet article : tout le monde sait que si une action est meuble, c'est qu'elle ne constitue qu'une créance à fin de partage des bénéfices, contre l'être moral de la société qui seul est propriétaire de l'actif social, mobilier et immobilier. Ce sont ces données essentiellement juridiques que méconnaît la loi de 1880; c'est ce principe de notre droit civil qu'elle viole complètement.

Nous savons bien qu'au point de vue de la quotité de droit à percevoir, il n'y a plus de différence entre les meubles et les immeubles depuis la loi du 18 mai 1850, et que ces deux natures de biens sont assujetties à la même taxe. Mais voici où il y a une aggravation considérable. Jusqu'à présent le droit à percevoir était établi d'après la valeur de l'action, indépendamment de la valeur des biens possédés par la société. La société avait son actif, mais elle avait aussi son passif, et la valeur de l'action résultait de l'excédant de l'actif sur le passif, et de l'importance du bénéfice réalisé ou espéré. Cette valeur était plus ou moins grande, suivant la prospérité de l'entreprise :

elle était annihilée, si l'entreprise n'avait pas de succès. D'après la loi de 1880, au contraire, le droit sera calculé sur la valeur des biens eux-mêmes, ce qui veut dire qu'on n'aura pas égard à la situation de la société elle-même, et qu'il ne se fera aucune déduction des charges. C'est le principe de la perception des droits fiscaux en matière de succession, principe exorbitant et injuste en lui-même, qu'on transporte en matière de société.

A ce sujet, il ne peut pas exister d'incertitude : l'*Instruction* de l'administration (n° 53) porte, en effet, ce qui suit :
« Ce n'est plus comme autrefois le droit incorporel d'ac-
» tion ou de part d'intérêt appartenant à l'associé sortant,
» qui est considéré comme transmis aux autres associés.
» C'est la portion indivise qui lui appartient dans chacun
» des biens composant le fonds social, créances, meubles
» ou immeubles, de la même manière que si la société
» était dissoute à son égard. Ce n'est donc plus le droit
» réduit de cession d'actions qui devient exigible, mais le
» droit réglé suivant la nature même des valeurs apparte-
» nant à la société.
» D'un autre côté, la liquidation de ce droit devant avoir
» lieu suivant les règles établies pour les transmissions
» d'immeubles, et *l'impôt étant alors perçu sur la valeur*
» *des biens, sans distraction des charges,* il s'ensuit que le
» *droit d'accroissement doit être liquidé également sur la*
» *valeur brute des biens en nature qui y donnent lieu.* »

Une pareille théorie est inique. Lorsqu'un associé cède ses intérêts dans une société, il cède sa part telle qu'elle existe, sa part dans la masse sociale, sa part dans le passif comme dans l'actif. L'acquéreur ou le cessionnaire prend la place du cédant, avec ses avantages comme avec ses inconvénients, avec les droits qu'elle confère comme avec les charges qu'elle impose. C'est donc la valeur de cette part seule qui devrait servir à assurer l'impôt ; et si, lorsqu'il s'agit de succession, la loi fiscale, dans une pensée de prudence exagérée et contre laquelle ne cesse de réclamer la conscience publique, n'admet pas les distractions du passif successoral, il est de la plus flagrante iniquité de transporter cette disposition exorbitante dans un autre domaine, dans celui des conventions et des contrats.

Et ce n'est pas tout. La loi de 1880 exige que la perception de la taxe ait lieu, *nonobstant toutes cessions antérieures faites entre-vifs au profit d'un ou de plusieurs membres de la société ou de l'association.* — Qu'on le remarque bien. La loi n'annulle pas la cession, elle la regarde comme pouvant être parfaitement sincère et loyale: elle avoue qu'entre le cédant et le cessionaire, elle produira tous ses effets ; elle la soumet, lors de son enregistrement, aux droits fiscaux établis par la loi commune. Mais que le cédant vienne à mourir, cet acte, qui restera debout, que personne n'attaquera, qui sera respecté et exécuté, sera considéré par la Régie comme n'existant pas. Et tandis que le cessionnaire possède, depuis des années peut-être, la part de son cédant dans la société ; qu'il en touche les bénéfices et qu'il en acquitte les charges, et que cet état de choses se perpétuera pendant toute la vie du cessionnaire ; aux yeux de la Régie ce sont tous les associés survivants qui seront considérés comme la recueillant du défunt à titre d'héritage, et qui devront acquitter le droit fiscal de succession sur la valeur brute des biens composant cette part. — Et l'*Instruction* du 21 juin 1880, dit expressément (n° 53) « Il n'y a à tenir compte de ces cessions, ni » pour fixer l'étendue de l'objet sujet au droit d'accroisse- » ment, ni pour calculer le montaut de l'impôt. On ne peut, » dès lors, imputer sur les droits d'accroissement les droits » perçus sur les cessions dont il s'agit. »

La voilà donc cette loi du 28 décembre 1880 ! La voilà, telle qu'elle est en réalité, méconnaissant les principes les plus incontestés de notre législation fiscale pourtant si dure et si exigeante, violant ouvertement le droit civil, contredisant le bon sens, révoltant les plus vulgaires sentiments d'équité ! On a répété à satiété qu'elle avait pour but de mettre fin à des priviléges et de faire cesser des faveurs. Ces faveurs et ces priviléges nous ne les avons rencontrés nulle part. Mais ce que nous avons constaté, c'est qu'au rebours des intentions dont on faisait parade avec plus ou moins de sincérité, on a voulu avoir et on a obtenu des armes nouvelles pour attaquer les congrégations religieuses et toutes les associations créées par la religion catholique. La destruction par la violence n'est pas toujours possible ; elle n'est jamais habile, et elle soulève des indignations qu'il est quelquefois opportun d'éviter. Mais l'affaiblissement par des moyens insidieux, la persécution au nom de la loi, la ruine par l'impôt, s'opèrent sans bruit et avec une merveilleuse efficacité. Il est alors facile de choisir ses victimes. De même que ce roi d'Egypte qui voyait avec dépit s'accroître le peuple d'Israël dans la contrée où Joseph l'avait établi et s'augmenter sa puissance, s'écriait : *Venite, opprimamus eum sapienter* (1), de même les sectaires de nos jours, contemplant avec rage l'épanouisse-

_____

(1) *Exode*, ch. I, v. 9, 10.

ment des œuvres du dévouement catholique, ont eu recours à une oppression calculée et savante, et ils ont demandé à leurs combinaisons fiscales ce qu'ils réclameront demain de la force ouverte.

La loi de 1880, c'est l'astuce et l'hypocrisie. Les lois de demain, ce seront la guerre ouverte et la persécution brutale. On vient de dire (2), dans une occasion solennelle, en parlant des congrégations religieuses :

« Il faut un législateur qui empêche, qui reprenne et
» qui abolisse. » Et on a ajouté en ce qui concerne le droit d'association : « Il faut qu'il appartienne à tous indistincte-
» ment. Je m'explique, à tous les concitoyens, à tous ceux
» qui se réunissent, non pour abdiquer leur individualité
» mais pour multiplier les énergies, à tous ceux qui se
» réunissent pour un intérêt véritablement moderne et
» naturel, d'un degré quelconque ; pour se faire à eux-
» mêmes une charte et un statut, et *non pour les recevoir*
» *tout faits d'un étranger*, qui du dehors leur dicte des
» lois.

» Mais *il y a des associations*, autorisées ou non, *que je*
» *ne reconnaîtrai jamais pour ma part, comme investies*
» *du droit d'association*, parce que leur principe et leur
» but répugnent à tout ce que nous aimons. Par consé-
» quent, *liberté d'association pour tout le monde*, MAIS
» POUR LES MOINES, NON ! »

Eh bien ! soit. Persécution hypocrite ou guerre déclarée, l'Eglise est préparée à tout subir : elle a survécu à bien d'autres épreuves. Mais au moins parmi ses défenseurs elle aura trouvé dans les rangs du barreau, dont ce sera à tout jamais l'honneur, des jurisconsultes qui auront protesté au nom du droit contre l'abus de la force, et qui auront travaillé à sauvegarder, au moins pour l'avenir, les principes éternels de la justice et de l'équité.

Août 1881.

---

(2) M. Gambetta, le 12 août 1881, à Belleville.

DEUXIÈME PARTIE

LA DOCTRINE

AVANT-PROPOS

Au moment où la Révolution, ne cachant plus ses projets, cherche à saper par la base l'édifice divin de l'Eglise, le congrès des jurisconsultes catholiques réunis à Lyon, à la fin du mois d'août dernier, a cru opportun d'étudier les droits et les prérogatives de cette Mère des nations.

Le résultat de cette étude, faite par des jurisconsultes et des publicistes éminents avec l'aide de savants théologiens, est contenu dans ce compte rendu. Une première partie a été consacrée à la lutte, celle-ci contient la doctrine.

Une première commission a étudié les deux sociétés, l'Eglise et l'Etat, dans leurs rapports mutuels, l'indépendance et la suprématie de droit, de l'Eglise ; les divers régimes de religion d'Etat, concordats, indifférence de l'Etat, Eglise libre dans l'Etat libre ; enfin la position juridique actuelle de l'Eglise dans les diverses nations du monde.

Une deuxième commission a étudié sous ses diverses faces la liberté du gouvernement de l'Eglise, le pouvoir temporel, la liberté de relations du chef aux membres, des nominations ecclésiastiques, de l'enseignement.

Une troisième commission a été chargée de la question si importante du droit de l'Eglise à posséder et de toutes ses conséquences.

Ce sont les travaux de ces trois commissions qui com-

posent la deuxième partie du compte rendu, sous ce titre ,
La Doctrine

Plusieurs semaines n'auraient pas suffi à épuiser le sujet,
et le congrès n'a duré que trois jours. On verra du moin s
que ces trois jours ont été bien remplis (1).

PREMIÈRE COMMISSION

(Les deux Sociétés).

Rapport de Mgr de KERNAERET, professeur à la Faculté catholique d'Angers, sur les deux Sociétés.

Leur but. — Leurs droits et leurs devoirs réciproques.

La famille est l'origine et la base de toutes les sociétés
humaines ; mais elle ne suffit pas à assurer le complet développement, ni même , dans la plupart des cas , la conservation de l'individu. De là nécessité d'une société plus

---

(1) Parmi les ouvrages sur ces matières, nous pouvons indiquer : *l'Eglise
et l'Etat*, par le P. Liberatore, de la Compagnie de Jésus (1 vol. in-8,
Paris, Victor Palmé). — *De l'autorité infaillible du Pape dans l'Eglise
et dans les rapports avec l'Etat*, par le P. Bottala S. J. (2 vol. in-8 ;
Oudin, Paris). — *Les droits de Dieu et les idées modernes*, par M. l'abbé
Chesnel (2 vol. in-8 ; Paris, Oudin). — *Les principes du droit public de
l'Eglise réduits à leur plus simple expression*, par le P. Tarquini S. J.
— *Histoire du Concile du Vatican*, par le P. Sambin S. J. (1 vol. in-8 ;
Paris, Oudin.)

La collection des volumes de la *Revue catholique des Institutions et
du Droit* pourra fournir aussi à ses lecteurs des éléments d'études. Nous
indiquerons entre autres : *Les rapports de l'Eglise et de l'Etat, d'après
le livre du P. Paul Bottala*, vol. IX, page 413. — *Ordre social chrétien*, M. Lucien Brun, XII, 73. — *Rapport de l'Eglise et de l'Etat*,
M. Touzaud, XIII, 363. — *L'Eglise dans ses rapports avec les sociétés
civiles*, G. Desjardins, XII, 145. *Conférences sur l'Ordre social chrétien
et le Concordat*, H. Ramière, XII, 379 ; XIV, 3, 73 ; XV, 575. — *Congrès
des jurisconsultes catholiques à Angers, droits de l'Etat*, XIII, 289 à 360.
— *Congrès des jurisconsultes catholiques à Périgueux, l'Association*, XV,
463 à 567. *Les Articles organiques*, P. Desjardins, XVIe et XVIIe vol., et
un grand nombre d'articles de jurisconsultes éminents , sur les biens
ecclésiastiques, le budget des cultes , les droits des congrégations religieuses , les droits de l'Eglise en matière d'enseignement , le mariage
chrétien, dont on pourra se rendre compte à l'aide de la Table générale
publiée à la fin du XVe vol., fin 1880.

vaste et plus forte, destinée non à absorber, mais à compléter et à protéger la famille : cette société supérieure, c'est la *Nation* ; l'autorité qui la régit, c'est l'*Etat*, ou, comme on disait autrefois, le *Prince*, être individuel ou collectif, dont la fonction consiste à établir un lien permanent entre les familles particulières, en appuyant et en réglant au besoin l'autorité paternelle, mais en la respectant toujours et sans prétendre s'y substituer en dehors des cas d'une nécessité véritable. La famille et la nation sont donc deux sociétés distinctes, mais unies entre elles par un lien de subordination qui soumet la première à la seconde, en ce qui concerne le bien général.

Cette hiérarchie si simple, composée du Prince et du Père de famille, a longtemps suffi au genre humain, et les nations de l'antiquité, bien qu'elles rendissent à la divinité un culte public et qu'elles eussent des prêtres et même des castes sacerdotales spécialement chargés de ce soin, n'avaient pas la notion du *pouvoir spirituel* tel que nous l'entendons aujourd'hui. Les Juifs eux-mêmes, à vrai dire, ne constituent pas une exception : les fonctions sacrées étaient réservées, chez le peuple de Dieu, à la race d'Aaron, et des châtiments miraculeux venaient atteindre le monarque qui ne craignait pas de porter la main à l'encensoir ; mais, d'autre part, le sacerdoce était lié intimement à l'autorité civile, qui allait jusqu'à déposer le grand-prêtre sans que les écrivains sacrés lui en fassent le moindre reproche. Il y a plus, les pontifes des derniers temps, comme Anne et Caïphe, dont l'Evangile reconnaît la légitimité, étaient des créatures du pouvoir politique et d'un pouvoir païen.

Mais bientôt l'Eglise chrétienne sort du Cénacle, constituée dès sa naissance comme elle le sera jusqu'à la fin des siècles, et un nouvel empire, l'empire des âmes, se prépare à conquérir le monde. Le *pouvoir spirituel* était institué.

Mais, dira-t-on, ce pouvoir nouveau est appelé à s'exercer sur les mêmes sujets qui déjà doivent obéissance à César. Il va donc former comme un Etat dans l'Etat, détruire l'unité de direction chez les différents peuples, et y substituer une sorte de manichéisme gouvernemental d'où ne peuvent manquer de provenir des luttes perpétuelles et la discorde à l'état permanent.

L'objection ainsi posée n'est pas à dédaigner, et des théoriciens extrêmes n'ont pas hésité, pour la réfuter, à supprimer entièrement l'indépendance de l'un des deux pouvoirs. D'un côté, les régalistes protestants assujettissent à l'Etat cette Eglise dont ils conservent le nom, tout en lui refusant jusqu'à la visibilité, et ils ont pour auxiliaires les légistes gallicans, toujours empressés à diminuer l'autorité pontificale au profit de ce pouvoir royal qu'ils s'apprêtent à renverser un jour. De l'autre côté, des théologiens et des canonistes de renom se font les champions du pouvoir direct du Souverain Pontife, et lui sacrifient, au moins en principe, l'autonomie des couronnes.

Les doctrines protestantes et gallicanes sont formellement condamnées par l'Eglise. Quant à la théorie du pouvoir direct, elle n'a été l'objet d'aucune censure ; mais, sans fondement scripturaire, sans racines dans la tradition, elle est aujourd'hui abandonnée dans toutes les écoles, et les récentes encycliques de Léon XIII lui ont porté un coup dont elle ne se relèvera pas.

C'est donc dans une voie mitoyenne que nous devons chercher la solution de l'objection classique de « l'Etat dans l'Etat. » Non, dirons-nous, un tel inconvénient n'est pas à craindre, parce que les deux pouvoirs, tout en s'exerçant sur les mêmes hommes, ne confondent nullement leur action. L'Eglise et l'Etat sont deux institutions parfaitement distinctes. Tandis que la première tend à assurer aux hommes le bonheur du Ciel, la seconde cherche à leur procurer le bien-être passager de ce monde. D'un côté, nous trouvons une constitution divine, et par conséquent immuable dans ses grandes lignes, avec une hiérarchie de pasteurs chargés principalement de prêcher la parole de Dieu et d'assurer aux fidèles le bienfait des sacrements ; et de l'autre, mille combinaisons diverses, d'autant plus stables qu'elles sont plus conformes à la raison, mais dont aucune n'a reçu les promesses de l'immortalité, avec des groupes de gouvernants et de fonctionnaires, occupés surtout à maintenir l'ordre dans les sociétés humaines, sans cesse troublées par les passions. La fin comme les moyens, tout est différent chez les deux pouvoirs.

Il faut bien convenir toutefois que cette simple considération ne suffit pas à mettre à néant l'objection que nous combattons. Quelque distincts que soient deux pouvoirs par leur nature, dès lors qu'ils s'exercent en même temps, sur le même territoire et sur les mêmes hommes, il est impossible de ne pas prévoir de nombreux conflits ; il suffit en effet, pour les amener, sans parler d'une foule d'autres causes, de la simple simultanéité de deux commandements différents. Et cette remarque suffit, disons-le en passant, pour condamner la solution aujourd'hui préconisée sous la rubrique : « Séparation de l'Eglise et de l'Etat. » Une telle séparation peut être préférable à la persécution, dont en pratique elle pourrait bien différer fort peu : c'est tout ce qu'on peut en dire de plus avantageux. Un accord entre les deux puissances est absolument nécessaire pour prévenir les conflits. Cet accord doit autant que possible se faire à l'amiable, et reposer sur l'amour du bien public qui doit animer le prince comme le pasteur.

Mais il faudrait bien mal connaître la nature humaine pour croire que cet accord si désirable pourra toujours subsister. Le pouvoir est divin par son origine, tant dans l'ordre temporel que dans l'ordre spirituel; mais, dans les deux ordres aussi, ce pouvoir est un trésor renfermé dans des vases d'argile. Le prince tendra sans cesse à étendre le cercle de ses attributions, et le Pontife lui-même paiera son tribut aux entraînements dont personne n'est exempt. Et pourtant la lutte entre ces deux représentants du même Dieu ne peut pas être sans issue; une sentence sans appel devra en certains cas être prononcée. Par qui le sera-t-elle? C'est ce que nous révèlera un examen plus approfondi de la nature des deux puissances.

L'Eglise et l'Etat, nous l'avons dit, sont distincts par leur fin et par les moyens employés pour l'atteindre. Leur origine même n'est pas complétement identique, l'organisation de l'Eglise venant immédiatement de Dieu, tandis que les constitutions politiques supposent l'action des causes secondes. Mais cette distinction des deux sociétés n'est pas telle qu'il n'y ait entre elles aucun point de contact. Tout ce qui est a été créé par Dieu et pour Dieu, et si l'Etat doit se proposer pour but le bien temporel des hommes, ce bien temporel lui-même n'a de raison d'être que parce qu'il concourt à l'accomplissement de la volonté du Créateur; or cette volonté, en ce qui concerne les hommes, tend à leur procurer à tous le bonheur éternel. Si le but immédiat de l'Etat n'est pas le même que le but immédiat de l'Eglise, on voit donc que les deux institutions doivent en définitive aboutir au même résultat, la possibilité pour tous les hommes de sauver leur âme, et le salut effectif des prédestinés.

Lorsque l'on envisage à ce point de vue, qui est le seul vrai, la question qui nous occupe, on est frappé tout d'abord de la disproportion qui existe entre les attributions des deux pouvoirs. L'Eglise, plus divine que l'Etat dans son origine, plus sublime dans sa fin, dispose des moyens admirables de sanctification apportés par Jésus-Christ sur la terre, tandis que l'Etat ne peut contribuer à la grande œuvre que d'une manière détournée et à titre d'auxiliaire. En dehors même des textes scripturaires et des monuments de la tradition qui établissent invinciblement l'indépendance de l'Eglise, on voit cette indépendance surgir nécessairement de la nature des choses telles que Dieu l'a établie. Soumettre l'Eglise à l'Etat, ce serait assujettir l'âme au corps, le Ciel à la terre. Mais ce n'est pas seulement l'indépendance, c'est la prépondérance, la suprématie de l'Eglise qui s'impose à la raison éclairée par la foi. Entre deux puissances distinctes mais évidemment inégales, le dernier mot, en cas de conflit, ne peut appartenir qu'à la plus élevée, à la plus nécessaire, à la plus divine de ces deux puissances. L'Etat, nous en convenons, est autonome dans la sphère qui lui est propre; mais, si son action vient à entraver celle de l'Eglise, si le bien-être de la terre vient faire concurrence à l'intérêt supérieur du salut éternel, l'obstacle doit pouvoir être surmonté, et l'œuvre du Christ serait incomplète s'il n'avait pas donné à son Vicaire le droit de faire prévaloir sa décision. Ce droit, les Souverains Pontifes l'ont toujours revendiqué, et de nos jours encore, nous avons vu Pie IX annuler souverainement des lois iniques, nous avons entendu Léon XIII affirmer dans l'Encyclique sur le Mariage la doctrine que nous venons d'exposer.

D'ailleurs, la supériorité de l'Eglise sur l'Etat ne se borne pas au droit de porter, en cas de conflit, une sentence définitive. Il résulte encore des considérations précédentes, que l'Etat doit *servir* l'Eglise, comme la philosophie doit servir la théologie. Le Prince doit au Pontife l'aide, la protection dont il a besoin. Mais en pareille matière, il n'est pas juge suprême de l'opportunité des moyens à employer. Non-seulement il doit servir l'Eglise, mais il doit la servir comme l'Eglise veut être servie; celle-ci, en effet, est incontestablement plus compétente que l'Etat sur la question de savoir si telle ou telle mesure est plus ou moins utile au salut des âmes. Tantôt, comme au temps de Charlemagne, elle permettra à l'*évêque du dehors* de s'ingérer dans son administration intérieure, s'étayant de son pouvoir dans toutes les circonstances; tantôt, comme aujourd'hui en Amérique, elle ne demandera à l'Etat que la liberté et la protection matérielle, indispensable à sa sécurité comme à celle de toute association. Dans l'un et l'autre cas, l'Eglise a le droit strict d'obtenir ce qu'elle demande et ce qu'elle juge nécessaire pour l'accomplissement de sa mission; dans l'un et l'autre cas, les gouvernants qui lui accordent ce qu'elle réclame sont en sûreté de conscience, quelque éloignée que soit de l'idéal catholique la seconde de nos hypothèses.

De tout ce qui précède on peut conclure que si l'Eglise est supérieure à l'Etat, elle est à plus forte raison supérieure à la famille, puisque celle-ci dépend jusqu'à un certain point de l'autorité politique. Le mariage étant élevé à la dignité de sacrement, et le sacrement étant inséparable du contrat, l'Eglise intervient à ce titre encore dans la constitution de la famille chrétienne qu'elle réglemente et supplée au besoin sans l'asservir.

Nous n'insisterons pas sur cet ordre de considérations ; mais nous ne pouvons nous empêcher de dire un mot d'une société qui n'existe pas encore, et dont toutes les âmes généreuses salueraient avec joie l'apparition : nous voulons parler de la société ethnarchique. Il est souverainement désirable que les nations sortent de l'état sauvage dans lequel elles gémissent encore, au point de vue de leurs relations mutuelles ; il est souverainement désirable qu'une loi internationale vienne remplacer le droit odieux de la force ; il est souverainement désirable que le patriotisme païen, fondé sur le mépris de l'individu et sur la haine de l'étranger, fasse place à la fraternité universelle, — rendons-lui son vrai nom, — à la charité chrétienne. Dans la société ethnarchique que nous rêvons, chaque nation, fidèle à ses traditions légitimes, garderait son autonomie tout en donnant la main aux autres nations. En théorie, cette société, en sa qualité d'institution de l'ordre temporel, serait distincte de l'Eglise dont elle devrait néanmoins, comme les Etats qui la composeraient, reconnaître la suprématie. En pratique, une pareille union des peuples ne s'accomplira jamais en dehors de l'influence du Christianisme et de l'Eglise ; et si elle veut se constituer d'une manière stable, elle ne saurait mieux faire que de reprendre à nouveau les tentatives plus ou moins heureuses du moyen âge, et de mettre à sa tête le seul homme assez haut placé pour dominer, en les conciliant, les intérêts rivaux. La fédération des peuples chrétiens et libres sous la haute présidence du Vicaire de Jésus-Christ ne réaliserait-elle pas le plus bel idéal politique auquel l'humanité puisse atteindre ?

Mais revenons à la triste réalité que nous avons devant les yeux. Quelques-uns pourront trouver inopportun en ces temps de triomphe pour l'erreur, d'oppression pour la vérité, la revendication intégrale des droits de la sainte Eglise. Rappelons à ce propos ce que nous disions plus haut : l'Eglise se contente souvent de peu, et en ce cas les gouvernants qui lui accordent le peu qu'elle demande sont en parfaite sécurité de conscience. Mais si l'Epouse du Christ sait ainsi, en vue du plus grand bien possible, se plier aux circonstances, elle ne cessera jusqu'à la fin des siècles d'enseigner la vérité tout entière, et nous, ses fils dévoués, nous sommes assurés d'agir en conformité avec elle, lorsque nous savons joindre à la prudence et à la longanimité nécessaires la plus indomptable persévérance dans l'affirmation du droit.

Rapport de M. l'abbé CHÈRE, docteur en théologie, professeur au Grand Séminaire de Lons-le-Saunier, sur l'Eglise et l'Etat.

Indépendance de l'Eglise. — Suprématie de l'Eglise.
Application de la doctrine aux temps actuels.

Je voudrais, sur cette question capitale de l'Indépendance et de la Suprématie de la société religieuse, exposer la doctrine catholique avec ses preuves et quelques-unes des considérations qui l'appuient et contribuent à la mettre en lumière. Avant tout, je m'efforcerai d'être clair et exact.

Précisons d'abord la question. Nous avons à traiter, comme le titre l'indique, premièrement de l'indépendance, secondement de la suprématie de la société religieuse vis-à-vis de la société civile, plus brièvement de l'Eglise vis-à-vis de l'Etat.

Ces deux choses, l'indépendance et la suprématie, quoique distinctes en elles-mêmes, ici s'équivalent et se supposent. Il n'y a pas en effet, il ne saurait y avoir d'indépendance réelle et complète pour l'Eglise, si elle ne jouit au moins d'une certaine suprématie sur l'Etat. Comment veut-on que deux pouvoirs, sur plus d'un point en contact, ayant les mêmes sujets, mais dont la fin immédiate n'est pas la même, bien plus qui diffèrent d'esprit et de tendance depuis le péché, marchent toujours d'accord dans une entente mutuelle de leurs droits réciproques, sans jamais entrer en lutte ? Ce sera donc le dualisme, et un dualisme sans issue ni remède possible, si l'on n'admet pas l'union résultant de la suprématie de l'un des deux pouvoirs. Les faits, en ce qui concerne l'Eglise, montrent assez qu'elle n'a été vraiment libre et indépendante que là où on lui a reconnu une suprématie réelle sur la société temporelle.

Mais que faut-il entendre par indépendance et par suprématie de l'Eglise vis-à-vis de l'Etat ? Professer l'indépendance de l'Eglise vis-à-vis de l'Etat, c'est admettre que l'Eglise n'est point un collége, une corporation dans l'Etat : mais que, société extérieure et visible, quoique spirituelle, société parfaite et complète, elle tient de son divin fondateur, le Christ, tout ce qui lui est nécessaire pour conduire socialement et obligatoirement les hommes à la fin surnaturelle : et qu'elle a le droit d'exercer, en toute plénitude, sa souveraineté, sans être empêchée, restreinte ou limitée en rien par l'Etat. Voilà pour l'indépendance.

La suprématie de l'Eglise sur l'Etat n'est point l'absorption de celui-ci par l'Eglise. Les deux pouvoirs demeurent distincts, et l'Etat, en particulier, se meut en toute liberté dans sa sphère. Mais, comme la fin de la société temporelle est inférieure et subordonnée, tandis que celle de la société spirituelle est suprême et dernière, il s'ensuit que l'Eglise a le droit de maintenir l'Etat dans les vrais rapports avec la fin supérieure qu'elle seule a mission de procurer immédiatement : c'est son devoir de l'y ramener quand il en est sorti. Nous n'entendons pas autre chose par la suprématie de l'Eglise sur l'Etat.

L'indépendance et la suprématie de l'Eglise, qu'il s'agit d'établir, supposent admises, pour la démonstration, les vérités suivantes : *a*) Dieu, avec son droit de propriété et de souveraineté sur l'homme, tel qu'il résulte de ses titres de Créateur, de Conservateur, de Rédempteur et de Fin dernière de l'homme ; propriété, souveraineté, qui n'admet aucune limite, qui s'étend à tout, qui comprend et embrasse tout, les nations et les sociétés aussi bien que les individus. — *b*) L'origine divine de tout pouvoir, en particulier du pouvoir civil, qui ne vient point du peuple, encore que le peuple, dans certaine opinion, en soit le sujet premier et radical d'inhésion : mais qui dérive de Dieu, auteur de la nature ; qui est exercé au nom de Dieu par celui en qui les causes secondes l'ont actué : et Dieu, de qui dérive originairement tout pouvoir, peut enlever la souveraineté, comme il la donne. — *c*) La personnalité et responsabilité de l'Etat. L'Etat n'est point une pure abstraction ; il existe réellement dans la personne de ceux qui exercent la souveraineté ou qui participent au pouvoir. Ainsi constitué, il a charge et obligation de gouverner la société temporelle, selon la loi de Dieu, de procurer ce bien des individus qui est la fin des sociétés : C'est de l'Etat que l'Apôtre a dit : *Dei Minister in bonum* (1). — *d*) L'Eglise, instituée immédiatement par Jésus-Christ dont elle est le Royaume, et en qui il réside, représenté par son Vicaire, l'Evêque de Rome, successeur légitime de Pierre, le prince des Apôtres.

Les trois premières classes de vérités sont de pure raison et facilement démontrables pour toute intelligence : la fondation et constitution immédiate de l'Eglise par Jésus-Christ, est un des faits les plus manifestes de la révélation chrétienne, clairement contenu dans l'Ecriture et la Tradition.

Ceci posé, la question des rapports de l'Eglise et de l'Etat

---

(1) *Rom.*, xiii, 14.

n'admet que trois solutions possibles : la suprématie où omnipotence de l'Etat ; l'indépendance mutuelle ou séparation de l'Eglise et de l'Etat ; l'union des deux sociétés, résultant de la suprématie de l'Eglise sur l'Etat dans le sens que nous avons indiqué plus haut : la dernière solution est la solution vraie et catholique, celle qu'il nous faut démontrer, dans cette thèse de l'indépendance et de la suprématie de la société religieuse.

La thèse de la suprématie suffirait à la rigueur. Il est par trop clair, en effet, que la suprématie entraîne avec elle l'indépendance et que, si une fois elle est établie, on est en droit de conclure que le pouvoir spirituel ne relève en rien de la société civile. Toutefois, nous dirons quelque chose, dans une première partie, de l'indépendance en particulier de la société religieuse, avant d'aborder la question de la suprématie. Et comme ces vérités capitales, appelées à régler la situation respective de l'Eglise et de l'Etat, ne sont malheureusement guère appliquées de nos jours, passant, selon une heureuse distinction, de la thèse à l'hypothèse, nous traiterons en dernier lieu de l'application de la doctrine à l'ordre pratique. D'où trois paragraphes : — Indépendance de l'Eglise, — Suprématie de l'Eglise vis-à-vis de l'Etat, — Application de la doctrine aux temps actuels.

L'enseignement théologique sur ces points importants a été remarquablement exposé dans trois ouvrages récents qu'on nous saura gré de mentionner ici : L'ÉGLISE ET L'ETAT, par le P. Liberatore, de la Compagnie de Jésus (1); LES DROITS DE DIEU ET LES IDÉES MODERNES, par M. l'abbé Fr. Chesnel, vicaire général de Quimper (2); LES PRINCIPES DU DROIT PUBLIC DE L'EGLISE RÉDUITS A LEUR PLUS SIMPLE EXPRESSION, par le R. P. Tarquini, de la Compagnie de Jésus. Nous avons emprunté beaucoup aux deux premiers.

§ I. — *Indépendance de l'Eglise vis-à-vis de l'Etat.*

1º L'indépendance de l'Eglise vis-à-vis de l'Etat nous semble d'abord résulter clairement de cette simple considération : L'Eglise est la société spirituelle, la société civile est purement temporelle; vouloir rendre l'Eglise dépendante de l'Etat, ce serait vouloir assujettir le spirituel au temporel, le divin à l'humain, etc., ce qui est le ren-

---

(1) 1 vol. in-8, Paris, Victor Palmé.
(2) 2 vol. in-8, Paris, Henri Oudin.

versement de l'ordre des choses tel qu'il existe nécessairement en Dieu.

2º Mais l'indépendance absolue de l'Eglise repose avant tout sur la charte divine de sa fondation par le Christ. « A moi, dit le Sauveur à ses Apôtres, a été donnée toute-
» puissance au Ciel et sur la terre. Allez donc, enseignez
» toutes les nations, les baptisant au nom du Père, et du
» Fils, et du Saint-Esprit, leur apprenant à observer tout
» ce que je vous ai mandé. Et voilà que je suis avec vous,
» tous les jours, jusqu'à la consommation des siècles (1). »
Et ailleurs, parlant toujours à ses Apôtres : « Tout ce que
» vous aurez lié sur la terre, leur dit-il, sera lié dans le
» Ciel; et tout ce que vous aurez délié sur la terre sera
» délié dans le Ciel (2). » Et à Pierre qui, en sa qualité
de Vicaire du Christ, est investi à lui seul de toute la
plénitude des pouvoirs : « Je te donnerai les clefs du
» royaume des Cieux; tout ce que tu lieras sur la terre
» sera lié dans le Ciel : tout ce que tu délieras sur la terre
» sera délié dans le Ciel (3). »

Ici les conclusions s'imposent. Donc l'Église est pleinement indépendante de l'Etat — a) quant à l'origine de son pouvoir : elle l'a reçu immédiatement de Jésus-Christ, par un écoulement de cette toute-puissance qui a été donnée au Christ au Ciel et sur la terre; — b) quant aux sujets et au territoire : Il lui a été dit par Dieu d'enseigner *toutes les nations;* de prêcher partout, *prædicaverunt ubique* (4); — c) quant à la matière et à l'exercice du pouvoir : tout ce que l'Eglise lie, est lié et ratifié au Ciel, tout sans exception; l'Etat ne peut donc rien lui soustraire dans l'ordre spirituel, il ne peut limiter et empêcher en rien sa juridiction. Bien plus, c'est l'Eglise, et l'Eglise seule, qui a mission et droit d'enseigner, de baptiser, d'apprendre à observer tout ce que le Christ a commandé; loin donc qu'elle dépende en quelque chose de l'Etat, celui-ci est radicalement inhabile et incompétent pour tout ce qui regarde le spirituel. Et si les causes spirituelles échappent à la juridiction séculière, il faut en dire logiquement autant, et du clergé en tant qu'il s'occupe de ces causes, et des fidèles en tant qu'ils ne relèvent que de l'Eglise pour tout ce qui regarde ces mêmes causes.

Donc, à proprement parler, ce n'est pas l'Eglise qui est dans l'Etat, c'est au contraire l'Etat qui est dans l'Eglise;

____

(1) Matth., xxviii, 18-20.
(2) Matth., xviii, 18.
(3) Matth., xvi, 19.
(4) Marc, xvi, 20.

ce n'est pas le tout qui est dans les parties, ce sont les parties qui sont dans le tout, et l'Eglise, en raison de sa catholicité, est un tout par rapport à chaque Etat : ce qui apparaît plus manifeste encore, si l'on considère le rapport intrinsèque des fins. On dit en effet qu'une société est dans une autre, quand la fin de celle-là est subordonnée à la fin de celle-ci et, par conséquent, y est renfermée, comme le particulier dans l'universel, le moyen dans la fin ; or, il en est ainsi de l'Etat vis-à-vis de l'Eglise. A moins qu'on ne veuille dire que l'Eglise est dans l'Etat, comme la forme est dans la matière pour la perfectionner et la régir, ou mieux, comme l'âme est dans le corps : mais l'âme, est-elle dépendante du corps ?

Donc le monde entier forme le territoire propre de ce royaume, l'Eglise, qui embrasse dans son sein le genre humain tout entier. Tout pays chrétien, de même qu'il relève du prince pour ce qui regarde l'ordre civil, relève de l'Eglise, pour ce qui regarde l'ordre religieux : les sujets de l'Eglise, par toute la terre, sont même plus ses sujets qu'ils ne sont les sujets de César, puisqu'ils lui ont été donnés immédiatement par Dieu, pour une fin supérieure, surnaturelle et divine, tandis que, dans les sociétés temporelles, l'existence et la forme du pouvoir dépendent des causes secondes.

Donc le Pape, qui est partout chez lui, n'est un étranger nulle part.

Donc, quant à l'étendue des droits, l'Eglise ne relève aucunement de l'Etat, pour tout ce qui la constitue société extérieure, parfaite et complète : elle a le droit d'exercer pleinement et en toute souveraineté, le pouvoir doctrinal, législatif, coercitif, judiciaire ; de gouverner, de promouvoir à l'accomplissement des préceptes comme à l'observation des conseils évangéliques ; de constituer sa hiérarchie ; de former des congrégations vouées à Dieu, de posséder, bâtir des temples, élever des hospices, etc. Tous ces droits, en effet, ou sont compris explicitement dans la concession de pouvoirs faite par le Christ à son Eglise ; ou en dérivent immédiatement aussi bien que des fins et de la constitution de l'Eglise ; ou ont été exercés dès l'origine par les Apôtres et leurs disciples, comme droits propres et natifs de l'Eglise : ils sont donc indépendants du pouvoir séculier.

3° La doctrine sur la pleine et entière indépendance de l'Eglise, telle que nous venons de l'établir, a été, en présence de la négation moderne, rappelée plus d'une fois, à notre âge, par les pontifes romains. Pie IX, de vénérée et sainte mémoire, a condamné solennellement les erreurs contraires dans la célèbre Encyclique *Quanta cura*, et dans plusieurs Allocutions consistoriales, Encycliques et autres Lettres apostoliques dont le *Syllabus* contient les principales propositions notées par le Saint-Siége. C'est donc une doctrine vraiment catholique ; il n'est permis à aucun fidèle de s'en écarter en rien, tant extérieurement dans l'enseignement et pour la conduite, qu'au for intérieur ; tout chrétien lui doit son adhésion.

Nous citerons seulement les Propositions XIX, XX, XXVI, XXX du *Syllabus*, dont les contradictoires expriment sommairement la vraie doctrine sur l'indépendance de l'Eglise. — Prop. XIX. *Ecclesia non est vera perfectaque societas plane libera, nec pollet suis propriis et constantibus juribus sibi a divino suo fundatore collatis, sed civilis potestatis est definire quæ sint Ecclesiæ jura ac limites intra quos eadem jura exercere queat.* — Prop. XX. *Ecclesiastica potestas suam auctoritatem exercere non debet absque civilis gubernii venia et assensu.* — Prop. XXVI. *Ecclesia non habet nativum ac legitimum jus acquirendi ac possidendi.* — Prop. XXX. *Ecclesiæ et personarum ecclesiasticarum immunitas a jure civili ortum habuit.*

Telle est la doctrine catholique sur la pleine et entière indépendance de l'Eglise.

4° On se demande si du moins l'Etat n'aurait pas sur les choses spirituelles un pouvoir négatif ou indirect, c'est-à-dire le pouvoir d'intervenir dans les causes spirituelles, de disposer des choses spirituelles, toutes les fois que lui semble l'exiger le bien, la fin de la société temporelle. Mais, non. Un pouvoir de cette nature suppose que la société vis-à-vis laquelle il est exercé est inférieure et subordonnée. On ne l'exerce qu'en descendant dans l'ordre inférieur, pour le corriger et le remettre avec l'ordre supérieur dans le rapport voulu : ce que fait par exemple l'autorité civile, vis-à-vis la société domestique et les associations qui pourraient surgir dans le sein de l'Etat. Or ce n'est pas l'Eglise qui est subordonnée à l'Etat, ce n'est pas à la fin religieuse à se subordonner à la fin politique ; loin que l'Etat ait un pouvoir indirect sur l'Eglise, c'est l'Eglise, nous le verrons, qui a sur l'Etat cette sorte de pouvoir.

La proposition XLI du *Syllabus* nous montre expressément condamnée par le Saint-Siége cette doctrine du prétendu pouvoir *indirect* de l'Etat sur les choses spirituelles : *Civili potestati, vel ab infideli imperante exercitæ, competit potestas indirecta negativa in sacra.*

5° On voit aussi ce qu'ont d'opposé à la Constitution et aux droits de l'Eglise, et le droit qu'on a appelé d'*appel comme d'abus*, en vertu duquel un tribunal laïque pourrait condamner comme d'abus les actes ou les sentences de l'autorité ecclésiastique; et cette autre usurpation sacrilége qu'on désigne sous le nom de droit de *placet* ou d'*exequatur*, par laquelle le pouvoir laïque prétend soumettre à son approbation l'exécution ou même la publication des bulles, brefs ou autres rescrits pontificaux.

Cette erreur, non moins que celle du pouvoir indirect de l'Etat dont elle est une suite, a été condamnée dans la seconde partie de la Proposition XLI du *Syllabus : Eidem (civili potestati) proinde competit nedum jus quod vocant* EXEQUATUR, *sed etiam* APPELLATIONIS, *quam nuncupant* AB ABUSU.

Ainsi est établie, comme doctrine catholique, la pleine et entière indépendance de l'Eglise.

§ II. — *Suprématie de l'Eglise vis-à-vis de l'Etat.*

La thèse de la suprématie de l'Eglise ne se prouve pas moins facilement que celle de son indépendance. En dehors même des preuves d'autorité qui sont, nous le verrons, convaincantes, la raison, éclairée par la foi, suffit à montrer la vérité de la doctrine catholique, pour tout homme qui croit à la divinité de Jésus-Christ, à la société qu'il a établie, et à la mission qu'a reçue de lui l'Eglise de conduire les hommes à la fin suprême. En effet :

1º Les sociétés sont entre elles dans le même rapport que leurs fins, *societates ut fines ;* de même donc que la fin particulière et inférieure est subordonnée par nature à la fin universelle et suprême, de même l'Etat, dont la mission immédiate ne se rapporte qu'à la fin inférieure, doit être subordonné à l'Eglise qui seule a mission de conduire les hommes à la fin suprême. C'est là cette coordination nécessaire des pouvoirs qui n'existerait pas, comme le déclare Boniface VIII, si le glaive temporel n'était subordonné au glaive spirituel ; si, en sa qualité de glaive d'un ordre inférieur, il n'était ramené à l'ordre supérieur, à la fin suprême, par le glaive supérieur : *nisi gladius esset sub gladio et tanquam inferior reduceretur per alium in suprema.* C'est là cette loi essentielle, cette loi de la divinité formulée par saint Denis et que rappelle le même pontife : que les choses inférieures doivent être ramenées par des intermédiaires à la fin une et suprême : *infima per media in suprema reduci.*

2º L'Eglise est une société parfaitement une, en même temps qu'universelle, dans laquelle tout est soumis à Jésus-Christ, représenté par son Vicaire, le Pontife Romain. Or, cette société universelle, qui est l'Eglise, comprend les nations et les princes *ut sic*, non moins que les individus : Dieu, en effet, a donné principalement les nations à son Fils : *postula a me*, lui dit-il dans le psaume 2, *et dabo tibi gentes hœreditatem tuam ;* les princes relèvent de Jésus-Christ comme princes, pour l'accomplissement de leur mission publique, aussi bien que comme individus; ils sont, au même titre que les simples fidèles, brebis du Christ. Donc, le pouvoir séculier, représenté par les princes chrétiens et qui fait partie de la grande unité de l'Eglise, doit être soumis au Vicaire du Christ; il doit recevoir la direction de l'Eglise, s'ordonner, sous cette direction, à la fin une et suprême : cet état de choses réalisé constitue ce qu'on a appelé la Chrétienté.

Les théologiens, à la suite des Pères, en particulier de saint Grégoire de Nazianze, font comprendre cette unité qui doit régner dans la société chrétienne et unir l'Etat à l'Eglise, par celle qui résulte, dans l'homme, de l'union du corps et de l'âme. « La chair et l'esprit sont, en effet, dit Bellarmin, comme deux républiques qui se trouvent tantôt séparées, tantôt conjointes. La chair a ses sens et son instinct auxquels répondent des actes et des objets proportionnés, et dont la fin immédiate est la santé et le bon état du corps. L'esprit a l'intelligence et la volonté avec leurs actes et leurs objets proportionnés, et il a pour fin la santé et la perfection de l'âme... La chair se trouve jointe à l'esprit dans l'homme ; et, parce qu'ils y forment une seule personne, ils y sont nécessairement unis et subordonnés. La chair est en bas, l'esprit est en haut; et, malgré que l'esprit ne se mêle pas aux actions de la chair, mais la laisse faire toutes ses opérations, néanmoins quand elles entravent la fin de l'esprit, l'esprit commande à la chair et la réprime, encore qu'il en résulte pour le corps quelque détriment et quelque affaiblissement... De même le pouvoir politique a ses princes, ses lois, ses tribunaux, etc., et le pouvoir ecclésiastique a également ses évêques, ses règles canoniques, ses tribunaux. Celui-là a pour fin la paix temporelle, celui-ci la vie éternelle. Ils peuvent se trouver séparés comme jadis au temps apostolique, ils peuvent se trouver unis comme maintenant. Unis, ils forment un seul corps et partant doivent coexister de manière que le pouvoir inférieur soit soumis et subordonné au pouvoir supérieur. Par conséquent, le pouvoir spirituel ne s'immisce pas dans les affaires temporelles, mais laisse tout marcher comme avant l'union, pourvu que ces affaires ne s'opposent pas à la fin spirituelle ou ne soient pas nécessaires pour l'obtenir. Auxquels cas, le pouvoir spirituel peut et doit réprimer le pouvoir temporel et le contraindre par toutes les voies et manières qui paraîtront nécessaires (1). » Cette ingérence légitime du pouvoir spirituel, dont parle Bellarmin à la fin de ce remarquable exposé, n'est autre chose, retenons-le bien, que le *pouvoir indirect.*

3° La suprématie de l'Eglise, ou subordination de l'Etat, consiste en particulier dans l'obligation pour le pouvoir séculier de conformer ses actes et ses lois au droit naturel et divin tel qu'il est conservé, expliqué et promulgué par l'Eglise ; de ne rien édicter de contraire aux institutions du Christ ; de ne point entraver l'action de l'Eglise dans le gouvernement ou la conduite des âmes. Or, la nécessité d'une telle subordination apparaît de nos jours plus que jamais manifeste. Les conséquences sociales du naturalisme politique, ou de cet état de choses dans lequel le pouvoir séculier s'isole et se sépare complétement de l'Eglise, sont désastreuses. L'Etat tend à devenir omnipotent. Il ne respecte plus ces droits sacrés de l'individu, de la famille, qui sont antérieurs à la société, et dont l'Eglise, à l'époque où elle était obéie, prenait la tutelle en même temps qu'elle en entretenait dans les âmes une notion claire et nette que rien ne parvenait à obscurcir. Le naturalisme politique, nous ne le voyons que trop aujourd'hui, est envahisseur en particulier des droits paternels : les pouvoirs usurpent, pour la formation et la direction des générations, la mission qu'a seule reçue l'Eglise. A la maxime chrétienne, l'Etat ou la société est pour l'individu, tend à se substituer la vieille maxime païenne, l'individu est pour l'Etat. Comme il n'y a plus de règle divine, fixe et immuable, à laquelle le législateur doive nécessairement conformer ses lois, on arrive insensiblement à l'obscurcissement de la notion véritable du droit ; l'idée du droit étant altérée, la force matérielle prend nécessairement sa place ; c'est la loi absolue des majorités, sans rien de supérieur qui s'impose à elles. Loin donc que la suprématie de l'Eglise répugne, elle apparaît souverainement désirable pour quiconque a souci des droits et de la dignité de l'homme. Il faut choisir entre : revenir à l'Eglise, ou retourner à l'Etat païen, à l'Etat-Dieu.

C'est là, ce nous semble, la principale considération à présenter de nos jours, pour faire comprendre et admettre, par certains esprits prévenus, la subordination de l'Etat à l'Eglise. Ces conséquences désastreuses du naturalisme politique, Pie IX les a dénoncées solennellement dans l'Encyclique *Quanta cura* : « *Et quoniam*, enseigne

---

(1) Bellarm. *De Controvers*, t. I ; *De Rom. pont,*, lib. VI, cap. VI.

» le Pontife , *ubi a civili societate fuit amota religio , ac*
» *repudiata divinœ revelationis doctrina et auctoritas , vel*
» *ipsa germana justitiœ humanique juris notio tenebris*
» *obscuratur et amittitur , atque in verœ justitiœ legiti-*
» *mique juris locum materialis substituitur vis , inde*
» *liquet cur nonnulli certissimis sanœ rationis principiis*
» *penitus neglectis posthabitisque audeant conclamare , —*
» *voluntatem populi , publica quam dicunt opinione vel*
» *alia ratione manifestatam , constituere supremam legem*
» *ab omni divino humanoque jure solutam , et in ordine*
» *politico facta consummata , eo ipso quod consummata*
» *sunt, vim juris habere.* » Le Pontife montre ensuite
comment, par la même voie, on aboutit au matérialisme.
Débarrassée des liens de la religion, la société ne peut envisager dans ses membres d'autre fin que la jouissance
sensible; elle ne se propose autre chose que d'acquérir
et d'accumuler des richesses; les ordres religieux, dans
une telle société, n'ont pas de raison d'être ; il n'y a place
que pour les intérêts matériels.

4° En dehors de la suprématie de l'Eglise, il faut admettre ou la suprématie de l'Etat ou l'indépendance mutuelle absolue des deux pouvoirs. Mais la suprématie de
l'Etat, c'est la négation de Jésus-Christ et de son royaume,
de l'immortalité de l'âme, et, par une dernière conséquence
logique, de l'existence même de Dieu. L'indépendance mutuelle absolue, c'est le dualisme et un dualisme insensé,
qui conduit pareillement au rejet de Dieu. On doit donc
soutenir comme nécessaire l'harmonie entre l'Eglise et
l'Etat, résultant de la subordination de celui-ci à l'Eglise.

Nous avons résumé quelques-unes des considérations
qui aident à mettre en lumière la vraie doctrine sur la position respective de l'Eglise et de l'Etat. Venons maintenant aux autorités.

5° La doctrine catholique sur la suprématie de l'Eglise vis-
à-vis de l'Etat, est clairement formulée dans la bulle *Unam
sanctam* de Boniface VIII. Adressée à l'Eglise universelle par
le Pape en sa qualité de docteur, confirmée par Léon X,
dans la bulle qu'il donna pour annuler la pragmatique sanction de Bourges, approuvée solennellement au Ve Concile
de Latran, elle s'impose manifestement comme dogmatique.

Le Pontife Romain, dans cette bulle, après avoir établi
l'unité de l'Eglise, cette grande et universelle société, dans
laquelle tous les chrétiens ne forment qu'un seul corps,
déclare que, dans ce corps, une doit être absolument la
tête, et qu'il faut que tout ce qui se trouve dans le corps
ou lui appartient de quelque manière, soit soumis à cette
tête une; à la tête invisible, qui est Jésus-Christ, et à la
tête visible, le Vicaire de Jésus-Christ en terre. Il en donne

pour première raison que tout pouvoir vient de Dieu ; mais les pouvoirs, en tant qu'ils viennent de Dieu , sont ordonnés, et ils ne seraient pas ordonnés si le glaive inférieur n'était ramené par le glaive spirituel à la fin suprême. La seconde raison , tirée de saint Denis, est basée sur la supériorité de la fin de l'Eglise : *Nam secundum B. Dionysium lex divinitatis est, infima per media in suprema reduci. Spiritualem autem et dignitate et nobilitate terrenam quamlibet præcellere potestatem , oportet tanto clarius nos fateri quanto spiritualia temporalia antecellunt.*

6° A l'autorité si décisive de Boniface VIII viennent s'ajouter les témoignages des pontifes et des docteurs des premiers siècles : saint Augustin, saint Léon , saint Grégoire-le-Grand , et, pour l'Orient, saint Grégoire de Nazianze. — 1. Saint Augustin , dans sa *Cité de Dieu*, l. v, proclame heureux les empereurs chrétiens, parce qu' « ils » firent servir surtout leur puissance à dilater le royaume » de Dieu. » — 2. « Vous devez , dit saint Léon à l'Empe- » reur d'Orient, reconnaître sans hésiter que le pouvoir » souverain vous a été donné non-seulement pour gouver- » ner le monde , mais surtout pour défendre l'Eglise. » *Ep. 75, ad Leon. Aug.* — 3. Saint Grégoire-le-Grand écrit de son côté : « Voici pourquoi la puissance a été donnée » à la piété des empereurs : c'est pour que ceux qui aspi- » rent au bien soient aidés et que le royaume terrestre de- » meure au service du royaume céleste. » *Ep.*, l. ii, *Ep.*, 61. — 4. Saint Grégoire de Nazianze , Or. 17 AD POP. TIMORE PERCULSUM , explique, par l'exemple de la subordination ou soumission du corps à l'âme, l'union de subordination qui doit exister entre les deux pouvoirs. C'est donc l'enseignement de la Tradition et des Pères que la société temporelle est subordonnée à la société spirituelle, et que le pouvoir séculier doit servir et défendre l'Eglise, ce qui implique la suprématie de l'Eglise vis-à-vis l'Etat.

7° Que maintenant cette doctrine soit regardée par les théologiens comme la doctrine certaine et commune, professée par les catholiques ; écoutons Suarez, en qui, comme dit Bossuet, se résume l'Ecole : « *Dicendum est*, enseigne » ce grand Docteur, *potestatem ecclesiasticam non solùm* » *esse in se nobiliorem , sed etiam superiorem, et habere* » *sibi subordinatam et subjectam potestatem civilem. Est* » *conclusio haec*, ajoute-t-il, *certa et communis apud catho-* » *licos.* » *De Leg.*, l. iv, c. 9.

Il nous reste, la thèse démontrée, à insister sur deux conséquences de la doctrine.

A. La subordination du pouvoir séculier à l'Eglise suppose que l'Etat a le devoir, régulièrement, de protéger l'Eglise : ce qui se démontre aisément, en examinant la nature des rapports qui rattachent le pouvoir à ses sujets, à l'Eglise, à Dieu. — *a*) Vis-à-vis de ses sujets : l'Etat doit protéger les droits de ses sujets, celui, en particulier, de ne pas être scandalisé publiquement; il doit travailler à la conservation de la vraie religion, qui est le bien de la communauté, non moins que des individus; défendre le faible contre l'abus de la force, dans l'ordre moral comme dans l'ordre matériel. — *b*) Vis-à-vis de l'Eglise : le Christ a obtenu de son Père les *nations*, qui sont son héritage, les membres de son Eglise ; or les membres d'une société doivent concourir à sa défense. Cet argument suppose que l'Eglise et l'Etat forment unité de société. C'est qu'en effet la société humaine, à parler rigoureusement, est une, bien que pour obtenir pleinement sa fin il lui faille deux pouvoirs, dont l'un est subordonné à l'autre, le pouvoir spirituel et le pouvoir temporel. — *c*) Vis-à-vis de Dieu : le prince est soumis à Dieu, comme prince non moins que comme homme ; comme prince, il est tenu de faire servir ses actes à la gloire de Dieu, ainsi que l'enseignent expressément saint Léon et saint Augustin.

Si l'Etat doit ainsi protéger l'Eglise, ce n'est point en vertu d'un changement introduit dans sa nature même par le Christianisme ; sa fin est et demeure naturelle ; nul accroissement intrinsèque surnaturel ne lui est advenu par concession positive de Dieu. Mais la venue de Jésus-Christ a changé les rapports extérieurs du pouvoir politique. Autrefois il se rapportait à la fin purement naturelle des individus : maintenant il se rapporte, il est ordonné à leur fin surnaturelle. De là, pour l'Etat, un changement dans ses relations extérieures, et conséquemment de nouveaux devoirs répondant à ces nouvelles relations. Par l'avénement du Christianisme, le pouvoir politique, mis en face d'un sacerdoce d'origine plus haute que la sienne, totalement distinct et au-dessus de lui, comme en face de nouveaux hommes déifiés dans le Christ, s'est trouvé resserré dans des bornes plus étroites, mais élevé de beaucoup au-dessus de sa propre nature.

Contre le devoir pour l'Etat de protéger l'Eglise, on objecte : que l'Etat a pour fin le bonheur temporel de la société, et ne saurait ainsi se confondre avec l'Eglise, qui a pour fin le bonheur spirituel et éternel des hommes ; — que ne pouvant donner la vérité, il n'a pas non plus mission de la protéger.

Il est vrai que l'Etat, spécifié par sa fin propre, est distinct de l'Eglise : mais il n'en est point pour autant séparé, et sa fin doit se subordonner à celle de l'Eglise. Le corps aussi est distinct de l'âme, et pourtant il n'en est point séparé : il lui est même uni de la plus étroite union. — Il est sûr également que l'Etat ne peut donner la vérité : est-il dispensé pour autant de la protéger et défendre ? Parce que le corps est incapable de créer l'âme, direz-vous qu'une fois animé il ne peut concourir au développement extérieur de ses forces. Ce devoir de l'Etat est donc tout à fait conforme au plan divin et à l'ordre rationnel d'après lequel le corps doit être au service de l'esprit, et la force matérielle au service de la force morale.

Avons-nous besoin d'ajouter que l'Ecriture a toujours des louanges pour les rois qui firent servir le sceptre de la justice à la défense de la vraie religion ; que les Décrétales, les Canons des Conciles, les enseignements des Pères et des Docteurs sont unanimes à faire un devoir aux princes chrétiens de protéger l'Eglise et de punir les transgresseurs de ses lois.

B. De la suprématie de l'Eglise résulte en second lieu ce qu'on appelle dans l'Ecole le pouvoir *indirect* de l'Eglise sur le temporel. L'Eglise n'a jamais revendiqué le pouvoir *direct*. Le temporel, en effet, ne constituant pas la fin propre de l'Eglise, elle ne saurait avoir sur lui de pouvoir propre et direct. Mais de la subordination de la fin de l'Etat à la fin de l'Eglise, qui est la fin dernière et suprême de l'homme, suit manifestement le pouvoir *indirect* de l'Eglise sur le temporel. L'Eglise, quand il y a lieu, peut descendre dans l'ordre inférieur, pour le corriger et le remettre dans le rapport voulu avec l'ordre supérieur. C'est ce qu'on appelle le pouvoir *indirect*. Il consiste, pour l'Eglise, dans le droit d'intervenir dans le temporel, de disposer du temporel, toutes les fois que le temporel s'opposerait à la fin spirituelle ou serait nécessaire pour l'obtenir. Le pouvoir *indirect* ainsi entendu est admis communément comme une doctrine certaine par les théologiens. La Proposition XXIV du *Syllabus*, condamnée par l'Eglise, nous paraît s'y rapporter : « *Ecclesia... non habet potestatem ullam temporalem directam vel indirectam;* » la contradictoire est donc vraie.

Tels sont les principes catholiques sur l'union entre l'Eglise et l'Etat, tel l'ordre chrétien institué et voulu par Dieu. Ces principes, en dernière analyse, se réduisent à des vérités de foi comme celles-ci : l'ordre naturel doit être subordonné à l'ordre surnaturel, la nature à la grâce, l'humain au divin, la vie présente à la vie future. Ils s'imposent donc facilement, dans l'ordre théorique, au chrétien. Mais qu'en est-il de l'ordre pratique ?

§ III. — *Application de la doctrine aux temps actuels.*

La mise en vigueur des principes catholiques sur la position respective des deux sociétés suppose l'union de fait de l'Eglise et de l'Etat.

I. — Aux temps apostoliques et jusqu'à Constantin, cette union n'existait pas. Les deux pouvoirs étaient séparés et non unis ; c'était l'ère des persécutions. On ne saurait voir, dans un tel état de choses, la situation normale, à moins de prétendre que l'état normal, pour l'Eglise et la société, c'est la persécution. — Avec Constantin, devenu chrétien, commence l'union entre l'Eglise et l'Etat ; tant cette union suit naturellement des principes chrétiens ; tant elle exprime la position vraie des princes vis-à-vis l'Eglise. — L'union atteint son apogée au moyen âge : elle est tellement entrée dans les habitudes et les mœurs des nations, qu'elle fait partie de leur droit public : l'Europe est la Chrétienté, qui reconnaît Jésus-Christ pour Chef, dans la personne de son Vicaire, le Pontife de Rome ; qui coordonne toutes les institutions sociales et politiques à la fin surnaturelle, soumet en toute vérité le glaive temporel au glaive spirituel, sans que, ni l'impatience ou les révoltes ouvertes des princes, ni l'opposition sourde des légistes, affaiblissent ou obscurcissent dans l'esprit des masses les droits de la suprématie de l'Eglise. — Le protestantisme, en s'attaquant directement à l'autorité de l'Eglise, ressuscite, parmi les nations séparées, la suprématie de l'Etat, outre qu'il réussit à relâcher, même chez les princes catholiques, les liens avec Rome. La Chrétienté, cette belle œuvre des siècles de foi, a cessé d'exister. Toutefois, la suprématie de l'Eglise, quoiqu'elle ne soit plus acceptée en fait, n'est pas encore niée en principe par les pouvoirs catholiques. La vraie religion continue de demeurer la religion d'Etat ; l'hérésie, là où elle subsiste, n'est que tolérée ; on n'admet point encore que l'Etat puisse se constituer en dehors de la religion et vivre séparé de l'Eglise. — C'est à la fin du siècle dernier, que la Révolution, en proclamant les droits de l'homme, prétend soustraire les peuples et les sociétés à l'autorité religieuse ; les nations, depuis cette époque, tendent de plus en plus à s'isoler de l'Eglise, et le régime de la religion d'Etat à devenir un régime d'exception ; les différents cultes sont mis sur le pied d'égalité avec la vraie religion ; c'est le régime des libertés dites *modernes* : et nous entendons par là les libertés de conscience, des cultes, de la presse, de l'enseignement.

8

Si l'Etat moderne, en concluant avec le Saint-Siége des concordats, traite avec l'Eglise de puissance à puissance, et reconnaît ainsi pratiquement la souveraineté de l'Eglise, il ne lui refuse pas moins tout droit à la suprématie comme à la pleine et entière indépendance, et ne se croit tenu envers elle qu'à lui appliquer ce qu'il appelle *le droit commun*. Ce posé : Qu'exige pratiquement du Catholique la fidélité à ces vérités principes que nous avons rappelées et établies ?

II. — Les Catholiques ne peuvent approuver les liberté dites modernes, comme bonnes et légitimes en elles-mêmes, à plus forte raison comme constituant le droit propre et inaliénable de chaque homme, comme répondant seules aux besoins des nations civilisées, et devant, à ce titre, être proclamées et garanties dans toute société bien constituée. Ce serait manifestement penser autrement que l'Eglise et contredire sa doctrine. Ils doivent voir, au contraire, dans l'union de l'Etat avec l'Eglise, l'état de choses bon et nécessaire en soi, le seul conforme au plan divin et voulu par Jésus-Christ. En conséquence, ils déploreront les circonstances qui peuvent rendre quelque part cet état de choses pratiquement impossible ; ils se montreront heureux et désireux de tout ce qui aboutirait pacifiquement et légalement à renouer ou resserrer l'union des deux pouvoirs. A plus forte raison, ne conseilleraient-ils pas à l'Eglise de rompre par sa propre initiative toute attache avec l'Etat et de ne prétendre à aucune ingérence dans ses affaires, sous prétexte de rentrer dans les limites de l'ordre purement spirituel.

En ce qui concerne le passé, le Catholique saura comprendre et justifier la conduite de l'Eglise, qui appelle à la protéger le glaive temporel ; exhorte les princes catholiques, dans les pays où règne l'Unité de Foi, à réprimer l'hérésie ; exerce, en certaines circonstances et conformément au droit public des nations, son pouvoir *indirect* sur le temporel. Il se rappellera que, si parfois la protection des princes a dégénéré en oppression, elle n'en a pas moins été généralement une aide et un appui pour l'Eglise.

En résumé, dirons-nous avec la *Civiltà Cattolica* (1), les libertés *modernes*, si on les pose en thèses, c'est-à-dire comme des « principes universels, applicables à tous les » temps et à tous les pays, fondés sur la nature humaine » en elle-même et sur le plan divin, sont absolument con-» damnables, et elles ont été plusieurs fois condamnées

---

(1) Livraison du 17 octobre 1863, page 149.

» par les pontifes romains, notamment par Pie VI, Pie VII
» et Pie IX. » — Il faut écarter complétement du débat
les libertés purement politiques que l'Eglise, non seulement n'a jamais repoussées, mais qu'elle aime, favorise,
et dont elle profite merveilleusement.

III. — A titre d'hypothèses, c'est-à-dire considérées comme
des dispositions appropriées aux conditions spéciales de tels
ou tels peuples, les libertés modernes peuvent être accep-
tées en certains cas; la constitution qui les garantit pourra,
posées les conditions de la société pour laquelle elle a
été établie, être la meilleure possible à tel moment; et
quand elle se présentera comme une transaction entre
des partis divers, comme un contrat, un pacte, il y aura,
dans ce fait même, pour les citoyens, une raison de plus
de lui demeurer fidèles; des catholiques pourront défendre une telle constitution; ils feront une chose bonne
et très profitable, quand ils useront le plus efficacement
possible des libertés qu'elle garantit, pour servir la religion
et la justice.

Cette doctrine est celle de la *Civiltà Cattolica* qui,
répondant, dans sa livraison du 19 décembre 1874, aux
attaques dirigées par M. Gladstone contre les décrets
du Saint-Siége relatifs aux questions politico-religieuses,
relève plusieurs inexactitudes graves du célèbre homme
d'Etat anglais. Elle lui reproche entre autres choses
d'écrire que sont condamnés par l'Eglise « ceux qui soutiennent la *liberté de conscience et des cultes*, et ceux
qui soutiennent la *liberté de la parole* » tandis que le Pape
condamne seulement ceux qui soutiennent que cette liberté
est un *droit propre* de chaque homme, lequel doit être
proclamé et garanti dans toute société bien constituée.
« Selon M. Gladstone, conclut la revue, on devrait dé-
» clarer condamnée la liberté de conscience, des cultes et
» de la parole dans une nation dont les membres profes-
» sent diverses croyances, quand cette liberté n'est pas le
» moins du monde condamnée par les paroles citées du
» Saint-Père. » — Bien plus, Son Em. le cardinal Manning,
réfutant le pamphlet du même M. Gladstone contre le
Concile du Vatican, n'hésite pas à déclarer que, si les catholiques arrivaient demain au pouvoir en Angleterre, aucune loi ne serait proposée, non-seulement pour contraindre à embrasser leur foi, mais même pour priver
d'aucun avantage ceux qui ne seraient pas catholiques.
Les dissidents auraient les mêmes libertés dont jouissent
aujourd'hui les catholiques comme minorité. C'est seulement par la conviction de la raison et par la persuasion
de la volonté, affirme l'éminent cardinal, que l'unité

de foi une fois brisée, surtout depuis des siècles, peut se
rétablir. Il ne faut pas oublier que nos anciens théologiens, tels que Bellarmin et Suarez, quand ils traitaient ce
sujet, avaient sous les yeux une génération d'hommes qui
tous avaient été dans l'unité de la foi. Leur séparation était
par conséquent formelle et volontaire : elle ne dégageait pas
leur conscience de la juridiction de l'Eglise. Si Bellarmin
et Suarez vivaient de nos jours, ils auraient traité une
question qui diffère de celle-là dans toutes ses conditions
morales. Ce que nous exposons aujourd'hui est fondé sur
les principes qu'ils enseignaient, appliqués à notre temps.
En traitant la même matière, ajoute Mgr Manning, le cardinal Tarquini l'a exposée comme je l'ai fait ici.

IV. — De ce qui a été dit précédemment, il résulte qu'à
titre d'hypothèse, certaines libertés *modernes* se présentent à meilleur titre chez des nations dont les membres,
en tant qu'ils professent diverses croyances, ont pour eux
le bénéfice d'une longue possession. Quand un peuple, au
contraire, a conservé l'unité de foi catholique, ce bien, le
plus grand de tous pour une nation, l'introduction, dans
son sein, des libertés modernes, aussi bien que la séparation, à un degré ou à l'autre, de l'Eglise et de l'Etat, n'est
due qu'au principe d'indifférence et à l'hostilité affichés par
le libéralisme : les conséquences en sont désastreuses
pour la vie religieuse et morale de la nation.

On entend souvent citer, en faveur du principe des libertés *modernes* et de la séparation de l'Eglise et de l'Etat,
ce qui se passe dans l'Amérique du Nord, où le peuple
prospère et le catholicisme se développe sous un régime
libéral entre tous et dans le sens moderne. Mais on oublie
que les origines historiques des libertés modernes sont
tout autres aux Etats-Unis que dans nos Etats catholiques
d'Europe. Là elles ont été vraiment établies et stipulées
pour permettre à chaque citoyen de pratiquer librement
sa religion et le soustraire à l'oppression qui pesait sur lui :
tandis que dans plusieurs pays catholiques d'Europe, leur
introduction se présente comme une apostasie publique de
la nation.

Quand lord Baltimore, qui avait été secrétaire d'Etat
sous Jacques Ier, en 1633, émigra en Amérique, il était
accompagné, dit le cardinal Manning, par des gens de
toute opinion, n'ayant de commun que le désir de laisser
derrière eux les misérables querelles religieuses dont était
alors tourmentée l'Angleterre. Le serment du gouvernement, une fois qu'ils furent installés dans leur nouveau
pays appelé par eux le Maryland, était ainsi conçu : « Je
promets que, par moi-même ou par d'autres, directement

ou indirectement, je n'inquiéterai pour la foi religieuse aucune personne faisant profession de croire en Jésus-Christ. » — La base chrétienne, on le voit, était conservée. Depuis, chacun des Etats-Unis s'est peuplé par des hommes venus de tous les points du monde, appartenant à toutes les sectes. La neutralité du pouvoir entre toutes les confessions était une nécessité absolue, et voilà pourquoi les constitutions des Etats nouveaux stipulent que la liberté religieuse est assurée à tous et que le pouvoir politique n'appartient proprement à aucune confession particulière.

Posé cet état de choses, il n'y a pas en Amérique, il est vrai, une Eglise officielle et *établie*, c'est-à-dire identifiée avec l'Etat et de la profession de foi de laquelle dépende l'exercice des droits civils et politiques. Mais, au dire d'écrivains qui semblent connaître le mieux les institutions de ce pays, l'Etat n'est point séparé de l'Eglise ou de la Religion, comme l'entendent nos libéraux d'Europe. L'Etat n'est nullement regardé comme supérieur à la société religieuse. Celle-ci a vis-à-vis de lui des droits indépendants qui sont considérés comme inviolables ; une foule de dispositions de la législation civile les reconnaît et les sanctionne. Les pouvoirs fédéraux, en toute occasion, proclament le souverain domaine de Dieu sur ses créatures, sur les gouvernements comme sur les individus. On tient que le Christianisme fait partie du droit civil coutumier : le blasphème, soit contre Dieu, soit contre la religion, est punissable devant les tribunaux. Véritablement le Christianisme demeure la religion de la nation, le fondement des lois. La séparation de l'Eglise et de l'Etat, loin de signifier en Amérique la méconnaissance des droits de la société religieuse et de constituer la législation en dehors de la religion, a eu au contraire pour objet d'assurer la pleine indépendance de la société religieuse.

Chez les nations catholiques, au contraire, qui jouissaient du bienfait de l'unité de foi ou professaient du moins une religion d'Etat, l'origine des libertés *modernes* est toute·autre. On ne les a réclamées que pour se soustraire à l'autorité de la religion et enlever à l'Eglise sa suprématie ; aussi se sentent-elles particulièrement de cette origine viciée qui en infecte tout le développement. Dans la bouche de nos libéraux, séparer l'Eglise de l'Etat, c'est enlever à la religion la place qu'elle tient encore dans notre législation et nos institutions politiques et ne plus reconnaître à la société religieuse aucun droit propre vis-à-vis de l'Etat. Ils veulent restreindre l'action du Christianisme à l'individu et prétendent y soustraire l'homme social. C'est l'Etat athée.

V. — Nous ne saurions mieux clore ces considérations sur l'application aux temps actuels des principes établis, que par les sages avertissements contenus dans une lettre récente de S. S. N. S. P. le Pape Léon XIII.

Le Saint-Père adresse cette lettre aux évêques de Belgique, au sujet de certaines polémiques concernant « la » nécessité ou l'opportunité de conformer aux prescrip- » tions de la doctrine catholique les formes gouvernemen- » tales actuelles, basées sur les principes du *droit mo-* » *derne*, comme on l'appelle communément. »

« A coup sûr, déclare le Pontife, Nous, plus que per- » sonne, Nous devons souhaiter de tout cœur que la so- » ciété humaine soit régie d'une manière chrétienne, et » que la divine influence du Christ pénètre et imprègne » complétement tous les ordres de l'Etat... Cependant tous » les catholiques, s'ils entendent s'employer utilement au » bien commun, doivent avoir devant les yeux et imiter » fidèlement la conduite prudente que l'Eglise tient elle- » même dans les affaires de ce genre. Elle maintient et » défend dans toute leur intégrité les doctrines sacrées et » les principes du droit avec une fermeté inviolable, et » s'attache de tout son pouvoir à régler les institutions et » les coutumes de l'ordre public, aussi bien que les actes » de la vie privée, d'après ces mêmes principes. Néan- » moins, elle garde en cela la juste mesure des temps et » des lieux, et, comme il arrive ordinairement dans les » choses humaines, elle est contrainte de tolérer quelque- » fois des maux qu'il serait presque impossible d'empêcher, » sans s'exposer à des calamités et à des troubles plus fu- » nestes encore. »

Mais si l'Eglise, comme le dit l'illustre Pontife, toujours sage et prudente, tolère quelquefois des maux pour en éviter de plus grands, elle n'en bénit pas moins les nations qui, suivant en cela le vœu de la justice et de leurs vrais intérêts, s'efforcent, tout en tenant compte des circonstances et des temps, de mettre leurs institutions et leurs lois en rapport avec les droits qu'elle tient de Jésus-Christ. Jusque-là, cette mère toujours aimante, traitée en étrangère, en servante et quelquefois en ennemie, ne continue pas moins son œuvre de salut au milieu des peuples ; elle attend avec patience le jour de la vérité, parce qu'elle a des promesses immortelles. Mais les sociétés seront sans base, sans boussole et sans sécurité jusqu'à ce que les droits de Dieu soient enfin reconnus.

Rapport de M. G. THÉRY, avocat à Lille, sur la situation juridique de l'Eglise dans les principaux pays de l'Europe, de l'Amérique et de l'Asie. — Examen des régimes divers.

Espagne. — Angleterre. — Etats-Unis. — Canada. — Chine. — Turquie. — Italie. — Autriche. — Allemagne. — Belgique. — France. — Ce que devrait être la position de l'Eglise dans un pays catholique. — Droits, devoirs de l'Etat à l'égard de l'Eglise. — Religion d'Etat. — Régime concordataire. — Régime d'indifférence entre les cultes. — Régime de l'Eglise libre dans l'Etat libre.

Messieurs,

Les rapports que vous venez d'entendre vous ont fait connaître les droits que l'Eglise tire de sa nature et de sa constitution.

Ils peuvent se résumer dans la contradictoire de la XIXᵉ Proposition du *Syllabus*, et se formuler ainsi :

L'Eglise est une société vraie et parfaite, pleinement libre, jouissant de droits propres et constants à elle conférés par son divin fondateur; il n'appartient pas au pouvoir civil de définir quels sont les droits de l'Eglise et les limites dans lesquelles elle peut les exercer.

Ce principe admis, et, remarquez le bien, Messieurs, il est de doctrine catholique, nous allons si vous le permettez examiner quelle est la situation juridique de l'Eglise dans les principaux pays d'Europe et d'Amérique ; nous rechercherons ensuite ce que devrait faire un gouvernement soucieux de respecter complétement le droit de l'Eglise.

Permettez-moi, Messieurs, d'adresser tout d'abord mes remerciements à nos confrères étrangers, qui ont bien voulu me fournir les documents dont je vais mettre le résumé sous vos yeux. Sans leur extrême obligeance il m'eût été impossible de répondre à la question qui nous était posée, vous allez donc entendre leur opinion sur la législation de leur pays, bien plutôt que la mienne.

Nous commencerons, si vous le voulez bien, par l'Espagne.

I.

Espagne. — L'Etat espagnol est catholique et doit protéger le catholicisme, telle est en Espagne la base des relations de l'Eglise et de l'Etat. L'exercice public des autres cultes est un délit, ils ne sont tolérés que dans des maisons particulières et comme culte secret. On peut librement, mais seulement dans les livres, exposer et défendre les systèmes philosophiques les plus opposés à la foi catholique; les revues et les journaux au contraire sont passibles de peines, s'ils parlent contre les dogmes, la morale ou la discipline de l'Eglise.

Le mariage civil, établi un moment, a disparu devant la résistance du peuple espagnol; le mariage canonique, a tous les effets civils devant l'Etat.

Les ordres religieux ont généralement le droit de s'établir, de se propager, d'enseigner, et de donner librement des missions.

Les évêques sont présentés par le gouvernement qui s'entend au préalable avec le nonce.

Les chanoines, selon le Concordat, sont nommés, tour à tour, par le Pape, les évêques ou le gouvernement. Les évêques ont toujours le droit de refuser la collation canonique quand l'élu ne leur en paraît pas digne.

Les curés sont nommés par les évêques et le gouvernement. Les évêques, selon les prescriptions canoniques, convoquent, président et dirigent le concours, examinent et approuvent les candidats et en présentent trois parmi lesquels le gouvernement fait son choix.

Les appels comme d'abus, *recursos de fuerra*, s'ils ne sont pas absolument tombés en désuétude, sont au moins devenus très rares.

Les communications entre le Pape et les évêques sont libres.

L'immunité personnelle n'est conservée que pour les procès canoniques.

Les cardinaux, comme les maréchaux, sont de droit membres du Sénat.

II.

Angleterre. — D'Espagne, Messieurs, nous passerons en Angleterre. Depuis l'acte d'émancipation de 1829, la situation de l'Eglise catholique en Angleterre est celle d'une religion autorisée, mais non reconnue par l'Etat.

L'Eglise se gouverne comme elle l'entend, l'Etat s'en désintéresse absolument; seules les manifestations extérieures du culte sont prohibées.

Le mariage produit les effets civils lorsqu'il est célébré dans une église dûment enregistrée, pourvu que sa célébration ait lieu en présence d'un *Registrar* et de deux témoins.

L'autorité civile assiste ainsi par un de ses agents au mariage célébré en face de l'Eglise.

On peut, en Angleterre, se marier également devant le *superintendant Registrar*, assisté d'un *registrar* et de deux témoins (1).

III.

Etats-Unis. — De l'Angleterre nous nous embarquons tout naturellement pour les Etats-Unis.

Avant 1776, les Etats-Unis avaient une église officielle pourvue de biens et jouissant de subventions fournies par un impôt spécial.

La Constitution de 1780 maintint cet impôt en permettant, cependant à chaque contribuable de l'appliquer au culte de son choix. La jurisprudence, toutefois, mit à l'exercice de cette faculté, la condition que le ministre appartiendrait à une paroisse reconnue.

Le statut de 1811 dispensa de la cote paroissiale quiconque présentait un certificat authentique constatant son affiliation à une autre Eglise, même non reconnue par la loi.

Enfin, en 1833, fut proclamée la séparation absolue de l'Eglise et de l'Etat.

Le régime américain est donc celui de la liberté entière et complète ; l'Eglise est libre dans l'Etat libre.

La législation américaine présente en ce qui concerne les biens d'Eglise, des dispositions qui méritent d'appeler notre attention.

Les Etats-Unis sont le pays de la liberté d'association ; toute société peut demander l'*incorporation* et l'obtenir par une loi. De plus, le législateur allant au-devant des demandes d'incorporation a d'avance créé et sanctionné des formules, permettant aux sociétés qui voudraient adopter l'une d'elles, d'obtenir le bénéfice de l'incorporation par une simple délibération dûment enregistrée.

Les sociétés incorporées forment ce que nous appelons en France des personnes civiles. Leurs biens sont administrés par des fidéicommissaires (*trustee*) élus par le suffrage universel des sociétaires,

Ce mode d'élection empêcha, pendant un certain temps, les évêques d'user pour les églises du bénéfice des formules générales d'incorporation.

---

(1) Il est à remarquer qu'en Angleterre, où la disposition de la xxiv° session du Concile de Trente n'a pas été promulguée, ce mariage constitue pour les chrétiens un mariage clandestin valide quoique illicite. On aurait donc tort de le qualifier *Mariage civil.*

Des paroisses s'étaient fait incorporer. Canoniquement l'administration de leurs biens appartenait à l'Eglise ; mais, par le fait de l'élection elle s'en trouvait légalement exclue. De là des difficultés qui firent généralement renoncer à l'incorporation.

Un acte du 25 mars 1863, tenant compte de la constitution de l'Eglise catholique, permit aux églises de se faire incorporer en prenant pour fidéicommissaires *ex officio*, l'évêque, son vicaire général et le curé, plus deux fidéicommissaires élus annuellement par les trois membres de droit.

La loi fixe le maximum des biens et revenus que peuvent posséder les sociétés incorporées ; mais ces limites sont suffisamment larges pour n'apporter aucune entrave réelle au droit des églises de posséder les biens qui leur sont nécessaires. Chaque église, chaque établissement peut d'ailleurs se faire incorporer séparément et atteindre le maximum légal.

L'Etat veille à ce que les fidéicommissaires s'acquittent fidèlement de leur mandat et ne détournent pas les biens de leur destination.

Les bâtiments affectés au culte et les collèges incorporés sont exempts d'impôt.

L'incorporation est d'ailleurs une faveur et les Américains ont le bon sens de comprendre qu'une faveur ne s'impose pas.

Toute société est libre de vivre sans réclamer le bénéfice de l'incorporation.

La loi américaine n'est point bien terrible pour les sociétés non incorporées, elles vivent librement, et certaines même arrivent à posséder comme des sociétés incorporées en vertu du principe de droit suivant :

La loi commune en Amérique pose en principe que toute donation, legs, fidéicommis ayant un objet pieux est valable et doit produire effet, pourvu que la disposition émane d'une personne capable et que l'objet soit suffisamment déterminé.

C'est l'application aux libéralités ayant un objet pieux de la règle *potius valeat quam pereat.*

Pour que sa disposition produise effet, le disposant désigne des fidéicommissaires qui seront considérés légalement comme dépositaires d'une chose dont les bénéficiaires sont propriétaires en expectative ; la propriété devant reposer sur leur tête, le jour où il leur conviendra de se faire incorporer, mais sans qu'aucun délai leur soit imparti à cet effet.

Par ce système, qui rappelle singulièrement certains procédés du droit romain, un grand nombre de sociétés non incorporées, églises, hospices, colléges arrivent à recevoir et à posséder légalement (1).

Que ne pouvons-nous, actuellement en France, jouir simplement pour les œuvres catholiques de la situation juridique des sociétés américaines non incorporées !

Il est très curieux de rapprocher la législation américaine des législations européennes.

En Europe, dans des pays catholiques, il semble que les lois n'ont d'autre but que d'entraver l'Eglise dans la liberté de son ministère; aux Etats-Unis, au contraire, nous voyons le législateur modifier au besoin la loi pour l'adapter à la constitution de l'Eglise catholique.

C'est qu'en Amérique, les législateurs ne sont point des hommes irréligieux, ils peuvent ne pas connaître complétement la vérité, mais on ne rencontre pas chez eux, au regard de l'Eglise, ces sentiments de haine ou tout au moins de défiance qui inspirent la plupart des législations européennes.

IV

Canada. — Poursuivant notre voyage, Messieurs, nous passons au Canada.

En droit, l'Eglise y est complétement libre.

Le gouverneur de Montréal, en capitulant le 8 septembre 1760, avait stipulé que « le libre exercice de la religion catholique subsisterait en entier. »

A quoi le général Amherst répondit : « Accordé pour le libre exercice de leur religion. »

Le traité de paix de 1763 contient la disposition suivante : « Sa Majesté Britannique, de son côté, consent d'accorder la liberté de la religion catholique aux habitants du Canada. Elle donnera, en conséquence, les ordres les plus efficaces pour que les nouveaux sujets catholiques romains puissent professer le culte de leur religion, suivant les rites de l'Eglise de Rome. »

C'est une consolation de voir la vieille France, au milieu de ses désastres, ne remettre cependant l'épée dans le fourreau qu'après avoir sauvegardé la foi de ses enfants.

Grâce à cette stipulation, il est aujourd'hui, au delà des mers, une grande nation qui, sans se départir d'une loyale soumission envers son souverain, garde cependant une

---

(1) Nous avons puisé nos renseignements sur cette question dans un travail remarquable de M. Dareste, avocat à Lyon, publié par le *Bulletin de la Société de Législation comparée*, n° de juillet 1881, p. 467.

profonde affection pour la France, se souvenant qu'elle lui doit son origine et son culte.

La législation du Canada consacre le principe « de l'égalité aux yeux de la loi de toutes les dénominations religieuses, lesquelles sont en pleine possession du libre exercice de la jouissance et de la profession de leur culte, sans distinctions ni préférences, avec la seule restriction, qu'il n'en résultera pas des actes d'une licence outrée ou des pratiques incompatibles avec la paix et la liberté de la province. »

Cette législation, loyalement appliquée, assurerait la liberté de l'Eglise. Elle contient cependant une dernière phrase dont on peut singulièrement abuser; et en fait, on a su, dans certains cas, en tirer l'asservissement de l'Eglise au pouvoir civil.

On a dit, Messieurs, que l'on retrouve au Canada la France d'il y a deux siècles. C'est vrai, même dans la matière qui nous occupe. Nous allons y rencontrer les appels comme d'abus, et voir le juge séculier s'ériger en défenseur des canons, au nom des libertés de l'Eglise gallicane. Ces théories, chose singulière, sont au Canada, d'importation relativement récente, ou plutôt oubliées pendant un grand nombre d'années, elles ont, depuis un certain temps, repris faveur sous l'influence de la Franc-Maçonnerie et du libéralisme.

Je vous demanderai, Messieurs, la permission de vous raconter brièvement une cause célèbre, qui se plaida à Montréal, en 1870; ce sera le meilleur moyen de vous mettre à même de juger la situation que je vous signale.

En 1870, mourut à Montréal un nommé Guibord, membre de l'Institut canadien, société condamnée par l'Eglise. Le curé de Montréal lui refusa la sépulture ecclésiastique. De là, procès fait au nom de sa veuve, par les francs-maçons, pour contraindre le curé à enterrer Guibord en terre sainte, en observant les cérémonies de l'Eglise.

Les avocats de la demanderesse argumentaient ainsi :

L'édit d'août 1663 a établi au Canada un conseil supérieur, avec mission d'appliquer les lois, c'est-à-dire la législation française telle qu'elle existait en France en 1663.

Cette législation, dans tout ce qui n'a pas été ultérieurement modifié pour le Canada, est donc la base du droit canadien.

La capitulation de Montréal a assuré le libre exercice de la religion catholique; de plus, l'acte de Québec, section VIII, stipule que « dans toutes les affaires concernant leurs propriétés et leurs droits de citoyens, les Canadiens

auront recours aux lois du Canada, comme les maximes
sur lesquelles ils doivent être décidés. »

Donc il faut appliquer la loi canadienne, dans l'espèce,
le droit commun ecclésiastique de France de 1663, c'est-à-
dire les franchises et libertés de l'Eglise gallicane, y
compris les appels comme d'abus tels qu'ils se pratiquaient
en France à cette époque.

Malgré les efforts et le talent des avocats du défendeur,
et notamment de l'un de nos vice-présidents (1), qui établit avec une admirable précision les droits de l'Eglise catholique, la théorie des demandeurs fut sanctionnée par
le tribunal supérieur de Montréal. S'appropriant la formule employée par l'intendant français, dans une ordonnance du 6 janvier 1728 : « L'Eglise est dans l'Etat et non
l'Etat dans l'Eglise, » le juge Mondelet proclama sa compétence pour juger de l'application des canons de l'Eglise,
et, se basant sur les circonstances de la cause, condamna
le curé de Montréal à donner à Guibord la sépulture ecclésiastique.

Cette décision est la mise en pratique de la XLIIᵉ Proposition, condamnée par le *Syllabus* : « En cas de conflit
légal entre les deux pouvoirs, le droit civil prévaut. »

La sentence du juge Mondelet fut cassée par le juge
d'appel, mais sa thèse prévalut devant un troisième degré
de juridiction.

On invoqua dans le débat deux jugements, l'un du 7 décembre 1844, condamnant le curé de Saint-Paul-de-la-
Valtrie à baptiser un enfant à péril de dommages-intérêts ;
l'autre, de 1868, condamnant à 100 livres de dommages-
intérêts un curé qui, suivant prescription de son évêque,
avait marié une mineure sans le consentement de ses
parents. Dans cette cause, le juge du premier degré avait
repoussé la demande.

On cita en sens contraire un jugement de 1838, qui avait
débouté un curé suspendu, de son action contre l'évêque,
en se fondant sur ce que « la cour était incompétente à
prendre connaissance de la sentence rendue par le défendeur, en sa qualité d'évêque diocésain. »

On rappela également qu'en 1848 et en 1866, la justice
s'était déclarée incompétente pour prononcer une nullité
de mariage entre deux catholiques.

On peut donc résumer la situation de l'Eglise au Canada,
en disant que la loi lui assure une complète liberté, mais

---

(1) M. Trudel, avocat, sénateur de Montréal, assistait au Congrès et
avait été invité à prendre place au bureau en qualité de vice-pré-
sident.

qu'il s'y rencontre deux courants, l'un athée et libre-penseur, s'affublant du masque du gallicanisme, pour essayer de soumettre l'Eglise au pouvoir civil ; l'autre, au contraire, essentiellement catholique et romain, défendant énergiquement les droits de l'Eglise et sa liberté.

Puisse ce second courant l'emporter ; le catholicisme a sauvé la petite nation canadienne au milieu des dangers sans nombre qu'elle a traversés depuis 1760, et lui a permis de devenir un grand peuple ; seul il pourra lui conserver sa force et sa prospérité.

V.

Chine. — Pour revenir en Europe, je vous proposerai, Messieurs, de nous embarquer à San-Francisco, et, traversant le Pacifique, nous ajouterons à notre programme une excursion en Chine.

La législation chinoise déclarait trois religions bonnes, utiles et louables à pratiquer : le culte de Confucius, le Boudhisme et un troisième. Depuis les traités anglo-français, conclus à la suite de l'expédition de Chine, la loi chinoise a ajouté à cette nomenclature le Christianisme.

La religion catholique serait donc libre en Chine, si trop fréquemment, dans ce pays comme chez certaines nations européennes, l'arbitraire et le caprice des mandarins ne se substituaient impunément à la loi pour violer le droit et la justice.

VI.

Turquie. — La législation turque permet aussi à l'Eglise de vivre librement ; nous avons même pu lire dans les journaux que les cérémonies extérieures du culte y jouissent d'une liberté qui leur est refusée dans la France catholique.

Des conflits ont surgi cependant entre le pouvoir religieux et l'autorité civile, dans les circonstances suivantes : Les chefs des communautés chrétiennes, connues sous le nom de nations, sont par le fait de leur charge, les chefs civils de leurs coreligionnaires. Pour exercer ce pouvoir, ils doivent recevoir l'investiture de l'autorité civile. De là sont nés des conflits qui tiennent uniquement au double caractère que nous venons de signaler. Ils paraissent maintenant apaisés et qui sait si un jour les catholiques français n'en seront pas réduits à demander pour leur culte la liberté comme en Turquie.

VII.

Italie. — Nous passerons maintenant en Italie.

L'Italie révolutionnaire a pris modèle sur la France de 1790 et de 1792.

Une loi du 7 juillet 1866 supprima la personnalité civile des ordres monastiques, abolit la mort civile des religieux et attribua leurs biens à l'Etat, à charge de payer aux anciens propriétaires de modestes pensions.

C'est exactement le décret des 13-19 février 1790.

Une loi du 15 août 1867, imitant en cela le décret du 18 août 1792, supprima toutes les autres personnes civiles ecclésiastiques : abbayes, prieurés, œuvres pies, etc., à la seule exception des fabriques et des œuvres destinées à la conservation des monuments affectés au culte. Des pensions furent accordées aux bénéficiaires, les biens furent dévolus à l'Etat, sauf le droit pour les patrons de revendiquer dans un délai de cinq ans les choses données par eux, à charge toutefois de payer un impôt de 22 % du capital ainsi recouvré.

La loi du 11 août 1870 prescrivit la conversion des biens des fabriques en rente 5 % sur l'Etat et établit sur leur revenu un impôt de 30 %. C'était une confiscation à peine déguisée, que la banqueroute d'ailleurs pourra compléter au premier jour.

Le 13 juillet 1871, pour faire accepter l'invasion du domaine temporel de l'Eglise et fournir un prétexte à l'indifférence de l'Europe, le gouvernement italien édicta la loi dite *des garanties*.

La première partie accorde au Pape la prérogative royale et lui assure un budget que Pie IX, comme son successeur Léon XIII, ont toujours énergiquement refusé.

Ce que vaut la loi des garanties, les faits du 13 juillet 1881 l'ont appris à l'Europe. Si cette loi figure encore dans la législation italienne, c'est qu'on juge profitable de lui conserver un semblant d'existence, sauf à se bien garder de l'appliquer.

Est-il d'ailleurs souverain celui qui vit uniquement par le bon plaisir de son sujet ?

La seconde partie de la loi du 13 juillet 1871 assure au clergé la liberté de publier les bulles et actes de l'autorité ecclésiastique, lui donne le droit de se réunir, supprime le serment des évêques, l'*exequatur* et le *placet*.

Mais l'article 16 de la loi décide que les dispositions relatives à l'*exequatur* et au *placet*, seront mises en vigueur le

jour où sera organisée législativement la propriété ecclésiastique conservée.

Or, depuis dix ans cette loi est attendue.

L'article 17 de la loi du 13 juillet 1871 est ainsi conçu :

Art. 17 de la loi du 13 juillet 1871. — Aucune réclamation, ni aucun appel n'est admis contre les actes des autorités ecclé-
siastiques en matière spirituelle ou disciplinaire. Il appartient à la juridiction civile de juger des effets juridiques de ces actes et de tout autre acte émanant de l'autorité ecclésiastique. Cependant ces actes n'ont aucun effet s'ils sont contraires aux lois de l'Etat ou à l'ordre public, ou s'ils portent atteinte aux droits privés, et, s'ils constituent un crime, ils sont assujettis aux lois pénales.

C'est, en proclamant la liberté, se réserver le moyen d'asservir l'Eglise à l'Etat.

Le mariage civil est seul reconnu par la loi ; mais rien n'oblige à en accomplir les formalités avant de contracter mariage en face de l'Eglise.

Les séminaristes et novices sont astreints au service militaire.

La liberté d'association est de droit commun en Italie, et profite en conséquence aux œuvres catholiques.

En résumé, l'Italie prétend réaliser la fameuse formule : l'Eglise libre dans l'Etat libre, et montre pratiquement la valeur de ce mensonge révolutionnaire. C'est l'Eglise asservie par l'Etat omnipotent.

VIII.

Autriche. — Les rapports de l'Eglise et de l'Etat furent, en 1855, réglés en Autriche par un Concordat conclu entre le Pape Pie IX et l'empereur François-Joseph.

Ce concordat fut rompu par l'Etat en 1870, sous prétexte que la proclamation du dogme de l'infaillibilité pontificale avait fait du Pape *une nouvelle personne*, différente de celle avec laquelle le Concordat avait été conclu.

Aujourd'hui le Parlement autrichien revendique le droit de régler souverainement les rapports de l'Eglise et de l'Etat.

La liberté du gouvernement intérieur de l'Eglise est ad-
mise en principe, mais l'Etat prétend définir ce qui est du gouvernement intérieur, et revendiquer ainsi indirectement un pouvoir absolu sur l'Eglise.

Les lois de mai 1874 ont la plus grande analogie avec les lois prussiennes, et si leur effet n'a point été le même, on le doit uniquement à la piété de l'empereur et aux sentiments de foi conservés dans une grande partie de la na-
tion, notamment chez les habitants de la campagne.

Les évêques sont nommés suivant les anciens usages. Là où il y a un *patron*, le droit de présentation lui appartient. L'empereur, à ce titre, présente à certains évêchés.

Le pouvoir disciplinaire des évêques est presque anéanti depuis la rupture du Concordat de 1855. La juridiction ecclésiastique a également disparu à cette époque.

La présentation aux cures appartient à l'évêque ou au patron, et, pour celles dotées par le *fond de religion*, à l'Etat.

Le *fond de religion* se compose des biens d'Eglise confisqués et vendus par l'empereur Joseph. Les revenus du fond étant insuffisants pour pourvoir aux dépenses qui le grèvent, le gouvernement comble le déficit au moyen d'impôts, mais il porte leur produit au débit du fond de religion. Ce n'est donc légalement qu'une avance, et le jour où il plaira à l'Etat d'en réclamer le remboursement, rien ne l'empêchera, en supprimant le budget des cultes, de s'appliquer en outre, à titre de remboursement, le capital même du fond de religion.

Les congrégations religieuses ne peuvent s'établir ou créer de nouvelles maisons qu'avec l'autorisation du gouvernement.

Quant à celles existantes, on a mis en pratique le système recommandé par la Franc-Maçonnerie : de les tuer par l'impôt.

Les bénéfices, couvents, fondations, paient un impôt excessivement lourd, connu sous le nom d'*Impôt du fond de religion*. Le couvent de Reighersberg (Haute-Autriche), par exemple, était obligé, pour y faire face, d'emprunter chaque année quelques milliers de florins. Le gouvernement adopta alors un autre système. Il alloua aux religieux tant par tête pour les nécessités de la vie et s'empara du surplus des revenus.

Cette mesure, étendue ensuite à d'autres couvents, est une véritable confiscation.

La loi autrichienne ne reconnaît que le mariage civil.

IX.

Allemagne. — En Allemagne, l'Eglise catholique est sous le coup de la persécution violente. L'exil, la prison, l'amende sont continuellement suspendus sur la tête des évêques et des prêtres, s'ils refusent de rendre à César ce qui est à Dieu.

La théorie de la loi prussienne est fort simple : exposée sans détour devant le Parlement par M. de Bismarck, elle se résume ainsi : « Il faut obéir au roi plutôt qu'au pape dans tout ce qui tient à l'organisation extérieure de l'Eglise ; il appartient au roi de déterminer ce qui rentre dans cette organisation extérieure. »

Par suite, l'Etat s'arroge le droit d'intervenir dans la nomination des évêques et des curés, et de vérifier s'ils sont, même comme doctrine, aptes à remplir leurs fonctions. Par suite aussi, l'Etat prétend intervenir dans l'enseignement des clercs pour s'assurer qu'il ne présente pour lui aucun danger.

L'enseignement sans Dieu, cependant, n'a jamais été admis en Allemagne. Mais le gouvernement entravait systématiquement l'action du clergé sur l'école.

Depuis les attentats commis contre l'empereur Guillaume, le gouvernement paraît avoir compris que la religion est la meilleure sauvegarde du trône, et, en fait, il est de nouveau permis au curé de surveiller l'enseignement.

X.

Belgique. — Les droits de l'Eglise en Belgique ont pour base la Constitution. C'est assez dire que les principes sont peu respectés. La Constitution belge, comme vous le savez, Messieurs, fut le triomphe du libéralisme catholique ; elle produit aujourd'hui ses fruits naturels : toute liberté pour l'erreur et l'oppression pour l'Eglise.

Voici les articles de la Constitution relatifs au culte et à l'enseignement :

ART. 14. — La liberté des cultes, celle de leur exercice public, ainsi que la liberté de manifester les opinions en toute matière, sont garanties, sauf la répression des délits commis à l'occasion de l'usage de ces libertés.

ART. 15. — Nul ne peut être contraint de concourir d'une manière quelconque aux actes et aux cérémonies d'un culte, ni d'en observer les jours de repos.

ART. 16. — L'Etat n'a le droit d'intervenir ni dans la nomination, ni dans l'installation des ministres d'un culte quelconque, ni de défendre à ceux-ci de correspondre avec leurs supérieurs et de publier leurs actes, sauf, en ce dernier cas, la responsabilité ordinaire en matière de presse et de publication.

Le mariage civil devra toujours précéder la bénédiction nuptiale, sauf les exceptions à établir par la loi, s'il y a lieu.

Théoriquement, c'est la liberté complète de tous les cultes et l'Eglise dans le droit commun. C'est précisément le vice de la constitution belge. L'Eglise dans le droit commun c'est, tôt ou tard, l'Eglise persécutée.

Aussi que voyons-nous en Belgique ? Il y a deux ans le bourgmestre Piercot arrêtait violemment, au sortir de la cathédrale, l'évêque de Liége, portant le saint Sacrement. En même temps la police permettait, dans les rues de Gand et de Bruxelles, des mascarades sacriléges livrant au mépris public les dogmes et les cérémonies de l'Eglise.

Dans la province de Bruges, un arrêté de police défend le son des cloches avant six heures du matin ; de là à interdire toute sonnerie il n'y a qu'un pas. Le principe est le même.

Les tribunaux de Tournay et de Bruxelles condamnaient à l'amende le curé de Peruwelz et le vicaire de Scaerbeck pour avoir marié des gens qui n'avaient pas, au préalable, passé par la mairie.

Le code pénal belge prononce des peines contre les ministres du culte qui, en chaire, auront blâmé ou critiqué les décisions d'une administration civile quelconque.

En un mot la situation de l'Eglise en Belgique est essentiellement précaire, et l'on peut, au premier jour, voir éclater la persécution légale.

Le traitement du clergé est payé par l'Etat; c'est comme en France l'acquit d'une dette. En 1795, des décrets du gouvernement français étendirent aux provinces belges, récemment conquises, la confiscation des propriétés ecclésiastiques. En 1801, la Belgique était encore française. Elle fut donc régie par le Concordat ; par suite, lors de sa séparation d'avec la France en 1814, le traitement du clergé belge constitua une dette publique afférente au pays séparé en vertu du droit international.

Mais cette théorie n'est pas admise par les libéraux belges; l'Etat, disent-ils, paie le clergé parce qu'il considère le culte catholique comme utile à la société. Il lui suffira donc, quand bon lui semblera, de contester cette utilité pour supprimer logiquement le budget du culte catholique.

Pour le moment les Chambres belges cherchent tous les prétextes pour réduire le budget et prendre ainsi le clergé par la famine, sans se donner l'odieux d'une suppression complète.

Il existait en Belgique un grand nombre d'anciennes fondations charitables : ouvroirs, orphelinats, écoles, ateliers, bourses d'étude, ayant, de par la volonté des donateurs, un caractère essentiellement catholique. Le tout a été sécularisé et remis aux conseils communaux pour être affecté aux écoles officielles.

C'est en Belgique qu'a pris naissance une théorie célèbre, dont la Franc-Maçonnerie s'est emparée dans le but de dépouiller légalement de leurs biens les membres des congrégations non reconnues.

Un professeur de droit de Gand a inventé contre les religieux le raisonnement suivant :

Le religieux qui possède un bien est le prête-nom de la communauté ; or la communauté n'étant pas reconnue est incapable de posséder.

Donc le bien n'appartient à personne : ni au religieux, puisqu'il n'est qu'un prête-nom ; ni à la communauté, puisqu'elle n'existe pas. C'est dès lors un bien vacant et sans maître qui appartient à l'Etat (art. 539, c. civ.). Celui-ci est libre de s'en emparer.

Cette théorie peut satisfaire la haine des ennemis de l'Eglise, elle ne satisfait certainement pas la logique. La communauté non reconnue est le néant, dit-on ; c'est vrai, elle n'existe pas réellement, puisqu'elle n'est qu'un être abstrait, c'est-à-dire une pure opération de l'esprit ; elle n'existe pas fictivement, puisque la loi en ne la *reconnaissant* pas ne lui a pas donné l'existence fictive. Mais alors comment un homme peut-il être le prête-nom du néant ?

La vérité est de dire que, s'il ne possède pas pour lui, il est le prête-nom de tous les autres religieux. Pour attaquer le droit du religieux propriétaire légal, il faudrait donc démontrer *que tous les membres de la communauté sans exception, sont incapables de posséder individuellement*, sinon on se trouvera en présence d'un individu capable, prête-nom d'autres individus également capables ; or, il est de principe en droit qu'on peut faire par personne interposée ce qu'on pourrait faire directement.

Cette théorie, néanmoins, est comme une menace suspendue sur les biens des communautés non reconnues ; le danger est d'autant plus sérieux en Belgique que dans un grand nombre de cours et tribunaux la justice, soigneusement épurée par la Franc-Maçonnerie, rend des services et non pas des arrêts.

Témoin la condamnation à six mois de prison prononcée récemment par la cour de Gand contre le vicaire de Heule, acquitté à Courtrai.

Il était poursuivi comme complice des braves gens qui avaient voulu empêcher leur école communale de devenir une école sans Dieu. Son rôle s'était borné à apaiser l'émotion populaire justement excitée, et à sauver la vie des agents du gouvernement coupables de meurtre.

La cour le condamna cependant et l'on trouve dans son arrêt ce considérant vraiment monstrueux : que la facilité avec laquelle il a calmé l'émeute prouve qu'il en était l'organisateur.

Telle est, en résumé, la situation de l'Eglise dans un pays qui, en 1830, fit une révolution pour défendre l'intégrité de sa foi. La Belgique était l'idéal du libéralisme catholique ; on réclamait jadis en France la liberté comme en Belgique ;

les dangers qui dans ce pays menacent aujourd'hui l'Eglise nous montrent où conduisent fatalement les principes libéraux.

XI.

France. — Nous terminerons par la France l'examen de la situation faite à l'Eglise.

En France nous sommes légalement sous le régime de la reconnaissance de différents cultes par l'Etat.

La situation de l'Eglise de France est réglée par le Concordat du 10 septembre 1801.

Le Concordat contient des dispositions tra nsitoires, maintenant sans objet, et des dispositions permanentes, les seules dont nous ayons à nous occuper. Ces dispositions sont contenues dans les articles suivants :

ART. 1. — La religion catholique, apostolique et romaine sera librement exercée en France : son culte sera public, en se conformant aux règlements de police que le gouvernement jugera nécessaire pour la tranquillité publique.

ART. 4. — Le Premier Consul de la République nommera, dans les trois mois qui suivront la publication de la bulle de Sa Sainteté, aux archevêchés et évêchés de la circonscription nouvelle. Sa Sainteté conférera l'institution canonique, suivant les formes établies par rapport à la France, avant le changement de gouvernement.

ART. 5. — Les nominations aux évêchés qui vaqueront dans la suite, seront également faites par le Premier Consul, et l'institution canonique sera donnée par le Saint-Siége, en conformité de l'article précédent.

ART. 10. — Les Evêques nommeront aux cures. — Leur choix ne pourra tomber que sur des personnes agréées par le gouvernement.

ART. 15. — Le gouvernement prendra également des mesures pour que les catholiques français puissent, s'ils le veulent, faire en faveur des églises, des fondations.

L'acceptation du Concordat fut pour le Pape une douloureuse nécessité ; de la part du Premier Consul le Concordat fut surtout une œuvre de politique et un moyen de s'emparer des consciences.

Les négociations du Concordat et les événements ultérieurs le prouvent à l'évidence.

Une première rupture avait eu lieu à Rome, sur le refus du Pape d'accepter le droit de police du culte que le gouvernement français voulait s'attribuer.

Consalvi fut alors envoyé en France. Après de longues et laborieuses négociations, le gouvernement parut enfin renoncer à ce droit.

Au moment d'échanger les signatures, le cardinal Consalvi jette un regard sur le double préparé par l'abbé

Bernier, négociateur français. Quel n'est pas son étonnement d'y trouver inscrit ce droit de police objet de tant de luttes et finalement abandonné par la France ! Le Premier Consul demandait à un faux ce que ses mandataires s'étaient vu refuser (1).

Une rupture paraissait inévitable ; on se remit cependant à l'œuvre, les Français prétendant que Consalvi ne comprenait pas le sens du mot *police*, lequel, suivant eux, concernait uniquement la police de la rue ; Consalvi, au contraire, les enfermant dans ce dilemne : Où l'on est de bonne foi, alors qu'on exprime le sens du mot *police*, ou l'on refuse de s'expliquer ; c'est la preuve qu'on veut abuser du mot.

En conséquence il demandait à remplacer la phrase : « Le culte sera public, en se conformant toutefois aux règlements de police, » par celle-ci : « Le culte sera public, en se conformant toutefois aux règlements de police *que le gouvernement jugera nécessaires pour assurer la tranquillité publique.* »

Les négociateurs français acceptèrent enfin cette dernière rédaction, ne dissimulant pas toutefois leur crainte de la voir rejeter par le Premier Consul.

Il n'en fut rien. Cependant les jours se succédaient et le gouvernement gardait, au sujet du Concordat, un silence absolu.

Après neuf mois d'attente, on en eut l'explication : Napoléon reprenait, par un mélange de ruse et de force, ce droit de police qu'il n'avait pu obtenir du libre consentement de l'Eglise.

Le 18 germinal, an x (8 avril 1802), le gouvernement promulguait ce qui suit :

« La convention passée à Paris, le 26 messidor an ix, entre le
» Pape et le gouvernement français, et dont les ratifications
» ont été échangées à Paris, le 23 fructidor an ix (10 sept. 1801);
» ensemble les articles organiques de ladite convention ; les
» articles organiques des cultes protestants, dont la teneur
» suit, seront promulgués et exécutés comme lois de la République. »

Le texte du Concordat venait ensuite ; puis soixante-dix-sept articles dits organiques et enfin les articles organiques des cultes protestant et israélite.

Le Concordat n'était donc plus qu'une loi de l'Etat, prenant place dans la législation générale imposée aux différents cultes, par le pouvoir civil agissant dans la plénitude de son indépendance ; la religion catholique étant comme toute autre soumise à la police du prince séculier.

____

(1) Consalvi, *Mémoires*, t. i, p. 355.

Les articles organiques sont évidemment nuls, en vertu de ce principe qu'un concordat est de la part du pouvoir civil une convention, et qu'une partie ne peut de son autorité privée rien ajouter à un contrat synallagmatique.

Ils sont également nuls comme étant une violation du droit de l'Eglise.

Sauf peut-être quelques articles rentrant dans le droit reconnu au gouvernement de sauvegarder la tranquillité publique, c'est-à-dire l'ordre dans la rue, ces articles tombent tous sous les condamnations prononcées dans le *Syllabus.* Il suffit pour le prouver de mettre en regard les principaux articles organiques et les propositions condamnées.

ARTICLES ORGANIQUES.	SYLLABUS.
ART. 2. — Aucun individu se disant nonce, légat, vicaire ou commissaire apostolique, ou se prévalant de toute autre dénomination, ne pourra, sans la même autorisation (1), exercer sur le sol français, ni ailleurs aucune fonction relative aux affaires de l'Eglise gallicane.	P. xx. — La puissance ecclésiastique ne doit pas exercer son autorité sans la permission et l'assentiment du gouvernement civil.
ART. 4. — Aucun Concile national ou métropolitain, aucun synode diocésain, aucune assemblée délibérante, n'aura lieu sans la permission expresse du gouvernement.	
ART. 1er. — Aucune bulle, bref, rescrit, décret, mandat, provision, signature servant de provision, ni autres expéditions de la cour de Rome, même ne concernant que les particuliers, ne pourront être reçus, publiés, imprimés, ni autrement mis à exécution sans l'autorisation du gouvernement.	P. xxviii. — Il n'est pas permis aux évêques de publier même les lettres apostoliques sans la permission du gouvernement.
	P. xlix. — L'autorité laïque peut empêcher les évêques et les fidèles de communiquer librement entre eux et avec le Pontife romain.
ART. 3. — Les décrets de synodes étrangers, même ceux des Conciles généraux, ne pourront être publiés en France avant que le gouvernement en ait examiné la forme, leur conformité avec les lois, droits et franchises de la République française, et tout ce qui, dans leur publication, pourrait altérer ou intéresser la tranquillité publique.	P. xli. — La puissance civile, même quand elle est exercée par un prince infidèle, possède un pouvoir indirect négatif sur les choses sacrées. Elle a, par conséquent, non-seulement le droit qu'on appelle d'*exequatur*, mais encore le droit qu'on nomme d'*appel comme d'abus.*
ART. 6. — Il y aura recours au Conseil d'Etat dans tous les	

---

(1) Celle du gouvernement.

cas d'abus de la part des supérieurs et autres personnes ecclésiastiques. — Les cas d'abus sont l'usurpation ou l'excès de pouvoir, la contravention aux lois et règlements de la République, l'infraction des règles consacrées par les canons reçus en France, l'attentat aux libertés, franchises et coutumes de l'Eglise gallicane et toute entreprise ou tout procédé qui, dans l'exercice du culte, peut compromettre l'honneur des citoyens, troubler arbitrairement leur conscience, dégénérer contre eux en oppression ou en injure, ou en scandale public.

ART. 7. — Il y aura pareillement recours au Conseil d'Etat, s'il est porté atteinte à l'exercice public du culte et à la liberté que les lois et règlements garantissent à ses ministres.

ART. 8. — Le recours compétera à toute personne intéressée. A défaut de plainte particulière, il sera exercé d'office par les préfets. — Le fonctionnaire public, ecclésiastique, ou la personne qui voudra exercer ce recours, adressera un mémoire détaillé et signé au conseiller d'Etat chargé de toutes les affaires concernant les cultes, lequel sera tenu de prendre, dans le plus court délai, tous les renseigements convenables, et, sur son rapport, l'affaire sera suivie et définitivement terminée dans la forme administrative, ou renvoyée, selon l'exigence des cas, aux autorités compétentes.

ART. 26. — Ils ne pourront ordonner aucun ecclésiastique s'il ne justifie d'une propriété produisant au moins un revenu annuel de 300 fr., s'il n'a atteint l'âge de vingt-cinq ans, et s'il ne réunit les qualités requises par les canons reçus en France. — Les évèques ne feront aucune ordination avant que le nombre des personnes à ordonner ait été soumis au gouvernement, et par lui agréé.

ART. 54. — Ils ne donneront la bénédiction nuptiale qu'à ceux qui justifieront, en bonne et due forme, avoir contracté mariage devant l'officier civil.

P. XLIV. — L'autorité civile peut s'immiscer dans les choses qui regardent la religion, les mœurs et la direction des âmes. Ainsi, elle peut juger des instructions que les pasteurs de l'Eglise publient, d'après leur charge, pour la règle des consciences; elle peut même décider sur l'administration des sacrements et sur les dispositions nécessaires pour les recevoir.

La condamnation prononcée contre la XLIVᵉ Proposition du *Syllabus* (1), embrasse d'ailleurs à elle seule tous les articles organiques et repousse formellement cette prétention des gouvernéments de soumettre l'Eglise à leur police.

La législation française, en ce qui touche l'Eglise, comprend encore diverses dispositions pénales. Ce sont les articles 199 à 208 du Code pénal.

Les articles 199 et 200 punissent le ministre du culte qui procède aux cérémonies religieuses d'un mariage avant la célébration du mariage civil.

Ces articles sont une application du principe posé dans la XLIVᵉ Proposition, condamné par le *Syllabus*.

Il est d'ailleurs facile, lorsqu'on y a un intérêt légitime, de se marier d'abord ou uniquement en face de l'Eglise, sans exposer pour cela le prêtre aux pénalités des articles ci-dessus.

Les articles 201 à 206 punissent les ministres du culte qui critiquent publiquement, dans l'exercice de leur ministère, le gouvernement, une loi, une ordonnance ou tout acte de l'autorité publique.

Ces articles tombent sous la condamnation prononcée contre la XIXᵉ Proposition du *Syllabus* (2) :

Enfin les articles 207 et 208 punissent la correspondance d'un ministre du culte, sur une matière religieuse avec une cour étrangère.

La cour étrangère, c'est évidemment le Pape.

Le *Syllabus* a proscrit ces articles en condamnant la Proposition XLIXᵉ (3).

Pour terminer l'examen de la législation, il nous reste à signaler les lois de 1850, sur la liberté de l'enseignement primaire et secondaire, et celle de 1875 sur la liberté de l'enseignement supérieur.

La loi de 1875 n'a pu encore donner ses fruits ; c'est le grain de senevé mis en terre et qui grandira plus tard.

La loi de 1850 a produit des résultats considérables. C'est à elle que l'on doit ce mouvement catholique que les francs-maçons essaient aujourd'hui d'étouffer.

Et cependant, nous ne pouvons lui donner une entière approbation, car son principe même méconnaît le droit de

---

(1) **XLIVᵉ** Proposition, voir page 136.

(2) **XIXᵉ** Proposition. — « L'Eglise n'est pas une société vraie et par-
» faite, pleinement libre ; elle ne jouit pas de droits propres et cons-
» tants à elle conférés par son divin Fondateur, mais il appartient au
» pouvoir civil de définir quels sont les droits de l'Eglise et les limites
» dans lesquelles elle peut les exercer. »

(3) **XLIXᵉ** Proposition, voir page 135.

l'Eglise, tel qu'il résulte des condamnations prononcées contre les Propositions XLVe et XLVIIe du *Syllabus* (1).

Le libéralisme, au reste, a déposé dans la loi de 1850 un germe de mort, en laissant l'Etat juge de l'enseignement de l'Eglise. Il a suffi, en 1880, de modifier la composition des conseils académiques, pour porter à l'enseignement religieux les coups que l'on connaît, et réduire à néant les droits consacrés par la loi de 1850.

Telle est aujourd'hui la législation française en ce qui concerne l'Eglise catholique. Que sera-t-elle demain? Nous savons ce qu'on nous promet pour l'avenir. Nous avons examiné la législation *légale*; mais il existe aussi en France, ne l'oublions pas, une législation *illégale* qui, sous le nom de décrets, s'impose violemment et impunément aux citoyens, au mépris des lois les plus claires et des droits les plus incontestables.

Nous pouvons, Messieurs, résoudre maintenant cette question : Qu'est devenu, dans la pratique, le Concordat?

Il garantissait le libre exercice du culte catholique, et aujourd'hui, cette liberté expire sous la légalité, doublée au besoin de l'arbitraire.

Le Pape a concédé au gouvernement le droit de présenter les évêques; on sait comment le pouvoir civil a presque toujours abusé de ce droit. La divine Providence a accordé à l'Eglise de France une visible et éclatante protection dans le choix de son Episcopat, mais on frémit en pensant à ce qui fût advenu si les élus avaient répondu aux désirs du gouvernement.

En échange de la renonciation de l'Eglise aux biens volés par la Révolution, le Concordat garantissait aux ministres du culte un traitement convenable. Le gouvernement prétend faire des membres du clergé français des fonction-

---

(1) XLVe Proposition. — Toute la direction des écoles publiques dans lesquelles la jeunesse d'un Etat chrétien est élevée, si l'on en excepte seulement, dans une certaine mesure, les séminaires épiscopaux, peut et doit être attribuée à l'autorité civile, et cela de telle manière qu'il ne soit reconnu à aucune autre autorité le droit de s'immiscer dans la discipline des écoles, dans le régime des études, dans la collation des grades, dans le choix ou l'approbation des maîtres.

XLVIIe Proposition. — La bonne institution de la société civile demande que les écoles populaires, qui sont ouvertes à tous les enfants de chaque classe de la population, et en général que les institutions publiques destinées aux lettres, à une instruction supérieure et à une éducation plus élevée de la jeunesse, soient affranchies de toute autorité de l'Eglise, de toute influence modératrice et de toute ingérence de sa part, et qu'elles soient pleinement soumises à la volonté de l'autorité civile et politique, suivant le bon plaisir des gouvernants et le courant des opinions générales de l'époque.

naires, auxquels , en échange de leur indépendance, il jette
un morceau de pain , qu'il leur refusera même au premier
jour.

Enfin le Concordat stipulait, pour les fidèles , le droit de
faire des libéralités en faveur des églises En imposant la
nécessité de son autorisation, le gouvernement., en fait ,
n'a jamais concédé ce droit , et nous voyons aujourd'hui
le Conseil d'Etat repousser systématiquement toute libéralité de ce genre.

En résumé , l'Eglise de France est sous le régime du
bon plaisir de l'Etat et se trouve aujourd'hui livrée à l'arbitraire d'un gouvernement franc-maçon.

XII.

Nous connaissons maintenant, Messieurs, la situation de
l'Eglise dans les principaux pays d'Europe et d'Amérique. Il nous reste à voir ce que devrait être cette situation dans un pays catholique. En un mot, après avoir étudié
le fait, nous allons examiner la thèse.

Expliquons-nous d'abord sur le sens de ce dernier mot.
Pour certains esprits *thèse* est synonyme d'irréalisable ;
c'est en particulier l'erreur du catholicisme libéral ; à la
rigueur on admet la thèse parce qu'on ne peut guère la
repousser sans cesser d'être catholique, mais on pose une
condition, c'est qu'il ne sera jamais question de la réaliser,
et même que systématiquement on ne tentera dans ce but
aucun effort. Pour nous, la thèse c'est l'idéal, c'est la vérité
absolue, c'est par conséquent l'objectif vers lequel il faut
tendre et le but que l'on doit sans cesse avoir devant les
yeux.

Est-ce à dire qu'il faille poursuivre la réalisation de la
thèse sans se préoccuper des circonstances de lieu et de
temps ? Incontestablement non ; si la fermeté est une vertu,
la prudence en est une également. Il faut s'inspirer des
exemples de l'Eglise et surtout ne la servir que comme
elle veut être servie, en acceptant en toutes choses, non-
seulement son autorité, mais aussi ses conseils.

Toutefois, ne fût-ce que pour déterminer les concessions
licites et possibles, il est absolument nécessaire de connaître exactement le droit, de même que pour conseiller
sagement une transaction, il faut avoir complétement
étudié un dossier.

Nous allons donc , en nous basant sur les principes,
rechercher quel est en présence du droit de l'Eglise le
droit et le devoir de l'Etat.

Trois situations paraissent *a priori* compatibles avec le

droit de l'Eglise tel qu'il est résumé dans le contradictoire de la XIXᵉ Proposition du *Syllabus* (1).

1° L'Etat reconnaît l'Eglise et la protége seule. — C'est la religion d'Etat;

2° L'Etat reconnaît et protége divers cultes, entre autres le culte catholique;

3° L'Etat ne reconnaît aucun culte et laisse à tous une complète liberté. C'est le fameux principe : l'Eglise libre dans l'Etat libre.

Un gouvernement soucieux de respecter le droit de l'Eglise, peut-il librement et à son gré lui imposer l'une de ces trois situations et régler en conséquence ses rapports avec elle ?

XIII.

En fait l'homme d'Etat se trouve en présence de diverses sociétés religieuses qui toutes se disent vraies, mais parmi lesquelles, une, l'Eglise catholique, se dit seule vraie.

Une première question se pose donc : le gouvernement a-t-il le pouvoir de discerner la véritable Eglise ?

Qu'est-ce que *le gouvernement ?*

Messieurs, gardons-nous des mots ; ils sont, on l'a dit avec beaucoup de raison, l'une des grandes causes de nos erreurs ; gardons-nous également de prendre des abstractions pour des réalités. Les abstractions sont uniquement des opérations intellectuelles sans existence réelle, mais elles s'expriment par des mots, ce qui semble leur donner un corps et les présente aux esprits inattentifs comme des réalités.

Le gouvernement est un être abstrait comme l'Etat ; le gouvernement ce sont *les hommes qui gouvernent.* Demander si le gouvernement peut discerner la vérité, c'est donc demander si les hommes qui gouvernent ont ce pouvoir.

L'homme a incontestablement le pouvoir de discerner la vérité de l'erreur ; il suffit, pour s'en convaincre, de faire appel à l'expérience de chacun de nous. C'est vrai en mathématiques, c'est vrai en morale, c'est vrai en droit; n'arrive-t-il pas dans l'étude des questions de droit, même les plus ardues, un moment où nous voyons clairement la vérité ? Souvent après de longues études, des hésitations, des erreurs quelquefois, elle apparaît tout à coup comme un éclair et s'impose avec une telle évidence que nous sommes absolument certains de la posséder.

---

(1) **XIXᵉ** Proposition, voir page 137, note.

C'est vrai notamment pour l'Eglise catholique, elle présente avec une telle évidence tous les signes de la vérité, que le doute est impossible à tout homme de bonne foi dès qu'il a pu connaître ces signes et les étudier.

Ici, Messieurs, permettez-moi d'en appeler encore à votre propre expérience. Vous êtes tous catholiques, êtes-vous certains, absolument certains d'être dans la vérité ; croyez-vous avec une foi inébranlable que l'Eglise catholique est la seule vraie Eglise ? Vous me répondez affirmativement sans ombre d'hésitation.

Cette certitude disparaîtrait-elle si vous deveniez les membres d'un gouvernement ? Evidemment non. Vous seriez alors comme aujourd'hui absolument certains que l'Eglise catholique est seule la véritable Eglise.

En d'autres termes oublie-t-on ce que l'on sait par le fait seul qu'on se trouve chargé de gouverner les hommes ? Il serait absurde de le prétendre.

Donc j'ai établi mon premier point et démontré que le gouvernement, autrement dit les hommes qui gouvernent, peuvent, au milieu des diverses sociétés religieuses, discerner la véritable Eglise.

Voyons maintenant le droit.

La société représentée par son gouvernement a-t-elle le droit de proclamer la vérité de l'Eglise en obligeant les chrétiens à respecter sa loi, et les non-chrétiens à ne rien faire qui puisse lui préjudicier ?

Toute société est une agrégation d'hommes qui, mettant en commun leurs forces individuelles, se réunissent en vue d'atteindre une fin commune et déterminée.

Dieu en créant la société civile lui a nécessairement, puisqu'il est infiniment raisonnable, donné le droit d'atteindre sa fin.

Donc la société peut légitimement prescrire à ses membres tout ce qui est nécessaire à l'obtention de cette fin.

Nous avons dès lors pour résoudre notre question :

1° A déterminer la fin de la société civile ;

2° A rechercher si le respect de la vérité religieuse est nécessaire pour atteindre cette fin.

XIV.

I. — *Fin de la société civile.* — La société civile a une double fin : premièrement une fin immédiate, consistant à procurer le bonheur temporel des sujets en faisant respecter le droit. Secondement, une fin médiate, consistant à procurer leur bonheur éternel en écartant les obstacles qui pourraient les en éloigner.

« C'est aussi la fin de tout gouvernement, son rôle étant précisément d'aider la société à accomplir sa mission.

De nos jours, on tend à supprimer le gouvernement proprement dit pour ne conserver que l'une de ses branches, l'administration ; c'est là une grave erreur. L'administration a pour objet de procurer aux sujets ce qu'ils ne peuvent obtenir réduits à leurs forces individuelles, par exemple la création des routes, des canaux, le recouvrement des impôts, la défense du pays, c'est le côté matériel du gouvernement. Gouverner c'est avant tout diriger (*gubernare*) les membres vers la fin de la société, en prescrivant ce qui est nécessaire à l'obtention de cette fin, de même que le pilote, à l'aide du gouvernail, maintient le navire dans la voie qui conduit au port.

Le rôle du pouvoir est non-seulement d'administrer, mais surtout de gouverner.

II. — *Relation entre la vérité religieuse et la fin de la société civile.* — Le respect de la vérité religieuse est-il nécessaire pour l'obtention de la fin de la société, c'est-à-dire pour écarter les obstacles qui éloigneraient l'homme du bonheur éternel et assurer le bonheur temporel en faisant régner la justice dans la société ?

Le grand obstacle au salut des hommes ce sont incontestablement les fausses religions. Elles ont été inventées par le père du mensonge dans le but unique de perdre les âmes. L'expérience démontre que tôt ou tard elles produisent inévitablement cet effet.

L'opinion contraire a été d'ailleurs formellement condamnée par l'Eglise dans la XVIe Proposition du *Syllabus*, ainsi conçue :

« Les hommes peuvent trouver le chemin du salut éternel et obtenir le salut éternel dans le culte de n'importe quelle religion. »

Donc le respect de la vérité religieuse est nécessaire pour l'obtention de la fin médiate de la société.

Ce respect est également nécessaire pour l'obtention de sa fin immédiate. C'est en effet le seul moyen véritablement efficace de faire régner la justice parmi les hommes et d'assurer ainsi le bonheur temporel de la nation.

L'histoire nous en fournit une preuve éclatante. Avant la venue de Notre-Seigneur Jésus-Christ, l'idolâtrie avait complétement étouffé dans le monde la vérité religieuse, le peuple juif seul faisait exception. On sait ce qu'étaient devenues du même coup chez les nations païennes les autres vérités.

Le vice régnait en maître, toutes les turpitudes s'étalaient au grand jour, c'était le règne de la chair et du péché. Le mariage était méprisé, la femme avilie, on ne respectait même pas l'enfance. L'esclavage couvrait la terre et faisait de la presque totalité du genre humain la chose de quelques privilégiés, pour lesquels seuls il existait des droits. Trop souvent d'ailleurs ces privilégiés eux-mêmes voyaient leur liberté, leur fortune et leur vie dépendre du caprice d'un monstre quelconque, auquel les prétoriens avaient vendu l'empire ; et si de temps à autre quelques beaux préceptes tombaient de la plume d'un moraliste, on se gardait bien de les mettre en pratique : *Video meliora proboque, deteriora sequor ;* tel était le dernier mot et le suprême effort de la vertu païenne.

De nos jours encore, chez les nations infidèles, le droit n'existe pas, la justice n'est qu'un mot, tout se résume dans la volonté d'un despote, pour lequel d'ordinaire la vie de ses sujets n'est pas plus sacrée que leur fortune.

Le Christianisme seul a pu rétablir dans le monde le respect pratique du droit et de la justice, et faire pénétrer dans les mœurs et la législation ces principes de morale et d'honnêté dont les nations catholiques, malgré leurs erreurs, sont si profondément imprégnées.

Pour nier l'action du catholicisme on invoque souvent, il est vrai, l'exemple des nations hérétiques et l'on tire argument des principes de droit et de justice qui se sont conservés chez elles et notamment d'une certaine rigueur dans les observances matérielles que l'on ne rencontre pas toujours chez les peuples catholiques.

C'est là une illusion dont il faut se garder.

Lorsqu'une nation a été pendant des siècles nourrie de la vraie doctrine, elle ne rompt point tout d'un coup avec ses idées, ses habitudes et ses traditions ; elle peut se séparer de l'unité, tomber dans des erreurs diverses, mais il lui reste un fond de vérité qui ne s'use, pour ainsi dire, que lentement, et empêche l'erreur de produire immédiatement ses effets désastreux. D'autre part il se fait, chez plusieurs de ces nations, une renaissance catholique qui contribue, en influant sur la conduite et les idées d'un nombre toujours plus grand de citoyens, à relever la moralité générale de la nation.

Pour juger sainement et conclure logiquement il faut comparer deux nations : l'une pleinement dans la vérité religieuse, l'autre tombée complétement dans l'erreur. Le doute alors n'est plus possible.

Donc le respect de la vérité religieuse est nécessaire pour que la société atteigne complétement sa fin ; par suite le gouvernement a le droit d'assurer ce respect.

XV.

Mais, dit-on , cette solution porte atteinte au principe de la liberté de conscience.

Cela prouve simplement que la liberté de conscience n'est pas un droit puisqu'il ne peut exister de droits contradictoires.

Au reste si par liberté de conscience on entend la liberté de croire dans son for intérieur ce que l'on veut, il n'y a aucune contradiction entre ce principe et celui de la religion d'Etat. Dieu seul , en effet, connaissant nos pensées, peut nous en demander compte , et quant au respect extérieur d'une religion, il n'implique nullement l'obligation d'y croire pas plus que le respect extérieur de la propriété n'emporte obligation de croire à sa légitimité.

Entend-on , au contraire, par liberté de conscience le droit de conformer sa conduite à sa croyance, nous répondrons que l'on proclame la liberté de conscience pour servir d'arme de guerre contre l'Eglise, mais que cette liberté n'a jamais existé réellement et n'existera jamais, car elle est en contradiction avec l'idée même de société.

En effet, ou la société émane de Dieu et constitue un état nécessaire, créant pour l'ensemble des associés au regard de chacun d'eux des droits et des obligations réciproques, ou elle émane de la volonté des hommes. Dans ce dernier cas, les contractants seuls pourraient être liés. Les autres resteraient absolument libres et indépendants.

Avez-vous jamais rencontré , Messieurs, aucun de ces contractants originaires ? On peut, sans crainte, affirmer qu'il n'en existe plus et même , vraisemblablement, qu'il n'en a jamais existé. Donc, ou les sociétés actuelles émanent de Dieu et tirent de lui tous leurs droits sur les membres du corps social , ou elles sont sans droit sur ceux qui veulent se soustraire à leur autorité.

Par conséquent, la société en imposant à tous les citoyens ses lois civiles et pénales, tranche, pratiquement et par le fait même, la question de l'existence de Dieu et force les sujets non pas à croire en Dieu, on ne force pas les croyances, mais à agir comme s'ils y croyaient (1).

Nous pouvons donc affirmer que la thèse du droit de l'Etat de proclamer la vérité et d'en assurer le respect

---

(1) On reproche à cette théorie de faire des hypocrites, on devrait faire le même reproche aux articles du Code pénal, qui forcent ceux qui ne croient pas au droit de propriété à le respecter néanmoins.

extérieur, est conforme à la pratique universelle du genre humain. Seulement beaucoup d'hommes voudraient s'arrêter en route et reconnaissent ce droit lorsqu'il sert leurs intérêts, et protége par exemple leurs propriétés, tandis qu'ils le nient lorsque ces vérités les obligent à imposer un frein à leurs passions.

Il faut cependant être logique et dénier à la société le droit de défendre *aucune vérité*, détruisant ainsi l'état social pour y substituer le règne de la force, ou lui reconnaître, au contraire, comme nous le faisons, le droit de proclamer et de défendre *toute vérité*, notamment la vérité religieuse base et fondement de toutes les autres.

Bien des gens se figurent que la liberté de conscience est, suivant l'expression reçue, une conquête de 89 ; ils n'ont jamais lu, apparemment, la formule adoptée par la déclaration des *Droits de l'homme* : « Nul, y est-il dit (art. 10), ne doit être inquiété pour ses opinions, même religieuses. » A première vue c'est la liberté illimitée, mais comme l'Etat ne résisterait pas à un semblable principe, il y a une condition à son application, et l'article continue ainsi : « Pourvu que leur manifestation ne trouble pas l'ordre public établi par la loi. »

Mais qui donc définira l'ordre public ? Ce sera, d'après les principes de 89, le gouvernement dans l'exercice de son pouvoir législatif.

L'ordre c'est la vérité et la justice ; car, si en fait, les gouvernements révolutionnaires qualifient souvent leurs caprices d'ordre public, théoriquement au moins ils n'osent pas encore faire de l'ordre autre chose que l'expression du droit et du juste. On dit cet ordre *public* lorsque la société est intéressée à son respect.

Le gouvernement, quand il a reconnu l'intérêt social de faire respecter l'ordre, c'est-à-dire la vérité, peut donc, en vertu des principes de 89, empêcher la manifestation d'opinions, même religieuses, qui seraient de nature à porter atteinte à cette vérité reconnue. C'est aussi ce que nous disons : lorsque les hommes qui gouvernent ont reconnu la vérité de la religion catholique et constaté que la société est intéressée à en assurer le respect, ils ont le droit d'empêcher toute manifestation d'opinion contraire qui, par des actes, des paroles ou des écrits, tendrait à troubler l'ordre public en portant atteinte à cette vérité reconnue.

Ce droit est tellement évident, que ceux-là même qui réclament contre l'Eglise la liberté de conscience, ont, comme le prophète Balaam, proclamé, à leur insu, le droit qu'ils prétendaient nier.

XVI.

L'Etat a non-seulement le droit de faire respecter la vérité religieuse, mais il en a le devoir.

Nous avons établi la nécessité de la vraie religion pour permettre à la société civile d'atteindre sa fin médiate et immédiate, consistant à procurer le bonheur éternel et temporel des sujets.

Or, le gouvernement a le devoir de conduire la société à sa fin, il a, par suite, le devoir de prendre les moyens pour atteindre cette fin.

Le respect de la vérité catholique est l'un de ces moyens, donc le gouvernement a le devoir d'assurer ce respect.

Une autre considération nous conduira à la même conclusion :

Dans un pays chrétien, les gouvernants sont d'ordinaire chrétiens comme la nation, c'est-à-dire membres de l'Eglise. Si une nation catholique a la faiblesse de se laisser gouverner par des juifs et des non-baptisés, c'est pour elle un malheur qui ne modifie en rien notre thèse.

Or, les membres d'une société ont le devoir de faire tout ce qui est nécessaire pour que la société atteigne sa fin.

L'association, en effet, n'a d'autre but que de réunir les efforts individuels pour l'obtention d'une fin commune et déterminée, par cela même qu'on est membre d'une société on est obligé de concourir à sa fin.

L'aide du pouvoir civil est nécessaire à l'Eglise pour qu'elle atteigne sa fin aussi complétement que possible.

Cette proposition nécessite quelques explications.

La fin de l'Eglise est le salut éternel de tous les hommes sans exception. L'Eglise n'atteindra jamais complétement cette fin ; mais les efforts de tous ses membres doivent tendre à s'en rapprocher le plus possible. C'est un devoir non-seulement pour ceux en qui repose l'autorité de l'Eglise, mais pour tous les membres de la société religieuse, c'est-à-dire pour tous les chrétiens sans exception.

L'Eglise n'est pas inféodée à l'Etat et n'a pas besoin de sa protection pour vivre, c'est absolument certain ; mais le pouvoir civil, en protégeant l'Eglise, aide au salut des âmes avec une puissance incontestable.

Donc, en usant du pouvoir civil dont ils ont la disposition, les membres de la société religieuse, qui se trouvent en même temps chargés du gouvernement des peuples, ont le pouvoir d'aider cette société à atteindre sa fin plus complétement qu'elle ne le ferait s'ils lui refusaient leur appui.

Les membres d'un gouvernement chrétien ont donc, à raison de leur double qualité de gouvernants et de chrétiens, et suivant qu'on les considère comme membres de la société civile ou comme membres de l'Eglise, le devoir de la reconnaître comme la seule vraie Eglise et de la protéger en conséquence.

Nous réservons ici à nouveau le droit de l'Eglise d'être servie comme elle le veut. C'est à elle à juger des temps et des circonstances; nous avons uniquement cherché à démontrer ce que l'Eglise est en droit de réclamer de l'Etat si elle le juge utile, et ce que celui-ci ne saurait lui refuser sans injustice.

XVII.

Les principes que nous venons d'exposer nous permettront de nous faire facilement une opinion sur les différents régimes indiqués dans le programme :

Le *régime concordataire;* pour le juger, il nous suffira de reproduire ici les lignes suivantes du R. P. Ramière, dans un article publié dans la *Revue catholique des Institutions et du Droit : Le Régime substitué par les Concordats à l'ordre social chrétien* (1).

« Après avoir été, pendant de longs siècles, éclairée, animée et dirigée par l'Eglise, comme le corps humain est vivifié par son âme, la société chrétienne s'est fatiguée de la glorieuse subordination au prix de laquelle elle achetait ces inestimables bienfaits. Les pouvoirs chargés de gérer les intérêts temporels se sont pris de jalousie à l'égard de l'autorité établie de Dieu pour la conduire à sa fin surnaturelle, et après une longue lutte ils ont fini par secouer complétement le joug. Les peuples ont imité l'exemple de leurs princes, et la révolte est bientôt devenue universelle. Un complet divorce a bientôt succédé à l'alliance si féconde qui avait toujours uni les deux sociétés. Le corps social s'est déclaré indépendant de son âme; l'ordre chrétien a cessé d'exister...

» ... L'Eglise met en œuvre toutes les industries de son zèle pour rendre la vie divine aux peuples qui s'en sont privés en la répudiant; et ils refusent de recevoir cette vie dans sa plénitude, elle leur en offre au moins la part qu'ils voudront bien consentir à accepter. De là naissent entre l'Eglise et les sociétés révolutionnaires des relations

---

(1) *Revue catholique des Institutions et du Droit*, vol. XIV, p. 73, 74, 75.

très variées, et qui dépendent des conventions conclues par les deux pouvoirs, ce sont les concordats. Le droit concordataire a passé par deux phases très distinctes. Sa première phase date de l'époque du grand schisme d'Occident, qui fut l'ère du déclin de l'ordre chrétien, et elle dure jusqu'au renversement de cet ordre, à la fin du dernier siècle. Les concordats de cette période, en modifiant, suivant les exigences du pouvoir séculier, certains points accessoires du droit social chrétien, en maintenaient la substance. Ceux, au contraire, qui ont été conclus durant le siècle présent, ont pour but de remplacer ce droit renversé par la Révolution, et ils s'en rapprochent plus ou moins, suivant que les pouvoirs avec lesquels l'Eglise conclut ces conventions ont, à un degré plus ou moins grand, l'intelligence de ses droits et de leurs vrais intérêts...

» L'Eglise n'a pu conclure les concordats qu'autant qu'elle y a vu dans les circonstances présentes, la plus grande approximation *possible*, à la restauration de ce droit. Sans renoncer à l'espoir d'obtenir mieux dans l'avenir, elle n'a pas cru devoir exiger davantage pour le présent; et sans jamais sacrifier son divin idéal, elle se résigne à accepter cette insuffisante réalité. Son jugement doit être la règle du nôtre... »

Le régime d'indifférence entre les cultes. — Ce que nous avons dit sur les droits de l'Eglise et les devoirs des gouvernements résout par le fait même la question de la reconnaissance et de la protection de différents cultes; en réalité c'est l'indifférence de l'Etat, mettant sur le même pied la vérité et l'erreur.

Le régime de l'Eglise libre dans l'Etat libre. — C'est un régime impraticable, si l'on veut loyalement l'appliquer.

L'Eglise libre dans l'Etat libre, c'est l'Eglise inconnue de l'Etat, l'Eglise n'existant pas pour lui.

Ce régime serait possible si l'Eglise et l'Etat avaient des sujets différents, comme, par exemple, deux nations souveraines. Or, il n'en est rien; le même individu est à la fois sujet de l'Eglise et sujet de l'Etat qui, réciproquement, prétendent régir ses actions.

L'Eglise définit la morale et indique les obligations qui en découlent. L'Etat réclame également le droit de dire ce qui est licite ou illicite. C'est l'objet des lois civiles et pénales.

L'Eglise défend certains actes à ses enfants, elle prohibe, par exemple, la profession des armes aux ecclésiastiques.

L'Etat réclame de ses sujets le service militaire.

Les occasions de conflit naissent donc de toutes parts.

C'est-à-dire qu'il est absolument impossible de faire abstraction de l'Eglise dans le gouvernement de l'Etat. On ne saurait être indifférent à la vérité religieuse. C'est un rêve irréalisable et toujours se vérifiera la parole de l'Evangile : *Qui non est mecum contra me est* Il faut être pour ou contre. Aussi, tôt ou tard, les gouvernements sont contraints par la force des événements d'opter entre ces deux situations :

Ou reconnaître et protéger l'Eglise catholique ;

Ou la persécuter.

En fait, si l'on en excepte quelques pays, comme l'Angleterre et les Etats-Unis, où une certaine indifférence de l'Etat, qu'on ferait mieux d'appeler une protection incomplète, accompagne un retour vers la vérité catholique, partout et toujours la méconnaissance des droits de l'Eglise conduit logiquement et nécessairement à la persécution. Permettez-moi, Messieurs, de le démontrer en quelques mots.

Il n'y a point encore longtemps, on n'était pas reçu à attribuer au démon une action quelconque sur l'humanité, c'eût été se faire passer pour un visionnaire. Suivant un mot très juste : Satan avait réussi à faire nier son existence. Aussi, plutôt que de reconnaître en lui la cause véritable et première de la guerre poursuivie contre l'Eglise on préférait s'arrêter aux causes accessoires et se contenter de mots vagues et sans précision.

Pour nous, Messieurs, si vous le voulez bien, appelant les choses comme l'Eglise les appelle, nous irons directement à la cause des maux dont nous souffrons.

Satan, à la suite du péché originel, était devenu le roi de ce monde. Notre-Seigneur Jésus-Christ a brisé son empire, et pour en empêcher le rétablissement, a fondé une société visible, l'Eglise catholique, qui, sous l'autorité du Pape et des évêques, a mission de conserver intact jusqu'à la fin des siècles le dépôt de la vérité.

Mais Satan, si son règne a été détruit, ne se tient pas cependant pour battu, et depuis dix-huit siècles ses efforts incessants tendent à renverser l'Eglise catholique et à relever son propre empire. Pour atteindre ce but, il use du seul moyen dont il dispose, consistant à inspirer sa haine infernale contre Notre-Seigneur Jésus-Christ et son Eglise, aux hommes dont il a réussi à pervertir le cœur et l'intelligence.

Seulement il procède diversement, suivant les circonstances.

Si du premier coup il est parvenu à attacher à sa cause les détenteurs du pouvoir civil, il tourne immédiatement contre l'Eglise la force matérielle dont ceux-ci disposent.

Il n'est point question de tolérance, d'égalité des cultes, de liberté pour tous, d'indifférence de l'Etat ; Satan se croit assez fort pour détruire l'Eglise par les moyens violents ; il va directement au but. L'erreur aussitôt devient la religion officielle, il faut l'accepter ou périr. Témoin l'Angleterre sous Henri VIII et Elisabeth, témoins la Suède, la Hollande, Genève et tous les pays où le pouvoir civil s'est fait l'auxiliaire et le propagateur de la Réforme.

Si les princes, au contraire, comme en Espagne et en Autriche, restent attachés à l'Eglise, ou si, comme en France, la nation se ligue pour repousser l'invasion de l'erreur et ne se soumettre qu'à un roi catholique ; alors il faut agir autrement et procéder lentement pour arriver sûrement. Il s'agit tout d'abord de s'emparer du pouvoir civil ; pour cela il faut le miner peu à peu, lui arracher par la ruse ce glaive qu'il se refuse à mettre au service de l'erreur.

Dans ce but on voit les ennemis de l'Eglise prêcher en religion la liberté de conscience, la liberté des cultes, l'indifférence de l'Etat, l'égalité du bien et du mal, ils savent parfaitement qu'ils produiront ainsi la corruption des mœurs et de l'esprit (*Syllabus*, Prop. 79) et enlèveront à l'autorité civile son appui le plus ferme. On les voit, en même temps, prêcher en politique la souveraineté du peuple. Ils détruisent ainsi cette responsabilité personnelle si puissante pour engager le dépositaire du pouvoir à faire le bien et à résister au mal et lui substituent les caprices d'une multitude aveugle et irresponsable.

S'ils redoutent cependant une transition trop brusque, ils remplacent d'abord le roi chrétien par un roi constitutionnel ; jusqu'au jour où, se croyant assez forts pour se débarrasser de ce dernier souvenir de la royauté, ils proclament la république, ce qui, à bref délai, l'histoire et la logique le prouvent avec une égale autorité, fait tomber le pouvoir aux mains des ennemis de tout ordre.

Cela montre, Messieurs, comment la religion et la politique se tiennent étroitement unies. L'erreur politique n'est autre chose qu'un moyen employé par l'ennemi du genre humain pour faciliter la propagation de l'erreur religieuse et arriver ainsi au but constant et unique de ses efforts : la perte des âmes.

Cela nous montre également combien grand est l'aveuglement des hommes qui veulent combattre uniquement l'erreur sur le terrain catholique. Ils négligent une des positions de l'ennemi, celle précisément dont il a jugé nécessaire de s'emparer avant de démasquer ses batteries.

La république proclamée, tout est prêt pour la persécution. Elle ne tarde pas à éclater.

Mais, à la stupéfaction des ennemis de l'Eglise, la persécution, pour elle, c'est le salut et le triomphe; débarrassée
par l'épreuve des souillures qui ternissaient son éclat, elle
apparaît aux yeux de l'humanité plus jeune, plus forte et
plus puissante que jamais. Nous en avons pour preuve dans
le passé l'expérience de dix-huit siècles, et pour garant dans
l'avenir les promesses de son divin fondateur.

Mais cet état si désirable pour la société civile, plus encore peut-être que pour la société religieuse, ne peut durer
et se maintenir que si l'Etat accomplit ses obligations au
regard de l'Eglise.

Dans ce but, il est essentiel de faire dès aujourd'hui et
en vue de temps meilleurs, pénétrer la vérité dans les
esprits; s'il appartient aux canonistes de définir le droit
public de l'Eglise, les jurisconsultes ne sauraient se désin-
téresser de cette question d'où découlent nécessairement
pour l'Etat des droits et des devoirs.

Les jurisconsultes des derniers siècles, ceux qu'on désigne sous le nom de légistes ou régaliens, ont assumé une
lourde responsabilité en sapant l'autorité de l'Eglise pour
mieux assurer l'indépendance de la couronne et l'omnipotence du pouvoir royal.

Ils ne voyaient pas que du même coup ils ruinaient le
pouvoir civil en lui enlevant sa base la plus solide.

De leurs efforts et de leur théorie est resté ce principe
que tous nous avons rapporté des écoles de l'Etat :

La loi civile est tout, il n'est rien au-dessus d'elle.

Certains esprits ont réussi à s'en débarrasser et reconnaissent quelque chose au-dessus de la légalité, mais
combien n'est-il pas d'hommes, même honnêtes et sérieux,
qui subissent encore son influence.

C'est en vertu de ce principe que nous verrons sous peu,
croyez-le bien, poursuivre devant les tribunaux des évêques
et des prêtres coupables d'avoir, malgré les défenses du
pouvoir, accompli les devoirs les plus incontestables de
leur charge.

A nous, Messieurs, de réagir en toute circonstance contre
cette erreur, en n'hésitant pas, notamment devant la justice, à proclamer le droit, à affirmer les principes et à
rappeler cette règle qui domine toutes les législations
civiles, frappe de nullité ce qui lui est contraire et s'impose
à la conscience des juges comme à celle de tous les autres
hommes, à savoir : que l'Eglise tient ses droits de Dieu lui-
même, que dès lors il n'appartient au pouvoir civil ni de
les définir ni d'indiquer les limites dans lesquelles elle
peut les exercer. Que, par suite, il se rend coupable celui

qui, sous prétexte de loi civile, porte la moindre atteinte
aux droits de l'Eglise, car, pour obéir à l'Etat, il s'attaque
à la volonté même de Dieu. Or, il faut obéir à Dieu plutôt
qu'aux hommes. *Obedire oportet Deo magis quam homi-*
nibus.

DEUXIÈME COMMISSION

(Les Libertés de l'Eglise).

**Rapport du R. P. RAMIÈRE, professeur à la Faculté catho-
lique de Toulouse, sur les libertés de l'Eglise, au point
de vue de la mission et des intérêts de l'Etat.**

Messieurs,

Les remarquables travaux dans lesquels les rapporteurs
de votre première commission ont si magistralement exposé la nature de la société spirituelle et ses rapports avec
les sociétés temporelles ont en même temps posé les principes d'après lesquels il nous a été facile de résoudre,
dans la seconde commission, les questions comprises sous
ce titre : *Libertés de l'Eglise.*

Une société fondée par le Fils de Dieu pour continuer
ici-bas son œuvre et revêtue par lui de la pleine puissance
qui lui a été conférée par Dieu son Père ; une société dont
la fin propre est cette éternelle béatitude qui est la fin
dernière de tous les hommes et à laquelle toutes les autres
fins sont essentiellement subordonnées ; une société qui
emprunte à cette souveraineté de sa fin une essentielle suprématie à l'égard des sociétés créées pour atteindre des
fins purement temporelles, cette société doit évidemment
être libre et indépendante, et tous les arguments qui prouvent sa souveraineté démontrent surabondamment son droit
à une pleine et parfaite liberté.

Cette démonstration, Messieurs, vous a été présentée
d'une manière trop lumineuse et trop complète pour que
je songe à y rien ajouter. Quand donc j'ai été chargé par
votre seconde commission d'établir, dans un rapport préliminaire, les bases générales des travaux relatifs aux dif-

férents objets sur lesquels s'exerce la liberté de l'Eglise, j'ai dû, pour ne pas redire ce qui a été si bien dit, envisager ce sujet sous un aspect différent.

Ces libertés que revendique le pouvoir spirituel et que le pouvoir temporel ne lui accorde le plus souvent qu'avec une jalouse parcimonie, ce n'est plus au point de vue des droits de l'Eglise que je veux les envisager, mais au point de vue de la mission et des intérêts de l'Etat. Ce second aspect du grand sujet proposé cette année à nos délibérations, pour être moins élevé que celui qui vous a été précédemment exposé, n'en est pas pour cela moins utile. S'il était mieux saisi, il ferait tomber comme d'eux-mêmes les préjugés haineux dont sont trop souvent animés, à l'égard de l'Eglise, les légistes et les hommes d'Etat. D'où naissent, en effet, ces préjugés ? De l'antagonisme qu'on suppose exister entre les intérêts de l'Eglise et ceux de l'Etat, entre la souveraineté de celui-ci et la liberté de celle-là. Pour les gallicans parlementaires de l'école de Pithou, comme pour les démocrates césariens de nos jours, c'est un principe évident par lui-même que l'Etat perdrait de sa souveraineté autant qu'il accorderait d'indépendance à l'Eglise. Si donc nous parvenons à démontrer que ce prétendu principe est une absurdité, que les intérêts qu'on suppose essentiellement antagonistes sont, au contraire, essentiellement unis, nous aurons coupé la racine même de cette funeste hostilité qui, depuis tant de siècles, met aux prises les deux pouvoirs dont l'accord est indispensable pour le bien-être et le vrai progrès de la société humaine.

Or, autant il pourra être difficile de faire accepter cette démonstration par les hommes dont les nuages du préjugé obscurcissent l'intelligence, autant il sera aisé de l'entourer d'une évidence capable de convaincre les esprits exempts de prévention.

I.

Il suffira pour cela, Messieurs, de rappeler et d'appliquer à notre présent sujet la doctrine exposée dans un des mémoires présentés, l'année dernière, au Congrès de Périgueux. En traitant de l'*Association au point de vue du droit national*, il a été établi que la société civile ou l'Etat n'est pas une société essentielle et primordiale ; elle suppose, avant elle au moins, deux sociétés : la société universelle qui unit, en vertu de leur nature, tous les êtres raisonnables et les oblige à s'entr'aider dans la poursuite de leur commune fin, et la famille, qui unit par un lien plus étroit chaque homme avec ceux dont il a reçu la vie.

Comme membres de ces deux sociétés, les hommes possèdent tout un ensemble de droits et sont soumis à tout un ensemble de devoirs, antérieurs par leur nature à la création de la société civile. Mais, comme avec ces droits et ces devoirs les hommes ont des inclinations égoïstes dont ils sont libres de chercher la satisfaction dans la violation de leurs obligations et de la lésion des droits de leurs semblables, ils ne peuvent se dispenser de s'unir pour défendre le droit par la force et faire prévaloir le bien commun sur les intérêts égoïstes. De là la nécessité de la société civile ou politique, laquelle, envisagée dans son organisation, se nomme l'Etat.

De cette simple définition, il suit que la société civile est unie à la société religieuse par des liens essentiels, qu'elle ne peut essayer de rompre sans se détruire elle-même.

En effet, cette société universelle, qui unit en vertu de leur nature tous les êtres raisonnables, et dont la conservation est la première raison d'être de l'Etat, est une société essentiellement religieuse. Le lien de fraternité par lequel elle unit tous les hommes, emprunte toute sa force à l'universelle paternité de Dieu; et la première obligation qu'elle impose à chaque homme, est l'obligation de ne pas entraver mais d'aider au contraire ses semblables dans l'accomplissement de leur éternelle destinée. C'est de ce devoir que naissent tous les autres devoirs. Si je suis obligé de respecter la personne, la liberté et les biens des autres hommes, de ceux même qui n'appartiennent ni à ma famille ni à ma nation, c'est uniquement parce que nous avons un commun principe, une commune fin et, par conséquent une commune loi. L'idée même d'obligation, qui est le premier élément de toute société, implique l'idée d'un législateur supérieur à l'homme, dont la Providence fasse dépendre le bonheur de chacun de son amour pour ses semblables. Otez cette loi et cette sanction divine, vous n'avez plus en présence que des égoïsmes hostiles; l'idée d'obligation disparaît avec l'idée corrélative de droit; la société du genre humain se dissout; et la société civile qui n'existe que pour la défense des droits, n'a plus de raison d'être.

Une fois le respect de l'autorité divine évanoui, l'autorité civile n'a plus pour se faire obéir que l'appareil de la force. Le lien moral, qui seul convient à une société d'êtres raisonnables est remplacé par le lien purement matériel de la force brutale; et avec le lien moral disparaît l'autorité elle-même, qui consiste uniquement dans le pouvoir d'imposer ce lien aux âmes libres.

Nous trouvons donc dans la notion même de la société civile un double engagement à mettre au service de la

Religion la puissance dont elle est investie ; elle y est tenue
d'abord parce que les droits religieux tiennent le premier
rang parmi ceux pour la défense desquels elle est instituée ;
elle y est tenue, en second lieu, parce que l'influence de
la Religion peut seule maintenir dans sa vigueur le lien
moral du devoir, sans lequel l'autorité civile n'est plus
que la supériorité de la force brutale.

II.

Ce premier point est donc de toute évidence ; entre la
société civile et la société religieuse, il y a des liens essentiels, et l'Etat manquerait à son premier devoir, il com-
promettrait son intérêt le plus vital, s'il négligeait de défendre la Religion et de lui garantir le plein exercice de
son influence.

Ce qui n'est pas, à beaucoup près, aussi clair, c'est la
manière dont l'Etat doit s'acquitter de ce devoir.

Pour écarter les obscurités dont est entourée cette seconde question, il faut considérer une double hypothèse.

On pourrait d'abord supposer un état de choses où
l'homme ne serait lié envers son créateur par d'autres devoirs que ceux qui résultent essentiellement de sa nature ;
et où, d'ailleurs, son intelligence serait suffisamment
éclairée pour connaître, sans péril d'erreur, ses devoirs et
sa volonté, assez droits pour les accomplir sans aucun secours surnaturel. C'est l'hypothèse de la Religion naturelle dans une nature entière et parfaite.

La société religieuse, dans cette hypothèse, se confon-
drait avec la société universelle et avec la famille. Chaque
homme recevrait de ceux qui lui donneraient la vie du
temps la connaissance de ses éternelles destinées ; pour les
accomplir, il serait aidé par la lumière et l'amour de ses
semblables, et il deviendrait à son tour leur maître et leur
aide dans la mesure de ses lumières et de son pouvoir.

Le rôle de l'Etat, dans une pareille hypothèse, serait très
simple : défenseur né des droits individuels et domestiques,
il remplirait avant tout ce devoir envers les plus importants
des droits, les droits religieux des individus et des familles.
Il ferait lui-même au Créateur hommage de son existence
et de son action collective ; mais il ne s'attribuerait aucune
juridiction dans l'ordre religieux. Cette juridiction, du
reste, ne serait nullement nécessaire, la vérité religieuse
étant évidemment connue, ne pourrait être niée que par
la mauvaise foi ; et comme elle constituerait le plus appré-
cié de tous les biens sociaux, l'Etat, sans s'arroger aucune
autorité dogmatique, pourrait et devrait repousser toutes

lès attaques auxquelles pourrait donner lieu l'abus toujours possible de la liberté.

Mais cet état de choses ne ressemble en rien à l'état présent de la nature humaine. La nécessité de la Religion, comme soutien de l'autorité civile et sanction de ses lois, reste toujours également indispensable ; et jusqu'à ce jour, elle avait été universellement reconnue ; mais autant les hommes ont toujours été unanimes à proclamer la nécessité de cette base, autant ils se sont trouvés en désaccord quand ils se sont mis en devoir de l'établir.

Toutes les sociétés ont mis leurs institutions et leurs lois sous l'égide de la Religion ; mais, pour le plus grand nombre d'entre elles, pendant de longs siècles, la Religion n'était que le mélange incohérent d'une dose très réduite de vérité avec un amas de fables absurdes ; et aujourd'hui encore, le terrain de la croyance religieuse, sur lequel il serait souverainement important aux hommes de s'unir, est celui sur lequel ils sont le plus désunis. Il n'est pas une seule vérité affirmée par les uns qui ne soit niée par les autres ; non, pas une, pas même ces vérités qui servent de base à tout l'ordre moral et social : l'existence du souverain Législateur et la sanction éternelle de la loi morale.

Quel sera, dans cet état de choses, le droit et le devoir de l'autorité civile ? Renoncera-t-elle à s'appuyer sur la Religion et à la défendre contre les attaques de l'erreur et du sophisme ? Ce serait consentir à sa propre destruction, puisque la croyance religieuse est la sanction indispensable de toutes ses institutions.

D'un autre côté, comment l'Etat pourrait-il défendre la vérité et condamner l'erreur, punir les crimes de pensée et ramener dans la droite voie les intelligences qui s'égarent, sans s'arroger dans l'ordre intellectuel une autorité qui ne saurait lui appartenir ?

C'est ainsi que se pose, dans l'état présent de la nature humaine, le problème des relations de l'autorité civile avec la Religion. Ce problème est humainement insoluble. C'est une de ces nombreuses antinomies que nous révèle à chaque pas l'étude de notre nature ; et qui, par leur opposition flagrante avec l'ordre parfait qui règne dans les autres parties de l'univers, nous prouve évidemment que le plan primitif du Créateur a subi en nous une grave altération.

D'un côté, l'unité religieuse est le premier des besoins sociaux, auxquels l'autorité civile est chargée de pourvoir ; et, d'un autre côté, cette autorité est absolument impuissante d'établir et à maintenir l'unité religieuse.

Elle n'a en main ni pouvoir moral, ni force physique capable à empêcher l'erreur de détruire toute croyance ; et les croyances une fois détruites, toutes les forces dont dispose le pouvoir civil sont incapables de mettre à l'abri les droits et les intérêts dont il est le gardien (1).

Nécessité manifeste d'un côté, de l'autre impossibilité également évidente : quoi de plus contradictoire ?

On sait comment les sociétés anciennes avaient essayé de résoudre ce problème. Comprenant la nécessité de l'unité religieuse et dénuées de l'autorité dogmatique nécessaire pour l'établir, elles avaient demandé à la fiction cette autorité que la vérité ne leur donnait pas. Les législateurs se faisaient apporter leurs lois du Ciel et les magistrats cherchaient dans les entrailles des victimes, la sanction divine et leurs décisions. Lors même que ces fictions absurdes eussent perdu tout crédit dans l'esprit des classes éclairées, on se garda bien de les détruire, parce qu'on voyait un bien plus grand danger pour l'édifice social à manquer de toute base religieuse qu'à reposer sur l'erreur et le mensonge.

Mais ce problème humainement insoluble, la divine Providence l'a résolu. Ce que les anciens législateurs avaient été contraints de feindre, le vrai législateur de l'humanité, Jésus-Christ, l'a accompli en toute vérité. Il a apporté du Ciel une loi qu'il a marquée des signes les plus indiscutables, et par laquelle il a donné une sanction divine à toutes les lois légitimes portées par les pouvoirs humains. Cette autorité dogmatique, que le pouvoir civil ne peut posséder et qui ne saurait d'ailleurs être bornée aux limites des Etats, il l'a constituée en dehors des Etats, et il lui a donné pour mission de maintenir intactes ces vérités sans lesquelles ni les Etats ni les individus ne peuvent accomplir leurs destinées.

Par cette institution il a distingué la société religieuse de toutes les autres sociétés auxquelles elle fournit leur base nécessaire. C'est elle, en effet, et elle seule qui conserve dans son intégrité et défend efficacement, contre les attaques du sophisme, cette idée d'obligation sans laquelle on ne peut concevoir ni droit, ni loi, ni autorité, ni société.

Les deux éléments essentiels de l'obligation, à savoir le pouvoir supérieur qui l'impose et la sanction inévitable qui la garantit, conservent toute leur force au sein des peuples soumis à l'autorité dogmatique établie par Jésus-Christ. En dehors de cette autorité, il n'est plus sur la terre

---

(1) On peut voir dans l'ouvrage intitulé : *Les Doctrines Romaines sur le Libéralisme*, l'insoluble difficulté de ce problème admirablement exposée par M. de Tocqueville et fournissant à l'insu de cet écrivain un argument décisif en faveur de la vérité de la révélation chrétienne.

aucune force, il n'est plus aucune croyance capable de garantir ces deux éléments et l'idée même d'obligation contre les attaques de la libre-pensée.

De là il suit évidemment qu'aujourd'hui il n'y a pas de milieu pour les Etats entre l'acceptation de l'autorité dogmatique établie par Jésus-Christ et la répudiation de toute base religieuse. Or, nous l'avons vu, cette répudiation équivaut à la négation de toute obligation et de tout droit, au rejet de tout lien moral, à l'abdication de toute autorité, à la proclamation de la suprématie exclusive de la force brutale, en un mot, à la destruction de tout ce que l'Etat est destiné à conserver.

Il est donc rigoureusement vrai que son alliance avec l'autorité religieuse est pour l'Etat une question de vie et de mort.

Du reste, ce que nous venons de prouver par le raisonnement, les faits le démontrent chaque jour avec une évidence tout autrement saisissante. Nous assistons en ce moment à la perpétration du crime le plus monstrueux que l'histoire ait jamais eu à enregistrer; au suicide du pouvoir civil, suicide consommé délibérément, scientifiquement, dans tous les pays où ce pouvoir est tombé aux mains de la secte antichrétienne. En substituant dans ses écoles et dans toutes ses institutions la libre-pensée à la foi chrétienne, cette secte détruit dans la même mesure l'idée d'obligation et tout lien moral; elle renverse par conséquent l'autorité qu'elle usurpe; elle livre la société en proie à toutes les convoitises, et elle la condamne à des déchirements dont nous avons déjà l'avant-goût, mais dont nous ne connaîtrons toute l'horreur que lorsque les derniers vestiges de religion auront été effacés dans l'esprit et le cœur des masses.

Si Dieu permet que la Révolution obtienne ce triomphe, elle aura fourni à la doctrine de Jésus-Christ la plus éclatante démonstration qui ait jamais été donnée au monde; et nul ne sera plus tenté de mettre en question cette nécessité de l'alliance entre l'Etat et l'Eglise, que tous verront écrite en caractères de sang sur le sol de la société apostate.

III.

Que faire pour éviter cette catastrophe? En supposant que le pouvoir puisse être repris aux sectaires qui s'en sont emparés pour le détruire, et qu'il soit remis aux mains d'hommes sincèrement désireux de sauver la société;

comment ceux-ci pourraient-ils s'y prendre pour replacer sur sa véritable base l'ordre social qui penche vers sa ruine ?

Problème délicat entre tous et dont la solution est incomparablement plus malaisée que celle des questions sur lesquelles la première commission était appelée à délibérer. Il est relativement facile, à l'aide des lumières qui nous sont fournies par les enseignements de l'Eglise et de ses docteurs, d'établir les principes absolus qui régissent cette matière et d'en déduire rigoureusement les conséquences. Mais, quand il s'agit d'en venir à l'application de ces principes, d'adopter l'idéal à la réalité, de faire remonter vers les sommets lumineux de la vérité les nations égarées dans les abîmes de l'erreur, l'intelligence des principes et la logique des déductions ne suffisent point à une pareille tâche. Pour mettre les défenseurs de sa cause en état de la remplir, Dieu leur accorde un don non moins excellent ni moins nécessaire que les dons d'intelligence et de science ; le don de conseil, à l'aide duquel ils discernent ce qui est non-seulement vrai et juste mais encore opportun et expédient. D'illustres exemples nous ont montré, dans ce siècle même, jusqu'où l'Eglise peut porter la condescendance à l'égard des gouvernements qui viennent à elle avec des intentions bienveillantes ; de quels tempéraments elle sait user pour faciliter leur tâche et les mettre en état de guérir les plaies mortelles faites aux peuples par la Révolution. Elle sait qu'une organisation délabrée demande d'autres soins et un autre régime qu'un corps parfaitement sain ; et elle n'a garde d'imposer aux hommes chargés de relever l'édifice social bouleversé de fond en comble, les mêmes devoirs que si l'ordre chrétien subsistait encore.

Notre programme, Messieurs, ne nous imposait pas l'étude de ces diverses modifications apportées à l'ordre social chrétien, par la nécessité des circonstances et avec le consentement de l'Eglise. Nous nous sommes bornés à un seul point, qui a fourni une matière surabondante à nos travaux, à ce droit essentiel inaliénable, incontestable, que l'Eglise ne peut jamais sacrifier, et qu'aucun gouvernement ne peut lui dénier, le droit à la liberté.

Un saint Père a dit que Dieu n'aime rien tant au monde que la liberté de son Eglise : c'est que l'Eglise étant l'instrument de Dieu dans l'accomplissement de la plus divine de ses œuvres, entraver la liberté de l'Eglise, c'est lier en quelque sorte les mains à la bonté divine, et réduire à l'impuissance le divin amour. Dieu peut permettre à la liberté humaine de pousser jusqu'à ses excès la perversité et l'audace ; mais il n'est pas d'attentat qui doive être de sa part l'objet d'une haine plus grande et le motif de plus terribles châtiments.

Du reste, nous venons de le comprendre : ces attaques livrées par le pouvoir civil à la liberté de l'Eglise, sont aussi insensées qu'elles sont criminelles, et elles ne sont pas moins préjudiciables aux intérêts de l'Etat que contraires aux droits de Dieu. Les monarchies chrétiennes ne l'ont que trop éprouvé : car de toutes les causes qui ont contribué à leur affaiblissement graduel et à leur chute ; la plus efficace sans contredit a été l'influence de la secte, qui en avait fait les instruments trop dociles de ses jalousies et de ses haines contre la Papauté. En héritant de ces haines et en poussant à des excès bien plus tyranniques l'oppression de l'Eglise, les gouvernements démocratiques se préparent une destinée bien plus triste encore ; et cette irrémédiable instabilité, qui les condamne à se renverser périodiquement les uns les autres, n'est que la conséquence inévitable des entraves qu'ils mettent à la seule influence capable de rétablir l'ordre et la paix.

S'il est pour la démocratie moderne une chance de durée et de vrai progrès, elle consiste uniquement dans la pleine et cordiale reconnaissance de la liberté de l'Eglise. Et ne pouvons-nous pas, en effet, mesurer déjà la tranquillité et la prospérité dont jouissent les sociétés démocratiques au degré d'indépendance qu'elles laissent à la société spirituelle ?

C'est donc au nom de leur intérêt, bien entendu, aussi bien qu'au nom de la vérité et du droit que l'Eglise peut revendiquer auprès de ces sociétés les libertés nécessaires à l'accomplissement de sa divine mission.

Quelles sont ces libertés ; quelle en est l'étendue et l'importance relative ; c'est, Messieurs, ce que nous étions chargé de vous exposer. Mais le champ est si vaste que vous nous excuserez si, dans l'impuissance de le parcourir tout entier, nous avons dû nous borner à poser quelques jalons.

Rapport de M. BRAC de la PERRIÈRE, avocat, doyen de la Faculté catholique de droit de Lyon, sur la Liberté du gouvernement de l'Eglise.

Pouvoir temporel. — Publication des bulles, etc.
Nominations ecclésiastiques.

Messieurs,

Invité par un des membres les plus respectables de ce Congrès, à traiter la première des questions soumises à la deuxième commission, c'est-à-dire celle de la liberté du gouvernement de l'Eglise, je n'ai osé refuser, et malgré le peu de temps qu'il m'a été permis de consacrer à un travail de cette nature, je viens remplir ma promesse. Je lirai néanmoins cette étude en sollicitant l'indulgence, en présentant des excuses et en invoquant un peu de bonne volonté, pour me faire pardonner beaucoup d'insuffisance.

La question de la liberté du gouvernement de l'Eglise, inscrite au programme, comprend celle du pouvoir temporel du Pape, celle de la publication des bulles, conciles, mandements, etc., et enfin celle des nominations ecclésiastiques. Dans ce travail malheureusement fort incomplet, je suivrai l'ordre qui a été indiqué ; mais il me semble utile de dire tout d'abord l'esprit qui y préside et de préciser le point de vue auquel les questions sont traitées.

Parmi les jurisconsultes de notre époque il en est qui espèrent échapper à la nécessité d'admettre ou de repousser les principes fondamentaux, en se bornant à étudier des textes ; mais quand il s'agit de questions de la nature de celles qui figurent à notre programme, il est impossible de rester dans cette neutralité, qui est d'ailleurs plus apparente que réelle. La liberté du gouvernement de l'Eglise est discutée de nos jours par des jurisconsultes protestants, parlementaires, libres-penseurs ou athées, il faut choisir leur camp ou se placer franchement dans le nôtre. Or, comme jurisconsulte catholique, nous devons chercher les solutions en vertu du droit absolu se conciliant avec le droit relatif, ou, pour me servir d'expressions moins abstraites, en vertu des principes éternels de justice, acceptés et appliqués par la raison humaine à sa puissance la plus haute et la plus pure. Pour cela, tout en rendant hommage à de grands esprits qui ont éclairé le passé, il faut se tenir en garde contre les préjugés amoncelés avec persévérance par quiconque s'est fait l'adversaire de la véritable Eglise, de la seule Eglise de Jésus-Christ, de l'Eglise catholique, apostolique et romaine. On a érigé en maximes, en règles ou en traditions, ce qui ne mérite nulle autorité, oubliant la constitution politique, les mœurs des temps qui ne sont plus ; on leur a emprunté des raisons de décider, qui paraissent irrésistibles et sont véritablement repoussées par le bon sens et la logique. J'ai le dessein de ne me laisser arrêter par aucune de ces raisons.

Quant au point de vue auquel on s'est placé pour cette étude, il convient de rappeler que ce n'est pas le point de vue théologique. A cela il y a deux motifs également graves. Toutes les solutions théologiques ont été formulées par la parole infaillible du Souverain Pontife ; nous serions ensuite absolument incompétents pour traiter semblable matière. Ce que nous devons étudier, ce me semble, en ce qui concerne la question du pouvoir temporel du Pape, par exemple : ce sont les principes de droit qui peuvent servir de base à ce pouvoir ; c'est son importance internationale, si on peut se servir de cette expression, c'est son immense intérêt vis-à-vis des fidèles de tous les pays. Nous avons aussi à nous demander ce qui peut être fait pour que son exercice cesse d'être violé.

Les autres questions seront examinées de la même manière.

I.

Le gouvernement de l'Eglise doit être absolument libre.

L'Eglise est une société parfaite, universelle, indépendante, divinement instituée par Jésus-Christ, pour conduire l'humanité à sa fin surnaturelle et éternelle, par les moyens que son divin Fondateur a mis à sa disposition.

Ces moyens principaux sont :

1. La prédication de la doctrine révélée ;
2. L'administration des sacrements ;
3. La célébration du culte de Dieu.

De plus,

L'Eglise est hiérarchiquement constituée, et elle se gouverne par ses propres lois.

Voilà donc cinq éléments fondamentaux qui constituent la Religion catholique :

La prédication ;

L'administration des sacrements ;

La célébration du culte ;

La hiérarchie ecclésiastique ;

Le gouvernement de l'Eglise (1).

Le chef de l'Eglise est notre Saint-Père le Pape.

Il est incontestable et incontesté qu'il possède seul la souveraineté spirituelle dans l'Eglise.

Or , pour qu'il exerce cette souveraineté dans la mesure où elle doit l'être , il faut qu'il soit libre de prescrire, de défendre, d'instituer , de juger, en un mot d'accomplir tous les actes de souveraineté.

L'accomplissement valable de ces actes ne peut avoir lieu qu'à certaines conditions :

1° Que le Pape se détermine d'une manière absolument libre ;

2° Que ses décisions ne soient en rien faussées , modifiées , arrêtées ou supprimées au moment même où il les fait connaître ;

3° Que nulle part elles ne puissent être dénaturées , faussées , modifiées , arrêtées ou supprimées.

La souveraineté spirituelle exige donc, pour son exercice , la complète indépendance de celui qui la possède , et cette indépendance ne peut se concevoir sans une souveraineté temporelle ; car sans elle le Pape ne peut être que sujet , exilé ou prisonnier , et l'indépendance n'est entière dans aucune de ces situations.

Aussi , historiquement parlant, la souveraineté spirituelle des successeurs de saint Pierre a engendré leur souveraineté temporelle. L'illustre comte de Maistre l'a fait remarquer avec beaucoup de raison (2) :

Ce qu'il y a vraiment d'étonnant, dit-il , c'est de voir les Papes devenir souverains sans s'en apercevoir et même, à parler exactement, malgré eux. Une loi invisible élevait le siége de Rome, et l'on peut dire que le chef de l'Eglise universelle naquit souverain ; de l'échafaud des martyrs, il monta sur un trône qu'on n'apercevait pas d'abord, mais qui se consolidait insensiblement comme toutes les grandes choses, et qui s'annonçait, dès son premier âge, par je ne sais quel atmosphère de grandeur, qui l'environnait sans aucune cause humaine assignable.

Un peu plus loin il ajoute :

« De là ces vastes patrimoines qui ont tant exercé la plume des savants. Saint Grégoire, à la fin du IVe siècle, en possédait vingt-trois en Italie et dans les îles de la Méditerranée, en Illyrie, en Dalmatie, en Allemagne et dans les Gaules... »

____

(1) *Etudes sur le Concordat de 1801*, par M. l'abbé Joly, page 99.
(2) *Du Pape*, 1 vol., pages 241 , 242.

« L'idée de la souveraineté pontificale (1) antérieure aux donations carlovingiennes, était si universelle et si incontestable, que Pépin, avant d'attaquer Astolphe, lui envoya plusieurs ambassadeurs pour l'engager à rétablir la paix et à restituer les propriétés de la sainte Église et de la République romaine; et le Pape, de son côté, conjurait le Roi lombard par ses ambassadeurs de restituer de bonne volonté et sans effusion de sang les propriétés de la sainte Église de Dieu et de la République des Romains. »

Ainsi les domaines du Pape existaient dès les premiers siècles. Les donations de Pépin, Charlemagne, Louis, Lothaire, Henri, Othon, la princesse Mathilde, achevèrent seulement de former l'État temporel des Papes.

Il n'y a pas en Europe, dit encore M. de Maistre, « de » souveraineté plus justifiable, s'il est permis de s'exprimer » ainsi, que celle des Souverains Pontifes (2). »

En effet, des domaines tous reçus par donation, aucun territoire obtenu par la conquête, une possession paisible et respectée pendant quatorze siècles pour une partie et pendant huit pour l'autre; l'usage le plus irréprochable, la transmission régulière et incontestée de ce patrimoine comme patrimoine de saint Pierre, c'est-à-dire de celui de la Papauté souveraine; où trouver plus de justice, plus de grandeur et plus de véritables droits ?...

La spoliation a-t-elle pu invoquer l'abus de cette souveraineté temporelle ? Nullement. Depuis un siècle bientôt, il s'agit de détruire le Christianisme. La suppression du pouvoir temporel a été considérée comme un moyen d'y parvenir. Il a été employé tantôt en prétextant les besoins de l'unité italienne, tantôt en accusant d'insuffisance le gouvernement du Pape. En réalité, la force brutale a été mise au service de l'iniquité la plus caractérisée et de la haine la plus odieuse contre l'Église. Qu'y a-t-il de commun entre cela et le droit ? Absolument rien.

Le droit le plus certain et le plus respectable a donc été violé par la force, quand le Pape a été dépossédé de ses États, et cet attentat de la civilisation retournant à la barbarie a un caractère particulier qui résulte soit de la souveraineté violentée, soit de la nature des intérêts méconnus et sacrifiés.

Deux sentiments ont présidé à cette spoliation durant vingt années. Le mépris du Pape comme Souverain et l'ambition malhonnête d'une famille princière. Cet exemple n'a pas été donné en vain. Il est peu de souverains en Europe qui, pendant ces vingt dernières années, n'aient été

----

(1) *Du Pape,* page 250.
(2) Pages 240, 241.

l'objet de tentatives d'assassinat, c'est-à-dire d'efforts criminels suscités par la haine et le mépris de la souveraineté. Ces crimes odieux se sont montrés en France, en Espagne, en Italie, en Allemagne, en Russie et jusqu'en Amérique. Puis tout à coup le souverain plébiscitaire, qui avait voulu la dépossession du Pape, qui avait fini par la rendre possible, était lui-même dépossédé de sa souveraineté d'aventure, et assistait de son exil au démembrement du territoire français, dont la force brutale détachait deux des plus belles provinces.

Que les attentats contre la souveraineté et les États du Pape n'aient pas été la cause immédiate de ceux que je viens de rappeler, cela est vrai ; mais que l'esprit de haine et de révolte se manifestant tantôt par l'expulsion du Pape, tantôt par la spoliation de ses domaines, soit absolument le même que celui qui provoque l'assassinat des souverains et qui procède à la spoliation en Italie, en Hanovre, en France et ailleurs, voilà ce qui ne me paraît pas sérieusement contestable.

Lorsque le Pape a été contraint de fuir Rome et ses États, c'était la souveraineté la plus auguste, la plus grande et la plus pure qui était frappée ; quand, plus tard, il était dépouillé de ses possessions, acquises comme nous l'avons rappelé, c'était le droit le plus inébranlable qui était violé.

Ces précédents étaient de puissantes excitations à traiter de même des souverains moins irréprochables, et détenteurs de territoires acquis d'une manière beaucoup moins légitime. Aussi, a-t-on pu s'étonner que les réclamations du Pape soient restées stériles, comme si l'inviolabilité souveraine et les droits souverains sur des possessions n'avaient rien à redouter de ce qui venait de se passer, et comme si la force armée dont disposent les chefs d'État suffisait pour leur enlever toute inquiétude quant à leur personne et à leurs biens.

Il faut le constater, le Pape n'a trouvé de véritables secours auprès d'aucun souverain. Les fidèles seuls lui sont venus en aide et ont compris l'immense intérêt de la conservation du pouvoir temporel.

L'indépendance du Souverain Pontife était assurée par des possessions territoriales, qui lui avaient été données dans ce but. Les fidèles de l'Église étaient des espèces de tiers qui profitaient des donations faites à la papauté, donations irrévocables vis-à-vis du donataire et vis-à-vis des tiers eux-mêmes. Comment ne se seraient-ils pas émus de spoliations pouvant avoir d'aussi graves conséquences par rapport à eux ?

Si je résume ce qui vient d'être dit, je trouve que le

pouvoir temporel est une condition nécessaire au libre exercice de la souveraineté spirituelle ;

Que ce pouvoir est historiquement né de cette souveraineté ;

Qu'il s'est exercé dès les premiers siècles de l'Eglise sur des biens donnés au Pape.

Que ces territoires ont été possédés paisiblement depuis huit et quatorze siècles, que l'usage qui en a été fait a été absolument légitime et irréprochable ;

Que leur transmission comme patrimoine de saint Pierre est aussi respectable, en droit, que leur acquisition, leur conservation et l'usage qui en a été fait ;

Qu'en dépouillant le Pape de ces possessions séculaires, on a commis la violation la plus insoutenable de la souveraineté et de son droit ;

Que cet attentat accompli par la force est un des plus périlleux pour toutes les souverainetés et des plus contraires au libre exercice de la souveraineté spirituelle.

Cela étant ainsi, qu'y a-t-il à faire ? Question importante et assurément délicate dans le moment où les premiers attentats semblent devoir être suivis de nouveaux actes de même nature !

Je me demande d'abord qu'est-ce qu'on a fait jusqu'à ce jour et qui est-ce qui l'a fait ?

On a essayé de défendre les Etats du Pape par les armes ; on s'est rendu auprès de lui de toutes les parties du monde pour lui exprimer une vénération profonde, et protester contre les actes dont il a été victime. On lui a fait parvenir des offrandes nécessaires. On ne peut que s'applaudir de cette piété filiale, courageuse et fervente ; de ces efforts qui ont eu de grands résultats et doivent être non-seulement continués mais multipliés.

Qui a agi jusqu'à présent ?

Les fidèles et uniquement les fidèles. Je me garderais bien de faire honneur au gouvernement impérial français de son attitude. Elle n'a été qu'une démonstration continuée à regret. L'appui prêté à la personne du Pape beaucoup plus qu'à la papauté, a été hésitant et louche ; car on minait la souveraineté temporelle en même temps qu'on paraissait protéger le Souverain Pontife, et on cherchait l'occasion de le faire déposséder de ses Etats, sans exciter trop l'indignation autour de soi.

Les fidèles ont seuls agi et les circonstances actuelles indiquent que seuls ils peuvent encore agir.

Mais que peuvent-ils faire dans l'ordre des actes humains ?

Ne pourraient-ils pas revendiquer de nouveau pour le Pape les possessions dont on l'a privé ?

Des consultations de jurisconsultes de toutes les nations ne pourraient-elles pas insister sur les droits de la papauté et sur les droits corrélatifs de tous le catholiques?

Cette revendication, mesurée dans la forme mais puissante par les principes sur lesquels elle s'appuierait, faite au moment où le Pape est encore menacé d'expulsion du coin de terre romaine qui lui reste, n'aurait-elle pas le double effet d'inquiéter les spoliateurs et de ranimer le zèle des fidèles?

Après les consultations, les fidèles ne pourraient-ils pas recourir au pétitionnement vis-à-vis de leur gouvernement respectif? Cet appel ne ferait-il pas sortir quelques-uns d'entre eux de leur indifférence? S'ils y persévéraient, la pétition ne pourrait-elle pas être changée en protestation et sous cette nouvelle forme exercer quelque influence? Tout cela, bien entendu, ne devrait être entrepris qu'avec l'assentiment préalable du grand Pape qui est à la tête de notre sainte Eglise.

Telles sont les considérations et les solutions que je crois devoir soumettre sur la première question, et j'arrive à la seconde qui est relative à la publication des bulles, conciles, mandements, etc., etc.

Publication des bulles, etc. — La publication de ces écrits doit-elle être dégagée de toutes les entraves édictées par le titre premier des Organiques ou doit-elle continuer à les subir? C'est bien là, si je ne me trompe, ce qu'il s'agit d'examiner au point de vue du droit.

Observons d'abord, en fait, que depuis 1802, la Constitution politique de notre pays a été profondément modifiée; et, chose pour le moins aussi grave, que pendant les soixante-dix-neuf ans écoulés, les mœurs ont subi des changements considérables.

Il serait vraiment étrange que les modifications dans la Constitution politique et dans les mœurs, laissassent subsister des dispositions qui ne sont plus en rapport avec ce qui les avait motivées.

Pour ne parler que d'un seul fait qui frappe dans les mœurs contemporaines, le rôle de la presse est devenu immense. Il n'existait pas en 1802. Maintenant, en France, en Belgique, en Angleterre, en Suisse, en Italie, en Amérique, on écrit et publie toutes choses presque sans contrôle et sans répression. C'est là un fait dont il est impossible de ne pas tenir compte, quand on cherche sans parti pris, si les bulles, rescrits, mandements et conciles ne doivent être reçus, publiés, imprimés qu'après une autorisation du gouvernement. Quant à la Constitution politique, qui pourrait nier qu'en 1802 le Premier Consul était investi d'un pouvoir qui ne devait pas tarder de revêtir la forme souveraine? Qu'à ce moment on n'était en France séparé de la puissance autocratique que par une distance imperceptible, tandis que l'état politique actuel est absolument inverse. Depuis que la République a été proclamée, la marche constante a été vers un état de choses de plus en plus éloigné d'une autorité souveraine. Ajoutons que l'esprit des institutions est antireligieux et que les doctrines des hommes au pouvoir sont athées, par conséquent répulsives de toute religion.

C'est dans une situation semblable qu'on se demande si aucune bulle, bref, rescrit, décret, mandat, provision, signature servant de provision, ni autre expédition de la Cour de Rome, même ne concernant que les particuliers, ne pourront être reçus, publiés, imprimés en France sans l'autorisation du gouvernement.

Ces articles des Organiques, ainsi que tous les autres, ne lient nullement le Pape, qui n'y a jamais donné son adhésion et a même formellement protesté contre eux ; mais comme loi purement française, est-elle vivante et doit-elle être appliquée? Je n'hésite pas à répondre négativement et je me fonde pour cela sur plusieurs motifs.

La Constitution a proclamé la liberté de conscience, contrairement à celle qui existait lors de la promulgation des articles organiques. Les principes du droit constitutionnel nouveau qui sont inconciliables avec les dispositions antérieures, ne laissent plus d'existence légale à ces dispositions.

L'Etat actuel professe l'indifférence et la négation vis-à-vis de tous les cultes. Dès lors, il est incapable et incompétent pour apprécier les bulles, mandements, conciles, etc., émanés du chef spirituel du culte catholique; car l'appréciation de ces bulles et mandements est indispensable, si on admet que leur publication ne peut avoir lieu sans autorisation préalable du gouvernement.

Comme le dit très bien, et sous une forme saisissante, M. de Cormenin, dont les opinions républicaines étaient aussi anciennes que sincères (1).

On ne peut compéter de spiritualité, sans être spiritualiste...

On n'est pas examinateur de cas, jugeur de bulles, condamnateurs d'évêques et supprimeurs de mandements, sans être quelque peu commissionné d'en haut et révérend de robe longue ou de robe courte...

Est-il possible qu'on réprime des attentats d'Eglise ou des

---

(1) *Oui et Non,* par Timon, 1845, page 40.

libertés d'Eglise et des infractions canoniques à de saints canons, sans examiner si ces libertés ont été attentées, et si ces canons ont été ou non enfreints et, par conséquent, sans les interpréter? Non (1).

Et maintenant, est-il possible qu'on les interprète sans commencer par se mettre à genoux, par réciter son *Credo* tout au long, si ce n'est son *Confiteor*, et par appeler sur soi, très dévotement, les lumières du Saint-Esprit, ainsi que font les évêques et ainsi que ne font pas les conseillers d'Etat, ni le garde des sceaux... Non.

Mais on dira peut-être : il ne s'agit pas d'apprécier des matières spirituelles, mais de s'assurer si les bulles, brefs, mandements, etc., sont conformes avec les lois, droits et franchises de la République française et il y a capacité et compétence de la part du gouvernement pour cet examen.

Il est vraiment difficile de supposer des bulles, brefs, mandements, conciles qui ne traitent pas uniquement de choses spirituelles. Il peut arriver, il est vrai, que les décisions qui y sont contenues soient en opposition, non avec des lois, mais avec des maximes en faveur auprès des hommes du pouvoir. Tous les jours, des publications, tirées à cinquante mille exemplaires, attaquent les principes et les droits constitutionnels. Jamais les documents émanés de la cour de Rome ne renferment semblable chose, et, si ces publications ont lieu sans autorisation préalable, à combien plus forte raison ce qui est du domaine spirituel, ce qui ne contient aucune attaque, doit-il être exonéré d'une autorisation préalable !

On répond par une hypothèse : on dit que les bulles, conciles, mandements, etc., peuvent contenir, à un moment donné, des choses contraires à la loi, des choses de nature à compromettre la tranquillité publique ou à menacer le bon ordre. Je nie absolument la probabilité de semblables hypothèses. Elle est repoussée par la nature, le caractère, la mission de la puissance qui adresse les bulles, les mandements, les rescrits, etc. Mais excité par de misérables antipathies, veut-on à toute force supposer que la puissance spirituelle commettra de semblables écarts, nous demanderons comment agit le gouvernement vis-à-vis de faits analogues accomplis par des particuliers ou des associations? Il fait poursuivre et demande condamnation aux tribunaux. En présence de bulles, de mandements, etc., qui contiendraient quelque chose de délictueux, n'aurait-il pas aussi la ressource de la poursuite et de la condamnation ? Est-ce que « le Code pénal » prévoyant, jaloux et soupçonneux à l'excès, comme dit » encore M. de Cormenin, n'a pas spécialement prévu et

---

(1) *Ou et Non*, pages 42, 43.

» détaillé avec la recherche la plus curieuse et la plus in-
» ventive, tous les crimes, délits et contraventions ecclé-
» siastiques ? »

Les bulles ou autres écrits entachés de culpabilité moti-
veraient des poursuites, et on aurait contre eux les garanties de droit commun qui paraissent suffisantes, alors que
le danger est incomparablement plus grand.

Quand on voit la liberté dont jouit la presse, n'est-il pas
ridicule et révoltant d'entendre invoquer les Organiques
contre les bulles ou mandements du Pape, et soutenir que
ces écrits du Père Spirituel des fidèles ne peuvent être
publiés sans autorisation préalable du gouvernement. C'est
là une prétention que je ne crains pas d'appeler illégale et
qui, d'ailleurs, tend à faire vivre une mesure sans efficacité.

Quoi ! la France qui touche à la Suisse, à la Belgique, à
l'Allemagne, à l'Italie, qui est si rapprochée de l'Angleterre et qui est devenue même voisine de l'Amérique,
espérerait encore, par un refus d'autorisation à la publication des bulles, mandements ou brefs, empêcher que ces
documents indispensables aux consciences catholiques ne
soient connus ! Mais leur publication dans tous les pays que
je viens d'indiquer, ne fut-ce que par leur impression
dans les journaux, permettrait-elle de les ignorer en
France ? Comment empêcherait-on de franchir la frontière à ce qui serait désiré par trente millions de catholiques français ? Sous le premier Empire, dont le despotisme ne connaissait guère de limite et qui jetait en
exil ou à Pierre-Châtel quiconque blâmait ses actes vis-à-
vis du Saint-Père, des bulles vengeresses de la justice et
du droit pénétrèrent en France ; s'imagine-t-on qu'avec
le pouvoir actuel, la liberté de la presse et les communications de toute nature résultant de la télégraphie et des
voies ferrées, s'imagine-t-on qu'un refus d'autorisation em-
pêcherait la publicité des bulles, brefs, rescrits ? Ce serait
une étrange aberration. Abandonnez donc, dirais-je, vos
articles organiques, car ils sont virtuellement et réellement
abrogés. Abandonnez-les, parce qu'ils sont dorénavant
inefficaces et dès lors inutiles, et que la vérité, la justice,
la sainteté soient libres de publier des préceptes, des règles, des défenses ou des conseils !

J'arrive aux nominations ecclésiastiques.

Nominations ecclésiastiques. — Le pouvoir d'imposer les
mains, d'administrer le sacrement de l'Ordre ou de donner
une mission spirituelle est absolument du domaine spirituel. Aussi, ne comprend-on pas d'abord que les nominations épiscopales ou ecclésiastiques puissent dépendre
d'autres que des pasteurs de l'Eglise.

Cependant, il faut le reconnaître, les rapports de l'Eglise et de l'Etat ont motivé une certaine condescendance que le Saint-Père continue à accorder et devant laquelle tout catholique ne peut éprouver que des sentiments de respect et d'absolue déférence ; néanmoins, quand on recherche en dehors des concessions qu'il convient au chef de l'Eglise de faire et de maintenir, à qui il appartient de faire les nominations ecclésiastiques, voici, ce me semble, les résultats auxquels on arrive.

Les rapports de l'Eglise catholique et de l'Etat peuvent être, comme le dit très judicieusement Dalloz (1) de plusieurs sortes :

1º L'Etat peut ne pas s'occuper des religions et ne les favoriser ni les contrarier ;

2º L'Etat peut s'unir et se confondre avec l'autorité spirituelle ;

3º L'Etat peut s'allier avec elle.

Chacun de ces divers systèmes d'indifférence, d'union ou d'alliance, a été pratiqué à une époque ou à une autre, chez la même nation ou chez des nations différentes.

En France, par exemple, ils ont été pratiqués avec plus ou moins de sincérité, et pour le moment nous en sommes, officiellement du moins, au système de l'indifférence vis-à-vis des religions.

Avec ce système, l'indépendance absolue des cultes vis-à-vis de l'Etat, est une conséquence absolument naturelle et logique. C'est ce qui existe en Amérique et en Belgique, du moins d'après la Constitution du 7 février 1831.

Chez nous, on proclame l'indifférence et on entend pratiquer la direction, l'ingérence, la juridiction même dans les choses religieuses comme si on en était au système d'alliance. C'est évidemment inadmissible.

Les nominations ecclésiastiques ont été l'objet de règles contenues dans la pragmatique sanction de 1268, attribuée à saint Louis ; puis dans la pragmatique de Bourges en 1438, pragmatique condamnée par le Pape plus tard, dans le Concordat de 1516 avec François Ier, et enfin dans le Concordat du 10 septembre 1801 avec le premier consul Napoléon Bonaparte.

Excepté dans la pragmatique de Bourges, jusqu'au Concordat de 1801, les élections devaient se faire dans les cathédrales et autres églises du royaume. Suivant le Concordat, le Premier Consul nomme aux archevêchés et évêchés. Le Pape donne l'institution canonique. Les évêques nomment aux cures. Les articles organiques vinrent immé-

---

(1) Dalloz, D. de J. G., vº *Culte*, nº 5.

diatement introduire des restrictions. N'oublions pas cependant l'article 17 du Concordat, qui est ainsi conçu :

« Il est convenu entre les parties contractantes que dans le cas où quelqu'un des successeurs du Premier Consul actuel ne serait pas catholique, les droits et prérogatives mentionnés dans l'article ci-dessus et la nomination aux évêchés seront réglés par rapport à lui par une nouvelle convention. »

Quels étaient ces droits et prérogatives visés dans cet article ? Ils sont indiqués à l'article 16 du Concordat en ces termes :

« Sa Sainteté reconnaît dans le Premier Consul de la République française les mêmes droits et prérogatives dont jouissait près d'elle l'ancien gouvernement. »

J'appelle l'attention sur ces textes qui font naître de graves réflexions. Ce qui est certain, c'est qu'en respectant le régime concordataire établi en France, les esprits droits ne sauraient méconnaître que, loin d'exagérer ce régime dans le sens restrictif des libertés de l'Eglise, les principes et les mœurs de notre temps exigent qu'il soit appliqué de la manière qui peut leur être la plus favorable. Ce n'est pas lorsqu'on proclame l'indépendance et la souveraineté de tous, qu'on peut légitimement replacer l'Eglise sous l'empire d'un despotisme étroit et ombrageux.

J'ai abusé peut-être, Messieurs, de votre attention, vous me le pardonnerez, j'espère, en songeant à la gravité des questions et à l'intérêt considérable qui s'attache à leur solution.

Dans un temps où toute indépendance est menacée, il me semble que nous devons nous unir pour accroître et conserver l'indépendance de l'Eglise de Notre-Seigneur Jésus-Christ, ne pouvons-nous pas répéter avec à propos les paroles qu'on lit à la fin de la petite brochure *Oui et Non* (1), publiée en 1845 par M. de Cormenin :

Pourquoi, lorsqu'autour de lui tout se dégrade, se flétrit et se meurt, n'y a-t-il aujourd'hui d'indépendance que dans le clergé ? n'est-ce pas parce qu'il n'y a que la Religion qui donne de l'indépendance ? Oui.

Y a-t-il ailleurs que parmi les hommes religieux de fermes esprits et de forts caractères ? Non.

Quand la nation corrompue et matérialisée tombera comme un cadavre aux pieds du despotisme, qui la relèvera ? qui sauvera la liberté ? n'est-ce pas le clergé ? Oui.

____

(1) Pages 65 et 66.

Rapport de M. l'abbé PILLET, professeur à la Faculté catholique de Lille, sur le Droit de l'Eglise en matière d'enseignement.

Messieurs,

Notre vénéré Président le répétait, il y a un instant : nous sommes ici pour dire le droit, le droit tout entier, sans obscurité et sans réticence. Permettez-moi donc de vous exposer en quelques mots le droit de l'Eglise en matière d'enseignement. C'est là une question éminemment actuelle, qui a été maintes fois discutée pendant ces derniers temps dans les conférences et dans les journaux. Mais il me semble que l'on s'est peut-être trop attardé à parler du droit des pères de famille, droit indiscutable sans doute, mais auprès duquel il est bon d'affirmer le droit et la liberté de l'Eglise.

Les droits, et par conséquent les devoirs de l'Eglise en matière d'enseignement, peuvent, nous semble-t-il, se résumer en quatre propositions, qui sont toutes tirées à peu près textuellement du *Syllabus*.

I. — L'Eglise a le droit absolu et exclusif d'enseigner les sciences religieuses.

Cette assertion est prouvée d'une manière évidente par la condamnation de la XXXIIIe Proposition du *Syllabus* : *Non pertinet unice ad ecclesiasticam potestatem, proprio et nativo jure, dirigere theologicarum rerum doctrinam.*

Il existe, il est vrai, un des articles organiques en vertu duquel le pouvoir impérial voulait autrefois s'ingérer dans la méthode d'instruction en usage dans les séminaires, et y imposer l'enseignement de la Déclaration de 1682. Malgré toutes ses audaces, le gouvernement d'aujourd'hui n'oserait pas se permettre une telle usurpation ; on ne pourrait, d'ailleurs, accepter d'enseigner lesdits articles qu'en les énumérant parmi les erreurs et les hérésies. C'est là seule manière dont il soit permis d'en parler aujourd'hui, surtout depuis les définitions du Concile du Vatican.

II, — L'Eglise a le droit de donner et de surveiller l'enseignement religieux, qui ne doit être exclus d'aucune méthode d'éducation.

Cette assertion, qui n'est que la traduction des Propositions XLVII et XLVIII du *Syllabus*, est dirigée contre la doctrine aussi absurde que malfaisante de l'enseignement sans Dieu. Cette théorie, qui fait la joie et l'orgueil de nos gouvernants d'aujourd'hui, ne mérite pas ici l'honneur d'une réfutation plus étendue.

III. — En ce qui concerne l'enseignement des sciences et en particulier de la philosophie, l'Eglise possède un pouvoir indirect de vigilance et de direction — AUCTORITAS, VIS MODERATRIX ET INGERENTIA.

Cette doctrine, appuyée sur les Propositions X, XI, XII, XLV, XLVI et XLVII du *Syllabus*, est exprimée avec plus de force et d'énergie encore, dans différents documents émanés du Saint-Siége. Elle se trouve surtout affirmée dans la lettre de Pie IX, *Tuas libenter*, adressée le 21 décembre 1863 à l'archevêque de Munich, à l'occasion d'un congrès d'ecclésiastiques, réunis sans autorisation épiscopale, et où se posèrent en effet les fondements de la secte des Vieux-Catholiques. C'est d'ailleurs à l'Eglise, et à l'Eglise seule, qu'a été confiée la mission de veiller sur les âmes et sur les consciences. C'est donc le devoir des Pontifes de surveiller la doctrine, l'enseignement qui est donné, de quelque bouche qu'il tombe, et de prendre garde à ce que l'aliment offert aux jeunes intelligences, ne soit pas un poison qui les tue. On comprend facilement les dangers que peut présenter pour les âmes un enseignement impie et malsain, de l'histoire, de la littérature et surtout de la philosophie. Dieu a confié à Pierre et à ses successeurs l'obligation de veiller sur toutes les brebis du Christ : la voix du pasteur doit donc être écoutée et, par conséquent, elle a le droit de se faire entendre toutes les fois que son intervention devient nécessaire.

Que l'on ne crie pas au despotisme ; que l'on ne craigne point de voir cette ingérence de l'Eglise retarder les progrès de l'instruction et gêner les progrès de la véritable science. Le passé nous répond de l'avenir. Tant que la science restera sur le terrain qui lui est propre, tant qu'elle ne deviendra pas hostile aux dogmes révélés et aux immortels principes de la morale chrétienne, elle sera libre d'agir à son gré. Elle ne sera arrêtée que lorsqu'elle voudra sortir des limites que Dieu lui a tracées, et se servir d'une

liberté malsaine, qui serait nuisible à elle-même plus encore qu'aux autres.

IV. — L'Eglise possède encore, de son propre chef, le pouvoir d'enseigner même les sciences étrangères à la théologie. Ce droit n'exclut pas celui du père de famille et
celui des instituteurs laïques, mais ce serait un acte de
tyrannie de le lui enlever.

Cette affirmation se déduit de la Proposition XLV du
Syllabus, ainsi formulée : *Totum scholarum publicarum regimen, in quibus juventus christianæ alicujus reipublicæ
instituitur, episcopalibus duntaxat seminariis aliqua
ratione exceptis, potest ac debet attribui auctoritati civili, et
ita quidem attribui, ut nullum alii cuicumque auctoritati
recognoscatur jus immiscendi se in disciplina scholarum,
in regimine studiorum, in graduum collatione, in delectu
et approbatione magistrorum.* En prenant la contradiction
de cette Proposition condamnée, nous concluons tout
d'abord qu'il faut reconnaître à d'autres qu'à l'Etat le droit
de s'immiscer dans la discipline des écoles, dans la direction des études, dans le choix et dans l'approbation des
maîtres.

Mais quels sont-ils donc ceux à qui appartient ce droit
et ce devoir sacré de s'occuper de l'instruction et de l'éducation? Pour répondre à cette question, il faut remonter à
de plus hauts principes. L'aliment intellectuel peut être
comparé, à juste titre, à l'aliment matériel. Cela concorde
parfaitement, d'ailleurs, avec la pratique de l'Eglise qui a
toujours placé l'enseignement au nombre des œuvres de
bienfaisance (1), qui a créé des congrégations religieuses
pour enseigner les enfants dans les écoles comme elle en
a établi pour soigner les pauvres et les malades, et qui
bénit ceux qui nourrissent les intelligences et les âmes,
comme ceux qui soutiennent, par leur charité, les indigents
et les abandonnés.

Saint Thomas d'Aquin a dit cette lumineuse parole :
*Tria a parentibus habemus : esse, nutrimentum et discipli-
nam* (2). Or, en continuant là comparaison qui sert à nous
guider, à qui donc incombent le devoir et le droit de donner à l'enfant le pain du corps, la nourriture matérielle ?
Aux parents, tout d'abord ; ensuite, à leur défaut, à l'E-
glise qui a reçu la maternelle mission de s'occuper des

____

(1) Voir le décret du Concile de Latran, en 1162, cap. 1, tit. v. *De
Magistris*, lib. v *Decretalium* — et cap. 4, *Eodem titulo*.
(2) *Summa theol.*, p. III, q. 41, a. 1.

petits et des pauvres, et à qui l'on ne peut enlever la liberté de la bienfaisance et la direction des œuvres de charité, sans commettre la plus criante des injustices. Enfin, si l'Eglise elle-même est impuissante, le devoir de secourir l'indigence, incombera aux différentes sociétés civiles, à celles tout d'abord qui se rapprocheront le plus de la famille, comme la commune ou la province. Enfin, en dernière ligne, à défaut de tout autre, ce sera l'Etat qui viendra exercer son action et faire ce que tous les autres seront incapables de faire, tant que cette incapacité durera.

Le même raisonnement peut s'appliquer à l'alimentation intellectuelle, à l'enseignement qui doit procurer la vie à l'âme de l'enfant tout comme le pain matériel doit soutenir la vie de son corps. Supposant toujours le droit absolu et exclusif de l'Eglise sur l'enseignement religieux, son droit indirect de vigilance et de direction sur l'enseignement de la science et de la philosophie en particulier, comme nous l'avons établi dans les premières propositions. C'est aux parents, qui ont donné l'existence à l'enfant, qu'il appartient de mettre à sa portée, avec la nourriture corporelle, *nutrimentum*, cette chose multiple, qui comprend à la fois l'enseignement et l'éducation, et qui est si bien exprimée par la locution latine employée par l'Ange de l'Ecole, *disciplinam*. Mais lorsque le père et la mère de famille ne peuvent pas donner à l'âme de leur enfant la culture nécessaire, qui donc les suppléera dans cette œuvre sublime ? L'Eglise tout d'abord interviendra, elle, si admirablement préparée pour cela ; par la fonction spéciale qui lui a été donnée d'enseigner les choses surnaturelles ; elle, à qui Dieu a donné un cœur de mère et qui s'appelle si justement : *Mater et Magistra populorum* (1) ; elle enfin à qui est imposé le devoir d'exercer toutes les œuvres de charité, dont la première est l'enseignement. Mais si l'Eglise elle-même ne peut remplir cet office, alors interviendront les différentes sociétés laïques, dans l'ordre que nous avons énuméré plus haut ; et enfin l'Etat aura le droit et le devoir de procurer des moyens d'enseignement et de développer ces moyens, sans pour cela être : *Etat enseignant*.

Cette place est grande encore ; et l'Etat peut rendre à l'enseignement d'immenses services, car il est des circonstances où les forces font défaut aux individus, aux sociétés inférieures et à l'Eglise elle-même. Il est, par exemple, des établissements d'enseignement supérieur, exigeant une dépense si considérable, que l'intervention de l'Etat

---

(1) *Concilium Vaticanum, sess.* II, *Constit. Dei Filius.*

sera au moins très utile pour aider aux initiatives privées ou collectives. Mais là encore, l'Etat n'est pas enseignant et ne fait que procurer des sources d'enseignement. Nous exceptons certains enseignements spéciaux, par lesquels l'Etat prépare à des fonctions qui font partie de sa constitution.

Nous reconnaissons aussi à l'Etat un droit de surveillance sur l'enseignement au point de vue de l'hygiène et aussi de la morale, là où l'Eglise ne peut l'exercer; il a, en effet, le droit et le devoir de mettre obstacle à un enseignement immoral.

Mais ce que nous voyons aujourd'hui, c'est l'Etat sortant de cette sphère où il était resté pendant les siècles chrétiens. Nous l'entendons proclamer ce qu'il appelle ses droits souverains en matière d'enseignement à tous les degrés, s'improvisant despote lorsqu'il devrait être un aide et un appui, voulant non-seulement que l'on rende à César ce qui est à César, mais exigeant que l'on ne donne plus à Dieu ce qui appartient à Dieu. Comme s'il n'y avait pas place pour tous au soleil de la vraie liberté, comme s'il n'y avait pas du travail pour tous dans le champ immense de l'enseignement, il veut expulser tout ce qui n'est pas marqué de sa despotique empreinte.

A nous, catholiques, quel est donc aujourd'hui notre devoir? Il est tout tracé. Nous devons combattre ces envahissements et défendre de toutes nos forces la liberté de l'Eglise. Permettez-moi, Messieurs, d'exprimer la conclusion de ce travail par une formule qui puisse en conserver la pensée.

Il y a quelques semaines, on bénissait l'étendard du Denier des Ecoles de Louvain. Or, sur cette bannière on lisait, répétée en flamand et en français, cette devise: L'ÉTAT HORS DE L'ECOLE. Ne pouvons-nous pas redire encore ici cette parole et la faire entendre à tous les échos de la France chrétienne, pour la liberté des intelligences et des âmes. Pourquoi, en effet, l'Etat vient-il s'imposer toujours davantage, s'ingérer d'une façon toujours plus absolue dans l'enseignement et l'éducation de la jeunesse? Certes nous ne nions pas à l'Etat certains droits, comme nous l'avons dit plus haut; et cette formule l'*Etat hors de l'école* ne doit pas être entendue dans le sens absolu et exclusif qu'elle exprime; mais après ce que nous venons d'exposer, nous pouvons nous demander si, en principe, un ministère de l'instruction publique est nécessaire; si le ministre de l'intérieur, par exemple, ne suffirait pas pour assurer les conditions d'hygiène et de moralité des écoles? Si chacun des ministres de la justice, de la guerre, des finances ne suffirait pas pour les écoles du gouvernement qui préparent aux carrières qui le regardent ? Il n'y a pas de ministère de l'instruction publique en Angleterre et en Amérique, ces terres classiques de la liberté. Il n'y en avait pas dans la Rome pontificale, où l'on comptait jusqu'à cinq universités florissantes. S'il avait existé au xiiie siècle, saint Thomas d'Aquin n'eût pu enseigner à l'Université de Paris ; peut-être même ce grand docteur eût-il été conduit à la frontière comme un étranger et un malfaiteur. Si nous reprenons pour un moment notre comparaison de tout à l'heure, avons-nous un ministère de l'alimentation publique ? Et s'il ne faut pas que l'Etat vienne inspecter le repas qui se prépare à chaque foyer, il ne faut pas davantage qu'il vienne surveiller la grammaire qu'étudie chaque écolier.

Donc, au nom de la patrie et au nom de la liberté, élevons-nous plus que jamais contre l'absorption de l'école par l'Etat, contre l'oppression des consciences et la violation du droit qu'il se permet de nos jours sous prétexte d'enseignement. A chacun ses droits !

NOTE SUR LES ARTICLES ORGANIQUES.

Les articles organiques du Concordat sont l'arsenal de toutes les chaînes par lesquelles on prétend lier légalement la liberté de l'Eglise.

Dans une série d'études publiées dans la *Revue catholique des Institutions et du Droit*, le P. Desjardins étudie la valeur des Organiques, il établit qu'ils n'ont aucune valeur au point de vue du droit des gens. (1er article, xvie vol., 1er semestre 1881, page 297.)

Qu'ils n'ont aucune valeur au point de vue du droit canonique (2e article, xviie vol., 2e semestre 1881, page 104.)

Qu'ils n'ont aucune valeur au point de vue du droit civil français. (3e article. Paraîtra au numéro prochain de décembre 1881.)

Nous ne pouvons trop conseiller à nos lecteurs de profiter du travail du savant professeur de Toulouse.

TROISIÈME COMMISSION

(La Propriété ecclésiastique).

Rapport de M. l'abbé PILLET, professeur à la Faculté catholique de Lille, sur le Droit de propriété de l'Eglise.

Messieurs,

Dans cette question de la propriété de l'Eglise, pour peu que nous prêtions l'oreille, nous entendrons, venant de la France, de la Belgique et de l'Italie, des clameurs qui cherchent à discuter et à combattre dans son principe le droit de l'Eglise. Permettez-moi de résumer ces misérables sophismes, répétés par toutes les voix plus ou moins libérales. Je les emprunte, tels qu'ils ont été énoncés par le ministre italien Minghetti, dans son livre *Stato e Chiesa*, et tels qu'ils sont analysés par un auteur dont vous me permettrez de citer le nom avec honneur et avec affection, car il a été autrefois mon maître vénéré, et il a laissé un nom respecté dans les annales de la science canonique de ce siècle, le chanoine De Angelis.

C'est l'Etat, dit M. Minghetti, qui est la source de tous les droits pour les individus comme pour les associations. Donc, l'Etat a droit de veiller même sur les associations religieuses, il a le droit de leur refuser ou de leur enlever l'autorisation qui fait leur existence, il a le droit de limiter le droit de propriété, et de déterminer les conditions de la possession et de l'administration de leurs biens, et, au besoin, de se les approprier. Telles sont les conséquences logi-ques d'un principe absolument faux et destructeur de toute liberté de l'Eglise, et vous savez, Messieurs, qu'en Italie et en Suisse ces conséquences sont passées dans le domaine des faits, et que nous sommes à nous dire que demain notre pauvre France verra s'appliquer de si scandaleuses théories.

Il n'est pas besoin, Messieurs, de réfuter devant vous le principe qui sert de base à tout cet échafaudage de doctrines malsaines. Un docteur a dit que Dieu n'aime rien autant que la liberté de son Eglise : « *Deus nihil tam amat quam libertatem Ecclesiæ suæ.* » Or, par vos paroles et par vos actes, vous montrez que votre pensée est en conformité parfaite avec celle de Dieu, et je vous en félicite. Si en effet, tout droit, celui de propriété comme les autres, dépendait de la volonté et des caprices d'un César quelconque, il n'y aurait plus de liberté ici-bas, ni pour Dieu, ni pour l'Eglise, ni pour personne, et le despotisme le plus absolu régnerait en tyran sur les ruines de la société.

Je voudrais maintenant exprimer et prouver brièvement la vraie doctrine, celle qui est conforme à l'enseignement du droit naturel, comme du droit divin et du droit ecclésiastique. On doit, il me semble, la formuler par la proposition suivante :

La loi naturelle et la loi divine donnent à l'Eglise le droit de posséder des biens meubles et immeubles. Ce droit ne provient pas de l'Etat, qui n'est pas libre d'accorder ou de refuser à l'Eglise le droit de posséder, ni de lui confisquer ses biens, quand il le juge à propos.

Cette proposition se prouve tout d'abord par le droit naturel. Car ce droit primordial accorde le droit de propriété collective à toutes les associations qui n'ont pas mérité d'en être privées, tout comme il l'accorde à tous les individus qui, par suite d'un crime constaté par les lois, n'ont pas été dépouillés de cette faculté. Or, l'Eglise, la sainte Eglise, l'association fondée par Dieu et qui a passé à travers les siècles en faisant le bien, n'a certainement pas mérité d'être assimilée à un forçat privé du droit de propriété. Qui d'ailleurs aurait le droit de juger et de condamner cette reine à qui Notre-Seigneur a délégué l'autorité souveraine qu'il possède Lui-même au Ciel et sur la terre.

Indépendamment de son caractère bienfaisant et salutaire, l'Eglise aurait encore, de par le droit naturel, la faculté de posséder. Le droit naturel, en effet, se prouve par l'existence d'un fait universel dans l'espace et dans la durée ; suivant la formule *quod semper, quod ubique, quod ab omnibus.* Or, si nous parcourons par la pensée, tous les pays et tous les temps, nous y voyons toutes les associations religieuses être propriétaires, et trouver par là le moyen de subvenir aux frais du culte, et aux besoins des ministres sacrés. L'Eglise serait-elle donc privée d'un droit que possédaient autrefois même les prêtres des faux dieux, et que le paganisme a toujours et partout reconnu ?

Le droit divin positif ne parle pas moins haut :

Notre-Seigneur Jésus-Christ en fondant le chef-d'œuvre de ses mains et de son Cœur adorable lui a promis l'existence jusqu'à la consommation des siècles. Or le droit de posséder n'est qu'une conséquence nécessaire du droit d'exister. La conclusion est bien simple à tous.

Sans doute aux jours d'épreuve et de persécution elle n'hésiterait pas à imiter son Maître qui fut cloué nu et dépouillé de tout sur sa croix du Calvaire. Mais elle sait aussi que pendant sa vie mortelle, Notre-Seigneur avait auprès de lui un petit trésor destiné à subvenir à ses besoins et à ceux de ses disciples. Elle a dû suivre, en cela, l'exemple de son divin Maître, mais elle cherche cependant à avoir toujours un meilleur et plus loyal trésorier.

En outre, quand il s'agit d'une société infaillible comme l'Eglise, le fait prouve le droit, et si nous parcourons nos annales religieuses, toujours nous verrons l'Eglise user de son droit de propriétaire. Dès les premiers jours, on voit les premiers fidèles vendant leurs biens pour en mettre le prix à la disposition des Apôtres, et saint Paul recueillant des aumônes pour l'Eglise affligée de Jérusalem. Dans les premiers siècles, au plus fort des persécutions, l'Eglise de Rome a ses possessions administrées par le moyen des diacres, que la cupidité des proconsuls conduit quelquefois au martyre et à la mort. Plus libre alors qu'elle ne l'est maintenant, elle a ses églises et ses cimetières, qui sont possédés, non pas seulement par des personnes interposées, mais au nom de la communauté chrétienne, que la loi romaine régente, qui sont confisqués quelquefois, au plus fort de l'orage, mais qui sont restitués au Pape, reconnu en tant que chef de l'Eglise. Dans la suite des siècles chrétiens, tous les Conciles, celui de Trente en particulier, attestent, confirment ce droit dont nous parlons, et enfin, naguère encore le Pape affirmait ce grand principe dans son immortel *Syllabus,* en condamnant la Proposition suivante : *Ecclesia non habet nativum et legitimum jus acquirendi et possidendi.*

Ces paroles tombées de cet autre Sinaï qui s'appelle le Vatican, prouvent, Messieurs, les deux parties de ma proposition. Non-seulement, elles démontrent le droit de propriété dans l'Eglise, mais elles attestent encore que ce droit n'est pas éphémère et emprunté, mais qu'il est essentiel à l'Eglise, qu'il fait partie de sa constitution divine, et qu'il n'est point seulement concédé par la volonté d'un César quelconque. Au besoin, saint Pierre ne se fût pas cru obligé d'aller demander à Néron l'autorisation de creuser les premières catacombes, sainte Cécile ne réclama pas l'entremise du préteur pour faire de sa maison du Transtévère une église au Dieu de l'Evangile. S. Laurent ne demanda pas l'approbation du préfet pour distribuer aux pauvres les trésors que son pape, S. Sixte, lui avait confiés. Et d'ailleurs, Messieurs, l'Eglise est une société qui a reçu sa constitution d'une main divine. Or le droit divin étant nécessairement supérieur au droit humain, il en résulte que l'Eglise, en ce qui concerne les droits essentiels à l'existence et à la conservation de sa vie, ne dépend pas et ne peut pas dépendre de l'Etat. Celui-ci ne doit pas faire autre chose que de la saluer et de la reconnaître comme une reine, parce que son but est plus haut et plus relevé, ce qui lui fait une dignité plus grande, suivant la belle parole de saint Thomas : *Tanto est regimen sublimius, quanto ad ulteriorem finem ordinatur.*

En outre, Messieurs, nous l'avons dit : toute société religieuse a le droit de posséder. Or, un pays ne peut se passer de culte et de religion ; malgré toutes les affirmations de nos évangélistes d'aujourd'hui, une société sans Dieu, une patrie sans temple, sans prêtre et sans autel n'existera jamais. Or, ce qui est nécessaire pour l'existence d'une société, s'impose de soi-même, et n'attend pas la vie d'une approbation ou d'un consentement précaire. Donc l'Etat a seulement le droit de reconnaître, mais non de créer le droit que toute société religieuse, et l'Eglise par conséquent, a de posséder et d'exister.

Nos Césars d'aujourd'hui n'admettent pas, il est vrai, tous ces raisonnements. Leur philosophie juridique a même trouvé un argument qui leur paraît irréfutable : C'est l'Etat, disent-ils, qui, par son autorisation, constitue les corporations. Or, l'Etat retirant son autorisation, les associations n'existent plus ; leurs biens sont ce que le droit appelle *bona derelicta* ; donc, ils appartiennent à l'Etat, ou, suivant la formule employée en 1789, ils sont mis à la disposition de la nation.

Il n'est pas nécessaire de réfuter encore une fois l'odieux sophisme qui sert de majeure à cet argument, et qui est la négation la plus absolue de cette grande et belle chose qui s'appelle la liberté. Qu'il me suffise de vous faire remarquer que l'application de ce principe lèse le droit de propriété en lui-même ; il est le plus vif encouragement donné au socialisme. Comment, en effet, le peuple, cet inexorable logicien, ayant vu spolier l'Eglise, ne serait-il pas tenté d'aller frapper à la porte du riche, et de mettre en pratique, à son profit, les théories qu'il a vu appliquer contre des propriétés consacrées. Ces spoliations, que notre siècle a vu se réaliser tant de fois, lèsent en outre les droits des ecclésiastiques, privés ainsi des bénéfices dont ils étaient les détenteurs légitimes, — le droit des pauvres, auxquels revenait, en toute justice, le superflu de tous les revenus ecclésiastiques, — le droit des donateurs, dont les intentions sont odieusement méconnues, le droit enfin des autres citoyens, qui sont obligés de compenser par l'impôt la perte causée à l'Eglise, de restituer ce qui a été pris injustement, et de supporter ainsi les conséquences des fautes commises par leurs devanciers.

Qu'on ne vienne même pas parler des abus que cause l'extension de la propriété de l'Eglise, qu'on ne jette pas comme un épouvantail ces mots de biens de mainmorte, que le peuple ne comprend pas. Ces inconvénients fussent-ils réels, se croit-on en droit de spolier tous les propriétaires qui ne font pas de leur fortune l'usage qu'ils doivent en faire? Faut-il donc rayer de nos lois l'axiome qui définit la propriété : *jus utendi et abutendi?* Quelle qualité a donc l'Etat pour décider que l'Eglise abuse et fait mauvais usage des biens que la piété des fidèles met entre ses mains sacrées, et qui donc l'a constitué juge pour décider de semblables questions?

En finissant, Messieurs, vous me permettrez encore de faire allusion au viel axiome que notre siècle de tolérance et de libéralisme a trop oublié : *Principiis obsta.* Vous l'avouerez, dans les circonstances si critiques que nous traversons, souvent sans doute vous avez eu la pensée de terminer ma phrase et de dire, en pensant aux difficultés si complexes de l'heure actuelle : *Sero, medicina paratur.* Il est tard, il est bien tard pour sauver les âmes malades, pour rendre la lumière aux intelligences obscurcies par des doctrines perverses. Mais il est avec nous le Dieu qui peut guérir les malades et ressusciter les morts. Il est avec nous le Dieu qui a mis au sein de toutes les nations et surtout de la France, un germe de vie et d'immortalité. Nous avons pour nous la vérité, et c'est par elle qu'on arrive à la liberté. *Veritas liberabit vos.*

Rapport du R. P. G. DESJARDINS, professeur à la Faculté catholique de Toulouse, sur la Propriété ecclésiastique. [1]

Droit absolu de l'Eglise. — Législation actuelle en France.

La question présente trois points de vue : le premier, absolu, exposant, *a priori,* le droit de propriété de l'Eglise. — Le second, historique, exposant d'origine, la constitution,

---

(1) Ce rapport n'est qu'un énoncé sommaire des matières que le R. P. Desjardins a dessein de traiter dans la *Revue catholique des Institutions et du Droit,* et qu'il aurait été impossible de traiter *in extenso* dans le Congrès.

les vicissitudes de la propriété ecclésiastique, en France surtout, jusqu'à la spoliation faite par la Révolution. — Le troisième, actuel, exposant et jugeant les conditions faites par la société actuelle et sa législation à la propriété ecclésiastique.

I. — DROIT ABSOLU DE L'ÉGLISE. — 1º *Préliminaires.* — L'Eglise est une société vraie, complète, d'institution divine, indépendante de toute autre société ;

2º L'Eglise a droit à tout ce qui est nécessaire ou simplement utile à son existence et à son développement ; non en vertu d'une concession faite par la société civile, mais en vertu de son institution divine ;

3º Les biens temporels sont nécessaires à l'Eglise pour accomplir sa fin spirituelle. — Nécessaires pour le culte, pour l'entretien de ses ministres, pour le soulagement des pauvres, pour l'éducation de la jeunesse, etc...

4º L'Eglise a donc, en vertu de son institution divine, le droit d'acquérir, d'administrer ses biens ;

5º Dans l'existence de ce droit, comme dans la manière d'en user, l'Eglise constitue de droit divin une personne morale ; son droit de propriété est indépendant de tout pouvoir humain. On ne peut donc ni mettre des limites à son droit d'acquérir, ni lui imposer tel ou tel mode d'administration. Tout ce qu'on peut concéder à la puissance civile, c'est de veiller à ce que les véritables intérêts de la société temporelle ne soient pas compromis par la société ecclésiastique. Ce qu'elle doit faire par voie d'accommodement, non de commandement, puisqu'elle n'a aucune autorité sur l'Eglise.

II. — LES BIENS DE L'ÉGLISE AU POINT DE VUE HISTORIQUE. — Ces biens ont pour origine la charité des fidèles qui, dès les temps apostoliques, ont donné à l'Eglise d'abondantes aumônes afin de pourvoir à ses nécessités. — Ils ont été augmentés considérablement par la bonne administration du clergé.

Ils consistaient en argent, en objets mobiliers et surtout en biens-fonds ;

2º La propriété ecclésiastique a été reconnue légalement et même favorisée de l'immunité des charges qui pesaient sur les autres propriétés. — L'Etat chrétien ne revendiqua jamais le droit de limiter les biens de l'Eglise ou d'en diriger l'emploi et l'administration ;

3º Plus tard, en France, à partir de Philippe-le-Bel, les princes temporels mirent la main sur ces propriétés sous différents prétextes ; ils levèrent des décimes, etc... mais, en principe, ils ne le faisaient qu'avec l'autorisation du

Souverain Pontife, conformément aux canons du troisième Concile de Latran. En France, on se passait de cette permission, mais le pouvoir temporel ne réclamait les subsides qu'à titre de dons gratuits, et par la concession plus ou moins libre du clergé ; l'histoire des assemblées du clergé en fait foi ;

4° La Révolution française s'empara violemment et par la plus injuste spoliation de tous les biens ecclésiastiques et les transforma en biens nationaux ;

5° Au rétablissement du culte, tous les biens confisqués restèrent entre les mains de l'Etat, qui se contenta de payer une indemnité au clergé sous forme de traitement annuel, et de mettre à la disposition de l'Eglise un certain nombre d'édifices religieux dont il se réservait la propriété...

6° Cette spoliation a été injuste, même au point de vue du droit positif. — L'Eglise, étant reconnue comme personne morale, ne pouvait être privée de ses biens, lors même qu'elle n'aurait tenu ses droits que de la volonté du prince temporel ; à plus forte raison quand, au-dessus du droit positif, elle avait pour elle le droit divin.

III. — Conditions de la propriété ecclésiastique sous la législation actuelle en France. — 1° *Esprit général de la législation française par rapport à la propriété ecclésiastique.* — *a)* L'Eglise n'est plus reconnue comme personne morale ; et par conséquent elle ne peut ni acquérir, ni posséder, ni administrer légalement.

La législation française ne reconnaît comme personnes morales que des institutions particulières, isolées et tenant de l'Etat leur personnalité, par exemple les fabriques, les évêchés, les séminaires, etc.

b) Les institutions autorisées comme personnes morales sont traitées comme des personnes suspectes et des mineurs placés sous la tutelle de l'Etat. Suspicion pour l'acquisition des biens, limites à ce droit qui ne peut s'exercer sans l'autorisation spéciale de la puissance civile. — Tutelle, car la personne morale ainsi constituée, ne peut administrer et disposer de ses biens sans la permission de l'Etat.

2° *Application de ces principes aux conseils de fabriques.* — *a)* L'administration des biens ecclésiastiques appartient de droit aux chefs de l'Eglise, par conséquent au clergé.

b) Cependant, depuis plusieurs siècles, l'Eglise a admis les laïques à partager avec les clercs l'administration de ces biens. De là l'origine des conseils de fabriques, dont l'on fait remonter l'institution à Maurice de Sully, évêque de Paris du temps de saint Louis. — Cette institution, reçue dans toute l'Eglise, a été reconnue par le Concile de Trente.

c) Les fabriques, telles que les admet l'Eglise, sont sous la dépendance complète de l'autorité ecclésiastique, et doivent rendre leurs comptes à l'évêque.

Si les anciens Parlements, en France, s'attribuaient le droit de sanctionner leurs statuts, ce n'était pas à titre de supériorité, mais, par suite de leurs prétentions à protéger l'Eglise, même malgré elle, et à s'immiscer dans toutes ses affaires

d) Dans la législation présente, les conseils de fabriques sont une personne morale, mais civile et laïque. Il est vrai que le curé y occupe une place à part, et qu'ils doivent encore rendre leurs comptes à l'évêque ; mais c'est l'autorité civile qui porte les règlements, et qui fixe tout ce qui concerne l'administration, aussi bien que l'organisation des conseils. De même que la municipalité est constituée par la loi, pour gérer les intérêts de la commune, de même la fabrique est instituée par la loi, afin de gérer les intérêts religieux de la paroisse. Elle est donc une société civile, chargée de veiller aux choses de la religion. — D'où l'on voit d'abord la différence radicale entre le conseil actuel de fabrique et celui que l'Eglise avait institué ; puis combien sont anticanoniques les bases sur lesquelles repose l'organisation et les fonctions des fabriques actuelles.

e) Le projet Labuze, contre lequel on a si vivement réclamé, et avec raison, ne s'appuie pas sur d'autres principes que la législation actuelle. Pour l'un comme pour l'autre, la fabrique est une institution purement civile et laïque. — Mais dans l'application, ces deux systèmes varient beaucoup. Le système actuel a, du moins, le mérite de tenir quelque compte de la communauté religieuse et de lui accorder des droits particuliers ; tandis que dans le projet nouveau, l'administration des biens d'Eglise rentre sous l'autorité ordinaire de la commune, sous la direction du maire et de la municipalité, dont elle est plutôt une commission détachée qu'une personne distincte. — D'où il suit qu'un maire et des agents juifs ou protestants, peuvent être, tout aussi bien que les catholiques, chargés de veiller aux intérêts religieux de la paroisse.

3º *Le vrai propriétaire des biens d'Eglise en France.* — *a*) Les biens ecclésiastiques en France sont de trois sortes : ceux qui servent au culte officiellement reconnu par l'Etat, ceux des communautés autorisées et ceux des communautés non reconnues. — Nous ne parlerons pas des deux dernières, elles sont l'objet d'une étude spéciale.

b) La première sorte de biens comprend les églises cathédrales ou paroissiales, les évêchés, les presbytères, les séminaires, les cimetières, les propriétés acquises au nom des personnes civiles ecclésiastiques, comme les paroisses, les diocèses, etc... Ajoutons le mobilier des églises, les fondations, etc...

c) Parmi ces biens, les uns ont été acquis depuis la Révolution au nom de l'Etat, des communes ou des fabriques ; les autres sont de provenance antérieure. Sur les premiers, l'Etat, la commune, la fabrique peuvent revendiquer des droits de propriété, ils ne sont pas des biens ecclésiastiques proprement dits, puisqu'ils n'ont pas été donnés à l'Eglise et que la société civile n'a fait qu'en concéder l'usage. Ils sont comme une église qui appartiendrait à un particulier et que celui-ci mettrait à la disposition du public. Cependant, lorsque ces édifices sont en tout ou en partie le résultat des offrandes des fidèles, quoique acquis légalement à la commune ou à la fabrique, celles-ci ne pourraient sans injustice manifeste, les détourner de leur destination religieuse ; la seule qu'avaient en vue les donataires et les souscripteurs.

d) Bien différents au point de vue du droit naturel et canonique sont les anciens biens. Ceux-ci sont en droit la propriété de l'Eglise, car ils sont passés entre les mains de l'Etat, des communes ou des fabriques par une injuste spoliation, par un vol. Leur détention ne peut donc pas se justifier par la prescription. Il faudrait pour cela que l'Eglise en eût fait cession à l'Etat par le Concordat. Or, rien de pareil n'a eu lieu. Le Concordat, en fait de propriété, a seulement renoncé à poursuivre les acquéreurs de biens ecclésiastiques. Donc, à part les biens vendus, l'Eglise n'a renoncé à aucun de ces droits. D'où il suit que les églises et les autres édifices, ou biens meubles et immeubles provenant de l'ancienne propriété ecclésiastique, et non aliénés avant le Concordat, ne sont pas la propriété de l'Etat, du département, des communes, des conseils laïques des fabriques, mais de l'Eglise représentée par ses chefs, surtout par le Pontife Romain.

D'où l'on voit combien les agents du pouvoir public sont mal fondés à régir par leurs ordonnances, arrêts, circulaires, etc., les conditions de la plupart des édifices consacrés au culte catholique ; et surtout combien sont injustes les prétentions de la Révolution, s'arrogeant la propriété des édifices sacrés et menaçant de les désaffecter de leur destination religieuse, pour les faire servir à des usages tout profanes, peut-être à de sacrilèges orgies.

Rapport de M. Daniel TOUZAUD, professeur de Droit administratif à la Faculté libre de Toulouse, sur le Budget des Cultes.

Budget des Cultes. — Biens des Fabriques.
Biens des Diocèses.

I. — *Budget des Cultes.*

Le budget des cultes représente les *biens ecclésiastiques* incorporés par la société civile dans le *domaine national*.

On ne saurait assez souvent reproduire le texte aux termes duquel fut édictée cette grave mesure : « *Loi des 2-4 novembre 1789* :

« L'Assemblée nationale décrète :

» 1º Que tous les biens ecclésiastiques sont à la disposition de la nation, *à la charge* de pourvoir, d'une manière convenable, aux frais du culte, à l'entretien des ministres et au soulagement des pauvres ;

» 2º Que dans les dispositions à faire pour subvenir à l'entretien des ministres de la religion, il ne pourra être assuré à la dotation d'un curé moins de 1200 livres par année, non compris le logement et les jardins en dépendant. »

Cette loi n'est autre chose que la sanction d'un *contrat*, plus tard consacré solennellement par le Concordat, mais où déjà les deux parties avaient été représentées, notamment : l'Eglise, par Mgr Champion de Cicé, archevêque de Bordeaux; et le pouvoir civil par Mirabeau, déclarant que le budget des cultes constituait une *dette sacrée*.

Le clergé, dans une pensée de patriotique dévouement, pour combler le déficit dans les finances et favoriser la concorde dans les esprits, consent à ce qu'un droit de créance soit substitué à son droit de propriété. Mais l'Etat assume la triple charge à laquelle faisaient face les biens ecclésiastiques, savoir : 1º entretien des ministres du culte ; 2º soulagement des pauvres ; 3º frais du culte.

Il n'est pas plus permis à la société civile de supprimer le budget des cultes que d'abroger les lois relatives aux *bureaux de bienfaisance, au service des aliénés ou des enfants assistés* : pour insuffisante et dérisoire que soit d'ailleurs, l' « assistance » administrative; pour inapte que soit cette « bienfaisance » à suppléer la charité catholique.

Aussi, la Convention nationale elle-même, au même moment où elle poussait à ses dernières limites la confiscation

en spoliant les fabriques, ainsi qu'on le verra tout à l'heure,
la Convention confirma à nouveau l'obligation pour l'Etat,
de subvenir aux besoins du culte : *Loi du 24 août 1793,
article 24 :* « La république pourvoira aux frais du culte. »

Sans doute, le législateur révolutionnaire ne devait pas
tarder à mettre en oubli ses plus solennels engagements.

La Convention, par une suite fatale, traita le clergé séculier lui-même, comme la Constituante avait fait pour
les ordres monastiques. Le 2 *frimaire an* II, il fut statué
qu'une simple *pension* viagère serait accordée aux prêtres :
Et encore, à la condition qu'ils auraient « abdiqué leur
état. » Il fallait, on le voit, la persécution ouverte pour
mettre fin à l'accomplissement des obligations contractées
en 1789 par le pouvoir civil.

Et cependant, une fois que la France eût été délivrée du
Comité de salut public, aussitôt la révolution de thermidor accomplie, on éprouve quelque honte de tant de
violences. On étend le bénéfice de la pension annuelle
aux prêtres « qui ont continué leurs fonctions, ou qui les
ont abandonnées sans abdiquer leur état. » Le décret
est daté de la *deuxième sans-culottide an* III (18 septembre
1794).

Du reste, ce texte contenait un article 2 ainsi conçu :
« La République française ne paie plus les frais ni les
salaires d'aucun culte. »

Et la loi du 3 *ventôse an* III, reproduit purement et simplement cette même disposition.

Ainsi fut consommée la spoliation. Mais, il faut bien le
remarquer : la *dette sacrée* de l'Etat ne s'éteignit que par
le meurtre du créancier. Or, le régime d'assassinat, ou,
si l'on veut, de persécution, une fois terminé, le créancier
a reparu : la victime s'est relevée, baignée dans le sang du
martyre, plus forte que jamais. Il est clair que ses droits
ont reparu avec elle.

C'est ce fait que le Concordat prend pour base : la transaction de 1789 est consacrée dans des conditions régulières et définitives.

Le traité du 26 messidor an IX contient, en effet, un
préambule où il est *reconnu*, d'une part, que « la religion
catholique est la religion de la grande majorité des Français, et, d'autre part, qu'elle profite du rétablissement
du culte et de la profession particulière qu'en font les
consuls. »

Toutes les stipulations de cet acte ont pareillement le
caractère d'un échange réciproque de déclarations ou de
concessions. C'est un contrat *synallagmatique.*

A vrai dire, il faut noter que le caractère *synallagmatique* fait l'objet d'une controverse en droit canonique. Cette

difficulté a été étudiée au Congrès d'Angers (1879). L'élévation particulière de la mission donnée par Dieu à son Eglise, et la supériorité morale qui en découle en sa faveur sur l'autorité séculière ne permettent peut-être pas d'employer des termes de nature à placer avec convenance les deux pouvoirs sur le pied d'une égalité parfaite. Au surplus, on conçoit que l'Eglise n'a pas de concessions à faire obligatoirement, tandis que l'Etat doit rechercher, par des faveurs expresses, l'accord avec la religion qu'il a l'obligation de soutenir et de protéger. De plus, l'Eglise, assistée de Dieu, ne peut admettre que la direction qui est donnée à ses affaires dans les rapports avec l'Etat, puisse légitimement provoquer une rupture du contrat, tandis que des éventualités qui pourraient l'amener à dénoncer le traité sont dans la nature des choses purement humaines. A tous ces titres, on conçoit que le terme de synallagmatique puisse paraître trop absolu, s'il n'est expliqué et limité dans sa portée. Mais il demeure certain qu'au point de vue du droit civil, il y a un contrat et des obligations réciproques. C'est ce qui ressort, d'ailleurs, de l'examen de l'acte de l'an IX.

En ce qui concerne spécialement le point qui nous occupe, voici comment stipule le Concordat :

1° Restitution des « églises *non aliénées*, nécessaires au culte » (art. 12) ;

2° Abandon de la « propriété des biens ecclésiastiques *aliénés*, des droits et revenus y attachés, qui demeureront incommutables entre les mains des acquéreurs ou de leurs ayants-cause » (art. 13).

En échange :

1° « Le gouvernement assurera un *traitement convenable* » aux évêques et aux curés » (art. 14) ;

2° « Le gouvernement prendra également des mesures pour que les catholiques français puissent, s'ils le veulent, faire en faveur des églises des *fondations*. »

Nous allons étudier ce qu'il faut entendre par les fondations.

Notons seulement, en terminant cette analyse sommaire des caractères légaux du budget des cultes, que l'Etat n'est pas tenu exclusivement de fournir un *traitement convenable* aux ministres du culte : la *dette* que la Constituante et la Convention elle-même ont reconnue, s'appliquait également aux *frais du culte*. Cette solution est rigoureusement juste, puisque les biens confisqués avaient un but général, s'appliquant à tous les besoins de la société religieuse.

C'est ainsi que les *bourses des séminaires* ne sont nullement une faveur gratuite, mais l'accomplissement d'une obligation.

A vrai dire, on argumente de l'article 11 du Concordat, ainsi conçu :

« Les évêques pourront avoir un chapitre dans leur cathédrale et un *séminaire* pour leur diocèse, *sans que le gouvernement s'oblige à les doter.* »

Que faut-il conclure de ce texte ? Ceci seulement, c'est que l'obligation n'est plus ici que subsidiaire, et non totale comme celle qui concerne le traitement du prêtre; c'est qu'il est question de mesures préparatoires, en quelque sorte, à l'administration du culte, et non plus de son exercice même. Mais une voix éloquente et pleine d'autorité a revendiqué hautement, devant la Chambre législative, le principe de justice et d'équité qui sert de base à cette obligation : l'Etat, en confisquant, à la fin du siècle dernier, les biens des séminaires diocésains, s'est formellement engagé à venir au secours des établissements par le moyen de ses modiques subventions (1).

II. — *Biens des fabriques.*

Nous arrivons aux *fondations* prévues par l'article 15 du Concordat.

Qu'est-ce qu'une fondation ?

C'est un capital consacré à la prestation perpétuelle de certains services déterminés. Ce capital constitue, par son affectation perpétuelle, un bien de mainmorte qui donne naissance à une *personne civile*, si, d'ailleurs, il n'est lui-même rattaché à l'existence d'une personne civile déjà créée et réunissant la gestion d'un ensemble de capitaux groupés dans un même but.

La Cure ou *Mense curiale* est une personne morale, dont les biens sont destinés aux besoins des ministres du culte dans la paroisse; à côté de la Cure, est la *Fabrique*, autre personne morale se rattachant à la paroisse et dont le patrimoine est formé et administré dans le but de subvenir aux frais du culte lui-même. Voilà les deux fondations qui assurent l'exercice du culte dans la paroisse.

Nous ne devons pas nous arrêter à la situation légale de la *Mense curiale*. Le curé, seul chargé des intérêts spirituels, jouit en cette qualité et pour ses *besoins personnels*, comme usufruitier des biens attachés à son titre. La Cure, personne morale, capable de posséder, est représentée par le curé : du reste, la Fabrique exerce un droit de sur-

____

(1) Discours de M⁰ʳ Freppel à la *Chambre des députés.* (Séance du 25 juin 1881.)

veillance, et c'est elle qui administre en cas de vacance. (Voir décret du 6 novembre 1813 , art. 6 et suivants.)

C'est celle-ci qui doit retenir notre attention.

La *Fabrique* est la personne morale constituée auprès des églises pour pourvoir aux *besoins temporels* du culte.

Il est important de le remarquer : les biens des Fabriques n'ont pas été compris dans l'ensemble des *biens ecclésiastiques* confisqués en 1789.

C'est qu'en effet, à côté des biens mis à la disposition des membres du clergé sous la dénomination de bénéfices et constituant les biens ecclésiastiques proprement dits, s'étaient placées des fondations particulières, créées auprès de chaque église paroissiale et destinées exclusivement aux besoins temporels du culte, spécialement à l'entretien des édifices, *ecclesiasticis fabricis*.

Pour générale que fut la loi du 2 novembre 1789 , elle ne s'appliquait pas aux biens des Fabriques : nous venons de le dire ; et toute incertitude disparaît à cet égard, en présence d'une décision interprétative rendue par la Constituante elle-même, *le 18 août 1790* :

« L'Assemblée nationale entend par *biens nationaux*... tous les biens du clergé... Elle ajourne ce qui concerne les *biens des Fabriques* et les fondations établies dans les églises paroissiales... »

C'est seulement le *19 août 1792*, que la spoliation continue dans ce sens sa marche fatale. L'Assemblée législative décréta :

« Les immeubles et rentes affectés aux Fabriques *seront vendus* dès à présent aux mêmes conditions que les autres immeubles nationaux. » Toutefois, la loi ajoutait que, « pour tenir lieu des biens vendus, il serait payé par le Trésor public, aux Fabriques , l'intérêt du prix de vente à 4 %. »

Enfin, la Convention arrive à son tour dans le cycle révolutionnaire ; aux termes des lois du *24 août 1793* et du *3 novembre* suivant (13 brumaire an II) , « les intérêts et rentes dus aux fabriques seront éteints et supprimés au profit de *la République, qui pourvoira aux frais du culte* à compter du 1er janvier 1794. »

Ainsi, les fabriques se trouvent supprimées, quoique de fait seulement.

Mais, survient l'œuvre de pacification et de réparation. L'article 15 du Concordat prévoit les fondations à créer ; le même acte stipule, dans son article 12, que « toutes les églises métropolitaines, cathédrales, paroissiales et autres non aliénées, nécessaires au culte, seront remises à la disposition des évêques. » Enfin, la loi du *18 germinal an X*, décide formellement : « Il sera établi des *fabriques* pour veiller à l'entretien et à l'administration des temples, et à l'administration des aumônes. » (Art. 76.)

Les premiers essais d'organisation des fabriques furent malheureux : La décision du *9 floréal an* XI, et le *décret du 7 thermidor an* XI, étaient insuffisants ou impraticables.

Un texte nouveau, calqué sur les anciens règlements, est intervenu : Le décret du *30 décembre 1809* est aujourd'hui la loi de la matière.

On lit en son article 1er :

« Les fabriques sont chargées de veiller à l'entretien et à la conservation des *temples*, d'administrer les *aumônes* et les biens, rentes et perceptions autorisées par les lois et règlements, les sommes supplémentaires fournies par les communes, et généralement tous les fonds qui sont affectés à l'exercice du culte. »

Dans l'*ancien droit*, les fabriques avaient une triple charge : l'*Eglise*, les *pauvres*, l'*école*.

Aujourd'hui, l'*école* a été sécularisée. La *bienfaisance* l'a été pour partie, et l'on veut qu'elle le soit pour le tout. En effet, au mépris des articles 76 de la loi du 18 germinal an VIII et 1er du décret de 1809, le Conseil d'Etat refuse à la fabrique le droit de *recevoir pour les pauvres*. Cette jurisprudence, inaugurée en 1837, avait cédé devant un avis du Conseil d'Etat, rendu à la date du 6 mars 1873, sur le rapport de M. Jules Simon. Mais, un avis en sens contraire du mois de juillet dernier a décidé à nouveau que les termes de la loi, « administration des aumônes, » — « deniers provenant des aumônes, » doivent être traduits par les mots « dons et offrandes *pour le culte !* » On ne saurait protester assez haut contre un pareil escamotage appliqué au texte des lois.

Reste enfin l'Eglise. Ici encore, il est question de séculariser.

L'une des propositions dissolvantes dues au député Labuze, n'a d'autre but que de substituer la commune à la paroisse, la municipalité à la fabrique. En effet, les fabriciens ne seraient autres que les délégués du conseil municipal! Cette énormité a pour prétexte le prétendu droit *de propriété* de la commune sur l'*église*. C'est le point fondamental ; de ce prétendu principe découle fatalement la sécularisation d'abord, et ensuite la confiscation, la profanation des édifices religieux qui sera le deuxième acte de la persécution ouverte, le premier datant du 29 mars 1880.

Avant de rechercher les éléments de cette grave controverse, notons les points essentiels de l'administration des fabriques, aux termes de la loi et de la jurisprudence.

Et d'abord, la charge non pas seulement des menus

frais du culte, mais celle des grosses réparations qu'exige l'édifice religieux, incombe à la fabrique : son obligation est *principale*, la commune n'est grevée que d'une obligation *subsidiaire*. Quant aux sommes fournies à ce titre par la commune, c'est la fabrique qui en dispose, aux termes de l'article 1er du décret de 1809 ci-dessus reproduit.

A la vérité, et nonobstant la disposition impérieuse de ce texte, le Conseil d'Etat a longtemps refusé à la fabrique le droit de toucher le montant des *souscriptions* recueillies pour la reconstruction ou la réparation des églises. La commune en retenait le produit entre ses mains, dirigeait les travaux, et, au cas de reconstruction, se trouvait propriétaire incontestable de l'édifice. Un *avis du 16 mars 1868* a enfin reconnu à la fabrique son légitime droit.

Le *17 juillet 1874*, un arrêt du conseil faisait un pas plus décisif, en permettant aux fabriques d'entreprendre des *réparations* aux édifices religieux, *sans l'assentiment du conseil municipal* : à la seule condition d'obtenir une autorisation de l'administration supérieure, et pour des travaux de nature à ne point compromettre la solidité de l'édifice.

A la même date, une *décision ministérielle* mettait à profit, dans l'intérêt des fabriques, une modification heureusement apportée dans l'économie du budget de l'Etat, et grâce à laquelle les *secours* du gouvernement peuvent être alloués soit aux communes soit aux fabriques mêmes. Le ministre a reconnu que la *direction des travaux* entrepris avec un secours de l'Etat, doit appartenir désormais à celui des deux établissements, commune ou fabrique, qui aura contribué pour la plus forte part ; que le même établissement doit en conséquence, toucher directement la somme allouée. Jusqu'alors, au contraire, la commune seule était reconnue apte à recevoir le secours ; elle l'encaissait et, comme par ce procédé elle paraissait augmenter d'autant le montant de sa contribution, par suite elle bénéficiait de l'avantage de présider à la direction des travaux entrepris.

Enfin, il est un point sur lequel les auteurs et les tribunaux s'opposent inflexiblement à la jurisprudence du Conseil d'Etat : d'un accord unanime, on reconnaît à la fabrique, concurremment avec la commune, le droit d'intenter les *actions relatives à la propriété des édifices du culte*. Comment la fabrique pourra-t-elle s'acquitter de sa mission qui est, avant toutes choses, de « veiller à l'entretien et à la *conservation* des temples, » si le droit d'agir en justice lui est refusé ? Le Conseil d'Etat n'en persiste pas moins dans sa résistance à ce sujet.

Mais, il est une question bien autrement grave, et dont la solution favorable amènerait avec elle l'aplanissement de toutes les difficultés. Nous l'avons dit déjà, il s'agit de la *propriété des églises.*

Malheureusement, ici, les tribunaux juridiques ne sont plus avec nous. Après avoir longtemps résisté, ils ont déserté la lutte. La Cour de Cassation, après avoir soutenu le droit de la fabrique, admit, par arrêt du 7 juillet 1840, une *co-propriété* avec la commune; et, de guerre lasse, le 9 juillet 1869, la même Cour, sans se résigner à faire sienne la jurisprudence administrative, a déclaré s'en remettre, par ce motif « que les actes relatifs aux biens ecclésiastiques restitués ou abandonnés aux fabriques et aux communes, seraient des *actes administratifs* qui devraient être laissés à l'appréciation de l'administration elle-même. »

La Cour souveraine s'est, en vérité, aperçue bien tard de son incompétence : comment qualifier d'*actes administratifs, des lois formelles !* Nous ne saurions entreprendre ici l'examen de cette grande question. Nous en avons fait l'objet d'une étude spéciale, publiée dans la *Revue catholique des Institutions et du droit* (année 1878), nous nous bornerons à y renvoyer.

Rappelons seulement que nos adversaires s'appuient sur trois *avis du Conseil d'Etat,* successivement rendus en l'an XIII, aux dates des *3 nivôse,* — *2 pluviôse,* — *24 prairial.* On attribue à ces actes, spécialement aux deux derniers, la valeur de *lois* véritables tranchant explicitement en faveur des communes la difficulté qui nous occupe, en vertu du droit d'interprétation reconnu, quoique inconstitutionnellement, par le règlement du 5 nivôse an VIII. A cette prétention, il suffit de répondre que ces avis interprétatifs n'ont jamais figuré au *Bulletin des lois.* Nous ajoutons, par surabondance, qu'eussent-ils eu force de loi, ils auraient été abrogés par les décrets des 30 mai 1806 et 30 décembre 1809.

Cette controverse capitale, notons-le bien, ne s'applique pas seulement aux *églises paroissiales,* mais encore aux *cathédrales,* qui rentreraient dans le domaine du *diocèse;* et également aux *presbytères.*

Quant aux *cimetières,* qui appartenaient aux fabriques dans l'ancien droit, nous n'en dirons pas autant.

Le décret de 1809 en avait mis, il est vrai, l'entretien à la charge de la fabrique (art. 37, § 4); et cette disposition se rattachait évidemment à l'idée du droit de propriété.

Mais la loi municipale du 18 juillet 1837 a rejeté cette dépense sur les communes (art. 30, § 17) : de là résulte une abrogation implicite, mais certaine, du décret de 1809, sur ce point. — La majorité des auteurs prennent soin d'ajouter qu'il ne faut pas croire que cette solution se trouve fortifiée par la disposition du même texte qui réserve à l'autorité municipale le droit d'accorder les *concessions* (loi 1837, art. 31, § 10). Ce serait là, disent-ils, un droit d'un caractère particulier, et qui ne résulterait pas directement et nécessairement de la propriété ; le droit de police y trouverait aussi sa place : si bien même que certains d'entre eux admettent que la municipalité conserverait le droit d'accorder des concessions même dans les cimetières appartenant aux fabriques ! (Voir M. Batbie, et *Instruction ministérielle 1833.*) Mais c'est là une doctrine inadmissible, contre laquelle nous tenons à protester, surtout au moment où les catholiques semblent près de se voir obligés à créer des cimetières, pour échapper à la profanation légale de *l'église des morts.* C'est la fabrique qui accordera seule les concessions dans nos cimetières ; c'est elle seule qui bénéficiera du prix : car l'aménagement en doit être laissé au propriétaire du sol, sous la seule réserve du droit de surveillance et des mesures générales de police.

III. — *Biens des diocèses.*

L'évêque administre une « mense, » comme le curé et au même titre que lui. (*Décret, 6 nov. 1813, art. 29.*)

En cas de vacance, l'Etat bénéficie du *droit de régale* sur les revenus de l'*Evêché* ou Mense épiscopale.

Ce n'est pas tout. Aux termes de l'article 11 du Concordat, les évêques peuvent avoir des *chapitres* et des *séminaires.*

Le décret de 1813 prévoit deux sortes de chapitres :

1º Ceux qui sont placés près de l'évêque, ou, en d'autres termes, près sa cathédrale : *les chapitres cathédraux;*

2º Ceux qui forment un collége indépendant, en ce sens qu'ils n'ont pas mission de servir de conseil à l'évêque, comme les premiers, bien qu'ils n'en soient pas moins soumis au contrôle épiscopal : ce sont les *chapitres collégiaux.*

En principe, le corps du chapitre a les mêmes droits et obligations que le titulaire d'une mense.

En ce qui touche les séminaires, le décret de 1813 reconnaît, outre le *séminaire diocésain*, des *écoles secondaires ecclésiastiques* destinées à l'alimenter. Au surplus, l'ensemble de ces divers établissements, forme un seul et même corps, administré par un *bureau* unique, et c'est l'évêque qui représente le séminaire.

Voilà l'*évêché* et ses annexes.

Reste le *diocèse* proprement dit, distinct de la mense épiscopale, comme la fabrique est distincte de la mense curiale.

Mais, ici, nous nous trouvons en présence d'une vive controverse provoquée, chose remarquable, en 1840 seulement, par le Conseil d'Etat. Ce n'est qu'à partir de cette date que la jurisprudence administrative a refusé au diocèse le caractère d'une personne morale particulière et séparée de l'évêché.

L'affirmative a reparu aux termes d'un avis du Conseil en date du 13 mai 1874. Mais on a vu, non sans surprise, de nouvelles résistances se manifester, dès l'année suivante, au cours de la discussion de la loi sur la liberté de l'enseignement supérieur.

Il suffit de signaler l'occasion à laquelle ont éclaté ces divergences, pour faire comprendre le grave intérêt que présente cette question. L'*Evêché*, ou Mense épiscopale, n'a pour objet que les besoins personnels de l'évêque : il lui faut emprunter, par conséquent, au diocèse, une personnalité morale apte à supporter les fondations que le prélat poursuit en dehors de son intérêt particulier, telles que la création d'*écoles*, de *caisses de retraite* pour les prêtres âgés ou infirmes, etc. On voit combien est étrange et odieuse à la fois l'interprétation de l'article 9 du décret de 1813, aux termes de laquelle l'évêque peut recevoir pour lui, mais non pour les pauvres à soulager, les ignorants à éclairer, en un mot pour les fidèles à secourir.

Ce système restrictif est d'autant plus injuste, que les *cultes dissidents* jouissent d'une personnalité morale analogue et correspondante.

Aux termes de la loi du 18 germinal an x, article 8, « les dispositions portées par les articles organiques du culte catholique sur la *liberté des fondations* et la nature des biens qui peuvent en être l'objet, seront communes aux *églises protestantes*. » De là l'organisation des *conseils presbytéraux*, analogues aux fabriques, et des *consistoires*, analogues aux *diocèses* (loi du 18 germinal an x, articles 15 et 33, décrets des 10 septembre 1852 et 20 mai 1853, loi du 5 août 1879.)

De même, et de par l'ordonnance du 25 mai 1844, la création des *synagogues particulières* et des *synagogues consistoriales* ou consistoires pour le culte israélite.

Il est vrai que certains auteurs se débarrassent de cet argument décisif, en soutenant, comme M. Ducrocq, par exemple, « qu'on assimile *communément* les consistoires aux fabriques et les églises consistoriales aux paroisses, » sans rien dire des conseils presbytéraux institués auprès de chaque temple.

D'autres auteurs consentent à reconnaître l'analogie qui existe entre la paroisse catholique et la paroisse protestante, d'une part, et entre « l'évêché » et le diocèse de l'autre ; mais ils reculent devant cette conséquence de toute justice et de toute équité, qui serait de constater, au profit du diocèse, une personnalité morale. Ils se tirent d'affaire par un véritable subterfuge, rapprochant contre toute évidence le conseil presbytéral de la *Mense curiale*, pour pouvoir mettre en parallèle le consistoire avec l'évêché *stricto sensu*, c'est-à-dire avec la *Mense épiscopale*. Ce système est en opposition absolue, non-seulement avec les textes, mais avec la réalité des choses : les biens personnels aux ministres des cultes dissidents n'ont jamais été confisqués et nul n'en connaît l'étendue ; aussi ne sont-ils pas constitués à l'état de *Menses*. Et pour réfuter péremptoirement le système qui s'appuie sur cette fausse base, il nous suffira de reproduire l'article 16 de la loi de germinal an X, ainsi conçu : « Il y aura une *église consistoriale* par six mille âmes de la même communion. » C'est donc bien l'*église* qu'a pour objectif le consistoire, et non point la personne des pasteurs.

Nous avons hâte de terminer ce travail déjà trop étendu et où pourtant les importantes questions que nous avions à examiner n'ont pu être qu'effleurées.

Notons seulement, pour finir, qu'une rigoureuse *tutelle* pèse sur les établissements publics d'un caractère religieux. Les décrets dits de « décentralisation administrative, » des 25 mars 1852 et 13 avril 1861, n'ont pas même desserré ces liens de fer. C'est à peine si un décret spécial du 15 février 1862 a abandonné au préfet le droit d'autoriser les *dons* et *legs* faits aux fabriques, mais à la triple condition que les biens donnés n'excèdent pas 1,000 fr., que les libéralités n'excitent aucune réclamation de la famille, et qu'enfin elles ne soient grevées d'aucune charge.

Tels sont les éléments essentiels de la loi et de la jurisprudence sur ces délicates matières. L'Église subissait ces conditions étroites dans son immense amour de la paix sociale et religieuse ; c'est cette paix, le plus précieux des biens, que la société civile, gratuitement, sans motifs, sans prétextes même, s'apprête à détruire, pour courir les criminelles, les mortelles aventures de la persécution.

Que Dieu protége la France !

———

Des Fabriques. — Observations par M. BRESSON, avocat à Dijon.

Dans son exposé très net et très lucide de la législation qui régit les Fabriques, et de la jurisprudence qui a appliqué cette législation, M. Touzaud, parlant de la proposition alors faite par le député Labuze, dit qu'*elle n'a d'autre but que de substituer la commune à la paroisse, la municipalité à la fabrique.* Cette énonciation est insuffisante et incomplète : il existe, en effet, relativement aux fabriques :

1º La proposition originaire de M. Labuze (mai 1879), qui avait pour but de faire nommer les membres des conseils de fabrique par les conseils municipaux;

2º La proposition de loi qui est émanée de la commission de la Chambre des députés chargée d'examiner la proposition de M. Labuze, et qui remplace le décret du 30 décembre 1809 par une série de dispositions nouvelles. — Le rapport a été déposé le 27 avril 1880 (*Officiel*, pages 5362 et 5407);

3º Le projet de loi présenté le 1er mai 1880 au nom du gouvernement par M. Lepère, alors ministre de l'intérieur et des cultes (*Officiel*, page 6278);

4º Le rapport sur ce projet de loi fait à la Chambre et déposé le 9 juillet (*Officiel*, page 8773).

Si la proposition de M. Labuze, singulièrement modifiée et augmentée par la commission de la Chambre, change du tout au tout le personnel et le mode de l'administration des biens des paroisses, il n'en est pas de même du projet de M. Lepère, qui, en ce qui concerne l'organisation des conseils de fabrique, s'en tient, à peu de choses près, au décret du 30 décembre 1809.

Mais là où proposition et projet de loi sont d'accord, c'est pour supprimer, au profit des communes, l'obligation où elles sont maintenant de subvenir aux frais du culte dans le cas d'insuffisance constatée des revenus des fabriques, et de restreindre notablement une semblable obligation en ce qui concerne l'entretien et les réparations des édifices religieux.

Voyons d'abord quelle est, sur ce point, la législation actuelle.

Le décret du 30 novembre 1809, tel qu'il est interprété et appliqué par la jurisprudence administrative, met *principalement* à la charge des fabriques, et *subsidiairement* seulement à celle des communes, les dépenses relatives aux frais du culte et celles qui sont entraînées par l'entretien et les réparations de toute nature des églises et des presbytères.

Les frais du culte, suivant l'énumération faite par le décret de 1809, sont ceux qui concernent les ornements, les vases sacrés, le linge, le luminaire, le pain, le vin, l'encens, le paiement des vicaires, des sacristains, chantres, organistes, sonneurs, suisses, bedeaux et autres employés au service de l'église, selon les convenances et les besoins des lieux. Ces dépenses sont des dépenses *nécessaires*; le décret de 1809 les qualifie de la sorte : mais il prend des précautions minutieuses pour que, sous prétexte de nécessité, les fabriques ne grèvent pas les caisses municipales de frais qui n'auraient pas ce caractère. Quand il s'agit des réparations à faire aux édifices, des mesures sont aussi édictées pour sauvegarder les intérêts des communes. Dans l'un et l'autre cas, le dernier mot et la décision suprême, s'il y a désaccord entre l'autorité ecclésiastique et l'autorité civile, appartiennent au ministre des cultes, c'est-à-dire au gouvernement. Nous renvoyons à cet égard au chapitre IV du décret du 30 décembre 1809.

C'est cette législation qui n'exagère pas, certes, les droits de l'Eglise et pratiquée pendant trois quarts de siècle, que l'on veut bouleverser pour la plus grande satisfaction des conseils municipaux dans lesquels les libres-penseurs sont en majorité.

La commission a formulé un projet radical. Elle affecte aux frais du culte, uniquement le produit des quêtes faites spécialement pour cet objet, celui des troncs et celui des oblations en argent ou en nature. Des autres revenus de l'Eglise, déduction faite des charges des fondations, elle fait deux parts, dont l'une sera remise à la fabrique pour les besoins du culte; et l'autre sera à la disposition d'une commission qui sera créée dans le but de veiller à la conservation des édifices religieux, et dont nous parlerons tout à l'heure. Que si les ressources affectées ainsi aux dépenses du culte se trouvent insuffisantes, ce sera tant pis pour la fabrique qui s'arrangera comme elle pourra : la proposition soumise à la Chambre ne s'inquiète pas de cette éventualité.

M. Lepère a bien compris tout ce qu'avait d'excessif la proposition émanée de l'initiative parlementaire, et il n'a pas pu se résoudre à adopter un système qui conduit forcément à la suppression du culte dans les paroisses pauvres. Il a constaté, à l'aide des renseignements que son administration possède, « qu'un grand nombre de fabri-
» ques, privées de toute subvention des communes pour
» les dépenses indispensables à la célébration du culte, ne
» pourraient seules subvenir à ces frais. » Et cependant,

comme il veut, de même que la Commission de la Chambre, exonérer les communes de toute charge à ce sujet, il a imaginé de créer, pour remplacer leurs subventions, des ressources nouvelles. Par son projet, il autorise les évêques à créer dans leurs diocèses, en réservant toutefois son approbation, une caisse de *compensation* ou de *fonds commun* qui fournira des secours aux fabriques pauvres : cette caisse serait alimentée par un prélèvement d'un sixième au plus opéré sur l'ensemble des revenus de chaque fabrique, par des quêtes spéciales et par les dons et legs que l'évêque serait autorisé à recevoir.

Voilà les deux systèmes présentés à la Chambre des députés, et entre lesquels elle devra faire son choix.

En ce qui concerne les édifices religieux, le gouvernement et la commission de la Chambre sont également en dissidence.

La commission parlementaire veut enlever toute ingérence des fabriques dans l'entretien des édifices : elle veut créer dans chaque commune un nouveau rouage administratif, qu'elle décore du nom de *Commission de surveillance des immeubles communaux confiés aux fabriques*, et qu'elle compose du maire, président avec voix prépondérante, de trois membres nommés par le conseil municipal qui n'est pas tenu de les choisir parmi les catholiques, et de deux délégués seulement du conseil de fabrique. Cette commission de surveillance assurerait l'exécution des réparations d'entretien, soumettant au conseil municipal les projets relatifs aux grosses réparations, lesquels du reste ne pourraient recevoir leur exécution que de l'avis conforme de ce conseil. Pour faire face à ces dépenses elle aurait à sa disposition la moitié réservée, comme nous l'avons dit plus haut, de la presque totalité des revenus de la fabrique, et les subventions de la commune. L'obligation de la commune de contribuer à l'entretien des édifices religieux découle, suivant la commission parlementaire, du droit de propriété qu'elle a sur ces édifices.

Le projet du gouvernement n'admet pas cette dualité d'administration qui lui paraît contraire à toutes les règles. Mais aux garanties que le décret de 1809 donnait aux communes, il substitue une autre procédure. Il exige que chaque année, au cours du premier trimestre, le maire ou un délégué du conseil municipal, et le trésorier ou un délégué de la fabrique, accompagnés d'un tiers expert désigné de concert entre eux, et, en cas de désaccord, par le préfet, procèdent à la visite de l'église et du presbytère et à la constatation des réparations nécessaires. L'évêque devra veiller à ce que les dépenses soient portées au budget de la fabrique, et les travaux exécutés dans le plus bref délai. Dans le cas où les revenus de la fabrique couvriraient la dépense, le budget approuvé par l'évêque recevrait sa pleine et entière exécution. Si au contraire ces revenus étaient insuffisants, et s'il y avait lieu de recourir à la commune, le budget indiquerait le montant de la subvention qui devrait lui être demandée, et serait porté au conseil municipal. Ce conseil pourrait alors contester soit la nécessité, soit la quotité d'un ou de plusieurs articles de dépenses; sa délibération serait transmise au préfet qui la communiquerait à l'évêque pour avoir son avis : et si l'évêque et le préfet étaient d'opinion différente, le ministre des cultes prononcerait.

Nous n'allons pas plus loin dans l'analyse de ces deux projets, et notre intention n'est pas de les examiner en détail ; ce travail nous éloignerait de notre sujet. Mais ce qui est indispensable de mettre en évidence, et de combattre en quelques mots, c'est ce principe nouveau dont l'adoption est demandée aux Chambres et par le gouvernement et par M. Labuze : principe qui se formule ainsi : — Les communes ne sont assujetties à aucune obligation en ce qui concerne les frais du culte.

Ce principe est absolument faux et inadmissible en France, dans notre état social et après nos révolutions.

Que l'Eglise catholique, quand elle était propriétaire des biens que lui avait donnés la générosité de ses enfants, pourvût à la subsistance de ses prêtres, à la pompe de ses cérémonies et à l'entretien des édifices sacrés, cela se concevait à merveille. Elle n'a jamais failli à ses obligations sous ce rapport ; et c'est elle, c'est la piété publique, c'est le zèle religieux, c'est l'inépuisable munificence des fidèles, qui ont élevé partout et les splendides cathédrales de nos grandes villes et les modestes temples de nos villages qui couvrent le sol de la France.

Mais les lois révolutionnaires sont venues qui ont enlevé à l'Eglise sa fortune et odieusement confisqué son patrimoine. Lorsque le Concordat est intervenu, l'Eglise ne possédait plus rien, et il a été nécessaire de lui procurer des ressources.

Le décret de 1809 a reconstitué les fabriques des paroisses à peu près sur leurs anciennes bases, et il a déterminé les moyens qu'elles auraient de se créer des revenus. Mais on était assuré d'avance que, dans un grand nombre de cas, ces revenus seraient insuffisants, et le décret, prévoyant pour les fabriques l'éventualité d'un déficit même pour les choses les plus indispensables, a imposé aux communes l'obligation de le combler.

Quoi de plus naturel et de plus légitime ? Qu'est-ce, en

effet, qu'une commune? Qu'est-ce qu'une caisse municipale?

Une commune n'est pas autre chose que la réunion et
l'association d'un certain nombre de familles, qui mettent
en commun une partie de leurs ressources et de leurs efforts, afin de donner à leurs besoins divers la satisfaction
qu'ils réclament et que leur isolement ne leur aurait pas
permis de s'assurer. Laissées à elles-mêmes, les familles
resteraient faibles et sans défense contre les causes multiples de destruction qui viendraient de toutes parts les as-
saillir. Elles trouvent dans leur réunion la sécurité et le
bien-être : les sacrifices que chacun s'impose contribuent
à la prospérité de tous.

Est-ce qu'il est possible de croire qu'une commune a
assez fait, lorsqu'elle a assuré à ses habitants la tranquillité
et la propreté des rues, ainsi que la facilité des communications? N'y a-t-il pas des besoins d'un ordre supérieur
auxquels l'association communale doit légitimement pourvoir? Assurément ce n'est pas dans un pays où les lois
imposent de si lourdes charges aux budgets municipaux en
faveur de l'enseignement, que l'on peut soutenir que la
sphère des intérêts matériels est la seule dans laquelle doivent se mouvoir les administrations communales. Et si
l'obligation des communes est indiscutable en ce qui concerne l'instruction, elle est plus impérieuse encore vis-à-vis
la religion, ce commerce sublime entre Dieu et l'homme,
qui est le besoin le plus impérieux de notre esprit et de
notre cœur, qui fait notre noblesse et notre grandeur,
notre consolation et notre espérance.

Si le culte catholique se renfermait dans l'intérieur des
maisons des fidèles, il n'aurait pas besoin des largesses
d'un budget quelconque. Mais ce culte est public : il s'exerce
dans des temples et hors de ces temples ; ses cérémonies
se font avec une pompe auguste et solennelle, ses ministres forment une hiérarchie sacrée. Le Concordat récon-
naît cette situation et la garantit. La conséquence de cet
état de choses est la nécessité, non-seulement de donner
aux ecclésiastiques un traitement convenable, mais encore
de mettre les fabriques à même de se procurer les moyens
de subvenir aux dépenses qu'entraîne chaque jour l'exercice du culte. Et comme la loi n'autorise pour les fabriques
que des perceptions le plus souvent beaucoup trop modiques, il s'ensuit qu'il est indispensable de puiser dans la
caisse communale, destinée par son origine et par sa
nature à subvenir aux charges qui grèvent, non pas tels
ou tels particuliers, mais une universalité de citoyens, et
qui ont le caractère de dépenses pour un service public.

Ceci répond par avance à l'objection ridicule que l'on

entend présenter quelquefois, et qui consiste à dire que c'est à ceux qui profitent des avantages à supporter les charges, et qu'il appartient, en conséquence, aux membres de chaque confession religieuse de payer les frais de leur culte. On comprend facilement la fausseté de ce sophisme : une dépense budgétaire est obligatoire en raison de son objet, et non eu égard au nombre et à la qualité des personnes en faveur de qui elle est faite, et il serait aussi absurde qu'impossible de diviser les habitants d'une ville en diverses catégories, chacune d'elles devant payer spécialement les impôts dont elle profite d'une façon plus directe. Est-ce que, par exemple, les frais de l'instruction publique ne retombent pas, pour leur part, sur le célibataire et sur les familles privées d'enfants ?

Ces considérations sont tellement puissantes et décisives, qu'elles ont convaincu les législateurs français à deux époques différentes. En 1809, l'empereur Napoléon, qui n'était pas un dévot, a imposé aux communes le devoir de venir au secours des fabriques pauvres : en 1837, les chambres ont inscrit dans la loi sur l'administration municipale la même obligation, et cependant elles n'étaient pas entachées de cléricalisme. Si donc, à des intervalles éloignés et sous des régimes politiques bien dissemblables, le même principe a pris place dans nos lois, c'est qu'il était fondé sur les motifs les plus sérieux ; c'est qu'on reconnaissait la nécessité d'assurer le service du culte catholique, et de placer les droits de la conscience au premier rang de ceux qu'une nation est tenue de respecter.

Rapport de M. Paul BESSON, avocat au Conseil d'Etat et à la Cour de Cassation, ancien député à l'Assemblée nationale, sur les Biens des Congrégations religieuses.

Messieurs,

Il est à craindre qu'après avoir persécuté les religieux dans leur droit de vivre en communauté, on tente de les spolier de leurs biens. La persécution qui ne s'attaquerait qu'à la prière et aux vertus du cloître, semblerait un trop mince avantage aux gouvernants d'un siècle agioteur ; ces gens-là aiment à tirer quelque gain matériel des coups qu'ils portent à l'Eglise. Il nous faut donc rechercher ensemble les principes du droit naturel et chrétien en ce qui concerne les biens des congrégations religieuses et préparer aussi les moyens de défense contre des attaques qui paraissent imminentes. Aussi bien dans le secret de nos délibérations, nous pouvons tout nous dire et dévoiler les menaces qui, pour ne pas s'être encore officiellement annoncées, n'en semblent pas moins d'une exécution prochaine.

Au rapport d'un autre membre de ce congrès vous avez déjà justifié le droit qu'a l'Eglise d'acquérir et de posséder. Cette démonstration suffirait sans doute pour justifier l'existence du même droit au profit des congrégations religieuses. Ces sociétés ne sont-elles pas des fractions de l'Eglise, des développements logiques et nécessaires de la vie chrétienne? S'il n'est pas indispensable que des congrégations religieuses existent *en fait*, EN DROIT il est absolument nécessaire qu'elles puissent exister. Pour elles donc, comme pour tout être, le droit de vivre entraîne le droit d'acquérir et de posséder. Il y a plus, ces congrégations tirent du vœu de pauvreté de chacun de leurs membres une raison particulière de leur droit d'acquérir et de posséder. C'est de ce droit et de cette raison que nous voudrions vous entretenir au début de ce rapport.

Est-il nécessaire de prémettre que ce travail ne s'adresse pas aux sceptiques du jour qui, de parti pris, ne veulent entendre aucune justification des droits de l'Eglise et sont prêts à user envers cette Mère, des armes de la violence? Non; ces esprits, nos congrès n'ont ni pour espoir ni pour mission de les convaincre, et c'est à d'autres que nos efforts s'adressent. Il est des esprits honnêtes, mais imbus des préjugés du siècle, qui ne voudraient pas refuser un droit naturel aux religieux pour la raison seule de leurs vœux de conscience ; mais qui, s'alarmant à la pensée de ce qu'ils croient être une situation particulière et de faveur pour l'Eglise, réclament qu'on la réduise à ce qu'ils appellent le droit commun. Nous voudrions leur faire comprendre que ce qu'il faut entendre par droit commun, c'est-à-dire le droit naturel, bien loin de repousser l'idée d'une propriété au profit des congrégations religieuses, l'appelle et la réclame.

Dans son saint Evangile, Notre-Seigneur Jésus-Christ parle de la pauvreté et nous la présente tour à tour sous deux aspects différents.

Au chapitre des *Béatitudes* (Saint Mathieu, v, 3), le Sauveur dit que la pauvreté est le moyen indispensable du salut : *Beati pauperes spiritu, quoniam ipsorum est regnum cœlorum ;* — Bienheureux ceux qui sont pauvres en esprit et par l'esprit, car c'est à eux que le royaume des Cieux appartient. Nul ne peut entrer au Ciel s'il a donné son cœur à la richesse, car le disciple de Mammon ne peut être le disciple de Dieu ; l'amour de l'un de ces deux maîtres exclut nécessairement l'amour de l'autre.

Ici Notre-Seigneur nous donne un précepte formel. Ce n'est pas un simple conseil, un moyen libre de perfection ; c'est un devoir formel, c'est une condition indispensable de salut. Mais aussi cette condition, pour être remplie, ne demande qu'une disposition d'esprit, un fait purement interne et de conscience ; un riche peut conserver toutes ses richesses, et cependant être entièrement pauvre en esprit et par l'esprit. Seulement, il lui sera plus difficile qu'au pauvre de fait d'entrer dans le royaume des Cieux.

Au contraire, dans un autre passage de son divin Evangile (saint Mathieu, XIX, 16-30). Jésus parle de la pauvreté comme d'un moyen facultatif et libre d'arriver à la perfection. Vous connaissez tous ce dialogue sublime entre le jeune homme et Notre-Seigneur : « Bon Maître, quel » bien ai-je à faire pour avoir la vie éternelle ? » — « Ob- » serve les commandements. » — « Mais je les ai tous ob- » servés depuis mon enfance. Que me manque-t-il encore ? » » — « Si tu veux être parfait, va, vends ce que tu as, et » donne-le aux pauvres, et tu auras ton trésor dans le » Ciel, et viens et sois mon disciple... »

I ne s'agit plus ici du précepte de la pauvreté, mais de son simple conseil. Aussi bien, ce conseil, pour être suivi, demande plus qu'une disposition du cœur, il faut un dépouillement réel, effectif, extérieur. L'abandon des richesses présentes ne suffit même pas, car c'est encore une richesse que de conserver le droit d'en acquérir. Pour réaliser la pauvreté du conseil, il faut que l'âme se constitue dans le dénuement complet, c'est-à-dire dans l'incapacité même de pouvoir rien acquérir dans l'avenir, dans l'incapacité de droit comme de fait de ne plus rien avoir.

Vous ne perdrez pas de vue que le conseil de la pauvreté complète est présenté par Notre-Seigneur comme étant l'unique moyen général d'arriver à la perfection. Quelques âmes pourront arriver, même au sein des richesses, à un très haut degré de perfection; elles seront l'exception. Pour le genre humain en général, le moyen de la perfection est dans la pauvreté du dépouillement effectif et réel.

Certes, quand Notre-Seigneur Jésus-Christ donne un conseil, son enseignement correspond bien à un droit de l'âme. Quel est le chrétien et, à défaut de chrétien, quel est l'esprit honnête qui hésiterait à le croire ?

C'est ce que l'Eglise, dans sa législation propre et dans toutes les législations qu'elle a inspirées, a fait reconnaître. Ces législations ont admis un état de droit connu sous le nom de *mort civile du religieux*, dans lequel l'individu, non-seulement se dépouille de tous ses biens présents, et n'en conserve aucun, mais encore se rend incapable d'en acquérir aucun dans l'avenir.

Ce n'est pas ici le cas d'exposer ce qu'on a appelé les *pécules* du religieux, ni de dire comment la législation civile tour à tour ou a exagéré les conséquences du vœu de pauvreté, en rendant celui-ci plus rigoureux que ne l'avait fait le conseil divin, — ou l'a atténué et amoindri dans ses données certaines. Il n'est ici question que du principe même de la pauvreté religieuse qui, fondée sur la parole du Maître, est un droit dont on ne peut pas priver celui qui a la générosité de le réclamer.

Les légistes soutiennent, il est vrai, que la pauvreté évangélique n'est pas un droit; ils prétendent qu'on ne fait pas échec au droit naturel en le refusant à l'homme. Ils ne peuvent pas méconnaître que c'est faire échec au droit chrétien, tel qu'il résulte de la parole expresse de Notre-Seigneur Jésus-Christ; mais ils estiment qu'en bonne législation on ne doit pas pouvoir modifier librement son état civil. Ils en donnent pour preuve et pour exemple qu'on n'est pas admis à demander soi-même son interdiction ou la dation d'un conseil judiciaire. A leurs yeux c'est à bon droit que le législateur humain refuse de reconnaître et de sanctionner le vœu de pauvreté religieuse.

Mais cette affirmation gratuite ne saurait rien prouver. S'il est très vrai que la loi civile moderne ne reconnaît plus la mort civile du religieux, c'est là le fait et le droit positif; mais est-ce le droit naturel et normal? Nous voudrions prouver le contraire.

Qu'importe que la jurisprudence défende ou ne défende pas à celui qui a droit à la protection de l'interdiction ou du conseil judiciaire de provoquer lui-même la modification de son état civil? Quand cette jurisprudence serait aussi bien établie qu'on le prétend, il n'y aurait rien à en conclure contre le principe du droit. Est-ce qu'il n'est pas certain, qu'en maints autres cas du droit on peut modifier son état civil, pourvu que ce soit pour une bonne cause? Le mariage, la prêtrise ne sont-ils pas des exemples quotidiens de cette règle du droit doctrinal et pratique? Si donc on doit pouvoir modifier son état civil pour une bonne cause et un motif plausible, on doit pouvoir, sur le conseil de Notre-Seigneur Jésus-Christ, se constituer dans l'état de pauvreté absolue et complète.

Ici apparaît clairement la raison spéciale et particulière que nous avons annoncée, et en vertu de laquelle les congrégations religieuses doivent pouvoir acquérir et posséder.

Cette pauvreté complète que Notre-Seigneur nous présente comme le seul moyen général de perfection, va-t-elle être pour celui qui suivra le divin conseil une cause de mort à brève échéance ? Oui, s'il n'y a pas un moyen de venir en aide à son indigence et à sa misère. Quel sera ce moyen ?

Dans notre Congrès de 1880, nous avons étudié le droit d'association et nous avons reconnu que ce droit avait sa source dans le droit naturel. Ce droit nous a apparu être en quelque sorte moins un droit propre, se suffisant à lui-même, qu'un droit au service d'un autre droit. On s'associe dans le but moins de s'associer que d'obtenir, au moyen de l'association, le bénéfice et la jouissance d'un droit dont on ne pourrait pas jouir étant seul. C'est le cas de l'association religieuse : seul et dépouillé de toute richesse, le religieux connaîtrait bientôt la mort ; ou bien il lui faudrait renoncer à suivre le conseil du Sauveur. Au contraire, associé à ses frères, il pourra, comme saint François d'Assise, connaître la dernière misère, pratiquer le plus complet dénuement, et recevoir de son association le soutien de sa vie.

La mort civile du religieux étant un droit qui a sa source dans le conseil évangélique, l'association dans laquelle le religieux s'aide à l'exercice de cette liberté morale doit avoir le droit d'acquérir et de posséder. Combattre ce droit, c'est combattre directement la mise en pratique du conseil de perfection que Notre-Seigneur Jésus-Christ a donné à l'universalité des hommes. Les légistes qui soutiennent sur ce point le droit moderne français, bien loin de déduire les conséquences du droit naturel et chrétien, se font les défenseurs d'un droit commun qui n'est que la négation d'un droit natif et primordial.

Après ce préliminaire, que nous avons cherché à abréger le plus possible et dont vous voudrez bien cependant excuser la longueur relative, en considération des attaques de l'incrédulité contemporaine qu'il fallait combattre, il est temps d'arriver à l'exposé de la situation légale faite aux congrégations, au point de vue des biens dont elles jouissent. Il y a à vous faire part des dangers de spoliation et aussi à vous proposer des moyens de défense. . . . . .
. . . .
. . . .

Ici le rapporteur expose les dangers particuliers que semblent courir dans un avenir prochain les biens des congrégations religieuses.

Nous ne croyons pas devoir reproduire cette partie du

rapport : il faut laisser à la persécution religieuse le soin de dévoiler elle-même ses projets de spoliation et il convient de réserver pour le jour du combat devant les juges, si on laisse encore des juges en France, l'exposé des moyens légaux de défense.

S'il y avait lieu de le faire, la *Revue* reviendrait un jour sur cette importante matière.

Rapport de M. A. DESPLAGNES, avocat à la Cour d'Appel de Grenoble, sur les œuvres et les publications spéciales aux jurisconsultes catholiques de divers pays.

I.

La Révolution, c'est-à-dire cet ensemble d'idées politiques et antireligieuses qui dominent le monde depuis plus d'un siècle, est parvenue à l'exécution presque complète de son plan principal, qui était d'asseoir les sociétés modernes sur des bases purement civiles, en leur donnant des institutions et des lois d'où la moindre pensée religieuse serait rigoureusement proscrite. Arrêtée quelquefois dans l'accomplissement de son œuvre, elle l'a reprise, sans se lasser jamais, avec une rage toujours croissante. Depuis trois ans environ, elle juge son triomphe définitif et elle prépare les dernières lois destinées dans sa pensée à asseoir sans retour possible son empire sur les ruines de la France et de l'Eglise catholique. Ecoutez ce que notre cher président, M. Lucien Brun, écrivait hier sur la triste situation acuelle (v. numéro de juillet dernier, de la *Revue catholique*) :

« Une secte nombreuse, puissante, passionnée, favorisée
» par la faiblesse ou la complicité des pouvoirs publics,
» marche, en poussant des cris de triomphe, à l'achèvement
» des « conquêtes de la Révolution, » c'est-à-dire à la suppres-
» sion de tout ce qui reste de christianisme dans les lois et les
» institutions humaines, à la destruction définitive de toute
» notion de la subordination des sociétés humaines à une
» loi divine, positive... Enseignement chrétien, associations
» religieuses, recrutement du clergé, propriété ecclésias-
» tique, hiérarchie de l'Eglise, liberté de son gouverne-
» ment, de sa parole et de son culte, tout est frappé ou
» menacé, non plus seulement par des violences acciden-
» telles et par des doctrines hostiles, mais par des lois...

» La légalité révolutionnaire a remplacé la légitimité chré-
» tienne. La France n'a pas couru de plus grave péril. La
» guerre contre l'Eglise n'a jamais été menée avec plus de
» fureur, d'ensemble et de franchise. »

Mais l'Eglise est immortelle, et, à tous les siècles de
l'histoire, elle a prouvé la puissance qu'elle a reçue de son
divin fondateur. A mesure qu'on lui suscitait des obstacles,
elle les a renversés. Où sont aujourd'hui tant d'hommes qui,
depuis près de dix-neuf siècles, ont successivement voulu
et prédit sa chute? Toujours persécutée, mais toujours
triomphante, elle verra, jusqu'au dernier jour, mourir ceux
qui auront médité sa fin.

Vous connaissez, Messieurs, l'un de ses moyens de défense : à toute œuvre de mal l'Eglise oppose une œuvre de
salut. Dans sa fécondité providentielle, elle a toujours
produit ou suscité à l'heure opportune l'œuvre spéciale
nécessaire pour lutter contre l'ennemi du moment et con-
jurer le danger qui la menace. Souvent cette œuvre a été
des plus modestes; mais, si humble qu'elle soit, une œuvre
qui s'appuie sur l'Eglise peut regarder tout ennemi en
face.

Vous avez compris, Messieurs, que je viens vous parler
d'une de ces œuvres, qui est « l'œuvre des jurisconsultes
catholiques. » Je viens, en effet, rappeler avec vous quelle
est notre raison d'être, quel est notre but, quels sont nos
moyens.

Nos comités catholiques de jurisconsultes ont surgi de
l'oubli même ou du mépris des lois révolutionnaires pour
l'Eglise. A des lois qui se proclament athées, nous venons
opposer la loi de Dieu, qui domine toutes les lois humaines,
toutes les législations si diverses des peuples ; à des institutions qui se vantent de représenter la libre-pensée, nous
opposons des institutions issues du génie propre de chaque
nation, et en accord parfait avec les lois de l'Eglise catholique. Oui, Messieurs, c'est là notre but. Nous prétendons
démontrer l'injustice, la tyrannie et l'immense péril d'une
légalité menteuse qu'on veut imposer à outrance aux peuples trompés ; nous voulons rappeler ou apprendre aux hommes les bases uniques de toute loi, de tout pouvoir, de toute
autorité. Nous voulons leur montrer en quoi les institutions et les lois issues de la Révolution sont contraires au
droit de l'Eglise, attentatoires à la liberté de conscience
et à la dignité de l'homme, opposées aux droits les plus
sacrés du père de famille, du pauvre plus encore que du
riche, contraires au génie de chaque peuple, à ses traditions, à ses besoins, à sa volonté ; dangereuses ou mortelles pour l'avenir des nations.

Nous voulons enfin, en voyant les ruines entassées déjà

par la prétendue légalité révolutionnaire et celles qu'elle prépare encore, nous voulons rechercher le génie et les traditions propres à chaque peuple et préparer, dans le silence de nos cabinets, dans notre humble et complète soumission à l'Eglise, la législation et les institutions de l'avenir chrétien, qui, tôt ou tard, fera oublier les persécutions de l'antichristianisme aujourd'hui triomphant.

Voilà, Messieurs, ce que nous sommes. Nous travaillons tous, aux quatre coins du monde, isolés par l'espace, rapprochés et unis par cette pensée commune d'assembler pour un lendemain attendu et qui viendra, les matériaux nécessaires à une restauration complète de la loi de l'Eglise dans les institutions et les lois de nos diverses patries.

La révolution maçonnique, on le sait dans ce Congrès, est cosmopolite et internationale. Nous voulons que la restauration devienne générale et universelle.

Notre œuvre est certainement des plus modestes si l'on n'y considère que la qualité des ouvriers ; mais elle est grande par leur dévouement, par le but qu'elle poursuit, par l'éclatant appui qu'elle a trouvé dans l'Eglise, par les encouragements qu'elle a reçus du Saint-Père et de l'épiscopat tout entier.

II.

Un fait qui doit nous échapper, à nous moins qu'à d'autres, c'est la décadence de l'idée même du droit, au milieu de la plus prodigieuse quantité de lois qui fut jamais. On a perdu à peu près complétement la notion saine du droit pour ne plus penser qu'à forger sans frein et sans repos l'interminable série des lois inspirées et commandées par la secte persécutrice. Avec les armes fournies par le suffrage tel qu'on le voit à l'œuvre ; au moyen des procédés qu'emploient les assemblées pour supprimer leurs minorités, ou dont on use contre elles pour les asservir, la Révolution a presque dans chaque Etat une fabrique de légalité frelatée et prête à tout. Au moyen de l'enseignement d'Etat, elle apprend à la jeunesse ce qu'elle veut lui apprendre et lui soustrait, par des programmes adaptés à ses vues, la connaissance des vraies sources du droit. Quel est l'Etat révolutionnaire qui laisse enseigner à notre époque le droit naturel, le droit canon et le droit des gens ? La France officielle ne parle même plus du droit coutumier, cette source de traditions nationales. Les écoles officielles et le barreau enseignent machinalement la pratique du mur mitoyen, des obligations ou du contrat de mariage ; on n'y parle jamais de l'origine, des sources et des grands principes du droit. C'est qu'en effet la Révolution veut cacher ces principes, qui la condamnent. Voyez d'ailleurs son influence s'exercer dans le même sens sur les études médicales et scientifiques d'où elle a banni toute idée métaphysique pour limiter les croyances et la pensée des hommes dans le champ d'un naturalisme exclusif.

Voilà, Messieurs, une première partie du programme de nos travaux : remettre en honneur les principes de tout droit, le droit naturel, le droit canonique, le droit des gens, les saines traditions de chaque peuple, les sources, sans lesquelles les études juridiques ne sont plus qu'un idiome sans principes et sans grammaire, c'est-à-dire une pratique livrée à tous les hasards, à tous les courants, aux légalités les plus iniques, aux jurisprudences les plus variables et les plus fantaisistes.

III.

Après avoir rétabli le droit sur ses bases vraies, nous avons à reprendre en sous-œuvre l'interminable série des lois contraires au droit et hostiles à l'Eglise, que la Révolution nous a imposées par violence ou hypocrisie. Nous avons à démontrer l'erreur où le mensonge des faux principes qu'elle a fait adopter, le danger des institutions qu'elle a fondées.

En montrant l'erreur des lois ou des principes, et le danger des institutions, nous avons enfin à étudier comment il faut remplacer les uns et les autres, et quelles réformes sont nécessaires ou opportunes pour mettre nos législations d'accord avec le droit, avec les lois de l'Eglise, avec les saines traditions et les besoins légitimes de chaque peuple.

Vous voyez, Messieurs, quel programme s'ouvre à notre activité.

Vous citerai-je, comme exemples, quelques points sur lesquels l'attention se porte immédiatement ?

Nous savons tous ce que la Révolution a fait de la liberté d'enseignement, nous savons qu'en établissant un monopole à son profit, elle a entendu créer, avec des écoles de politique, un moyen de corruption, une propagande officielle et obligatoire d'athéisme. Nous ne pouvons pas oublier, nous Français, nos traditions nationales et séculaires d'enseignement libre et les splendeurs que des maîtres chrétiens ont su en faire jaillir sur nos grands siècles. Dans l'histoire de France, l'Etat enseignant est une

nouveauté autant qu'un fléau et qu'une intolérable tyrannie pour la conscience ; ajoutons que c'est la décadence de
l'enseignement lui-même, privé de la concurrence indispensable au progrès, et transformé en un engin de combat aux mains de sectaires.

Eh bien, Messieurs, combattre un monopole odieux qui
veut se masquer aujourd'hui sous un voile hypocrite et dérisoire de liberté ; rejeter la servitude la plus dure qu'on
puisse faire peser sur les pères et les enfants ; restaurer les
principes nationaux de la véritable et complète liberté d'enseignement, les droits de l'Eglise niés ou violés, voilà
un champ immense ouvert à nos travaux.

Vous rappellerai-je la situation précaire faite par l'Etat
à l'Eglise, cette société parfaite, le modèle de toutes les
autres ? Ne faut-il pas combattre cette invasion, déjà si
vieille et sans cesse renouvelée, de l'Etat, ce protecteur
qui se fait persécuteur et tyran ? Ne faut-il pas rétablir les
droits de la mère commune des peuples modernes ? Les
libertés nécessaires à sa mission, son indépendance et sa
suprématie dans le monde, son droit d'acquérir et de posséder, le pouvoir indispensable pour l'exercice de son autorité spirituelle, ne faut-il pas étudier les moyens de les
lui rendre ? Et n'est-ce pas précisément là, Messieurs,
l'immense programme que nous sommes venus étudier
ensemble dans cette antique cité chrétienne ?

Et le mariage, ce sacrement institué par Jésus-Christ,
dont la Révolution a fait un simple contrat, tel qu'une
vente ou un bail, ne devons-nous pas rechercher le régime légal propre à lui restituer son caractère sacré ?

Vous rappellerai-je la déplorable condition à laquelle
certains peuples ont réduit le pouvoir judiciaire ? L'Europe
et le monde entier ont été naguère les témoins indignés
des révoltants dénis de justice, masqués sous le nom
« d'arrêtés de conflits. » C'était l'Eglise qui était la victime !... Vous tous, Messieurs, qui venez d'Italie, d'Angleterre, d'Amérique, d'Allemagne, vous ne comprenez pas
peut-être, qu'une pareille énormité puisse exister en
France... Eh bien, oui, nous avons là une plaie que vous
ne connaissez pas... la justice administrative et les conflits ! Nous avons donc un immense effort à tenter pour
assurer à notre patrie une justice indépendante et souveraine qui rende impossible les attentats d'une secte parvenue à s'emparer du pouvoir. Nous sommes, comme vous
le voyez, en arrière de bien des peuples à ce point de vue,
puisque nous n'avons pas le moyen de défendre en justice
nos biens, notre liberté, nos propriétés, nos droits et
nos personnes même contre la tyrannie si illégale, si
odieuse, si révoltante ou ridicule qu'elle soit, d'un mi-

nistre, d'un simple préfet ou d'un commissaire de police.
Vous comprenez dès lors quel grave, quel nécessaire sujet
d'études s'impose à cet égard aux jurisconsultes français.

Je ne pousserai pas plus loin une nomenclature inutile à
rappeler. Ce que nous savons, c'est qu'il est peu de lois
d'où il ne soit nécessaire de faire disparaître le sceau de la
tyrannie ou de la persécution révolutionnaire.

IV.

Tout en préparant l'avenir et en étudiant les théories
légales qui devront lui servir de base, nous ne devons pas
négliger le présent. Nous avons à défendre pied à pied
tout ce qui nous reste d'institutions et d'œuvres chrétiennes, si mutilées qu'elles soient. Cette lutte ingrate,
qui n'a pour objet que de préserver des ruines, est indispensable pourtant, en attendant le jour où pourra être
commencé l'édifice de l'avenir. Tenter de défendre telle
jurisprudence, toute d'expédients, pour prévenir une ruine
plus complète ; chercher dans des lois vengeresses des
moyens précaires de garantir le peu qu'on n'ose encore
nous enlever ; oui, Messieurs, voilà une partie de notre
tâche, la plus triste peut-être. Mais n'oublions pas que
notre devoir est de combattre jusqu'au bout l'erreur et le
mensonge, dussions-nous voir succomber entre nos mains
la cause de la vérité, et que l'heure du triomphe n'est
qu'à Dieu.

V.

La nature même de l'œuvre dont je viens de vous esquisser les grandes lignes indique assez, Messieurs, que cette
œuvre, bien qu'ayant le même but chez toutes les nations,
est nécessairement d'une grande diversité, suivant le degré
et la manière dont chaque peuple a été atteint par la
Révolution.

On peut aussi la concevoir un peu différemment, et lui
donner un caractère plus ou moins général.

Nous avons, par exemple, une œuvre d'Italie qui touche
à l'œuvre française, mais qui s'en distingue assez notablement. Je veux parler des Avocats de Saint-Pierre. Les
membres de cette société ont leur centre à Rome et ils
sont disséminés chez tous les peuples. Leur objet direct est
l'Eglise et sa défense.

L'œuvre dont je vous ai entretenus diffère de l'œuvre italienne en ce qu'elle s'occupe plus spécialement, non de
l'Eglise même, mais de l'Etat et des réformes nécessaires

pour mettre d'accord les institutions et les lois de chaque
Etat avec les lois de l'Eglise. L'œuvre des Avocats de Saint-
Pierre est donc une et universelle, tandis que l'autre est
nationale par son essence et la direction de ses travaux,
qui varient suivant la législation de chaque peuple.

Il serait néanmoins utile, si des œuvres semblables existaient dans plusieurs Etats, de les ramener à une certaine
unité relative, soit par la communication réciproque des
études qui pourraient être communes et par l'échange des
idées et de l'expérience faite sur des sujets d'intérêt commun, soit par des congrès généraux ou partiels, où l'on se
rend compte mieux encore des travaux à faire ou des
résultats obtenus.

Vous jugerez, Messieurs, s'il n'est pas utile de doter les
diverses nations d'une société de jurisconsultes unis pour
la poursuite du but que je vous ai indiqué ci-dessus. En
effet, où la Révolution n'est-elle pas entrée depuis un
siècle, et quelle est la législation restée à l'abri de ses
atteintes ?

Il me semble qu'au milieu de l'immense travail qui se
fait à notre époque dans le monde, et notamment en Europe et en Amérique, pour une nouvelle organisation des
peuples, il y a une place marquée chez chacun d'eux pour
une société catholique de jurisconsultes se donnant librement la mission d'étudier les institutions et les lois de leur
pays, de signaler et de combattre celles qui sont hostiles
à l'Eglise, de proposer les réformes capables d'établir l'accord entre l'Eglise et l'Etat. Est-il à notre époque un travail plus utile et plus grand ? N'oubliez pas, Messieurs,
que le mal spécial de nos temps est celui qui affecte l'Etat,
cette personnnlité dont s'est emparée presque partout
une secte malfaisante. N'oubliez pas que sous le nom de
l'Etat cette secte opprime l'Eglise, la famille, les droits de
tous ; qu'elle appuie sa tyrannie sur la légalité, et que
jamais peut-être la société catholique n'a couru un danger à la fois plus grand et plus imminent. Voyez s'il n'est
pas opportun de démasquer les batteries de cet ennemi et
de combattre, tout autre travail cessant, la légalité menteuse sur laquelle il prétend établir un empire inatta-
quable.

C'est à vous, Messieurs, de juger, chacun chez vous,
de l'utilité de la création proposée. Je vais, en terminant,
vous donner quelques détails sur notre œuvre française
et sur son organe spécial, la *Revue catholique des Institutions et du Droit.*

VI

Dans tous les centres judiciaires de quelque importance, nous avons des amis qui, unis seulement par la nature de leurs travaux et leur dévouement absolu à l'Eglise, forment comme autant de moyens de défense pour les droits religieux mis en péril, et de groupes de travailleurs pour la législation chrétienne de l'avenir. Nous avons un organe commun, dont le nom exprime parfaitement la raison d'être, le but et l'esprit : cet organe est la *Revue catholique des Institutions et du Droit*.

Fondée vers la fin de l'année 1872, notre *Revue* a commencé modestement, comme toute œuvre qui doit grandir. Aussi, a-t-elle grandi, comme toute œuvre qui s'appuie sur la religion et marche sous la bannière de l'Eglise.

Organe de notre œuvre, on peut dire d'elle tout ce que nous avons dit de l'œuvre même. Elle publie les études faites sur notre législation et les travaux préparatoires de nos institutions à venir. Elle est le témoin et l'interprète des luttes quotidiennes qui ont pour objet la conservation du peu de catholicisme encore oublié dans nos lois. Tout ce qui peut servir à cette défense ingrate mais nécessaire du terrain religieux, dans la sphère des lois et de leur application judiciaire ou administrative, trouve dans la *Revue catholique* un accueil empressé.

Notre *Revue* est donc un lien entre nos amis des diverses parties du monde catholique ; et surtout entre les comités de jurisconsultes répandus sur le territoire français.

Elle est aussi un moyen, et le meilleur, de répandre des études utiles, des idées saines, des notions vraies sur les points si variés dont s'occupe notre œuvre.

Je ne puis pas ne point rappeler, à ce propos, que c'est surtout par notre *Revue* et ses correspondants que les diverses consultations de 1879 et de 1880 ont été répandues, et ont réuni un nombre si considérable d'adhésions. C'est par elle et nos amis que les barreaux de France ont manifesté leur respect pour les droits des pères de famille et la liberté individuelle, de domicile et d'association. C'est par elle surtout qu'ont été centralisées et publiées ces admirables protestations de plus de deux mille avocats français, dans leur adhésion à la consultation de M. Rousse. C'est un des grands souvenirs de notre barreau moderne. C'en est un aussi pour la *Revue*, si directement, si énergiquement unie à ce fait sans précédent.

Enfin, Messieurs, c'est par la *Revue catholique* et nos correspondants que nos congrès annuels ont pu avoir lieu.

Sans ces réunions annuelles où, venus de pays si divers, nous échangeons nos idées sur les grandes assises du droit des catholiques, la *Revue* serait un organe incomplet, un simple assemblage d'études mal reliées entre elles. Sans la *Revue*, nos Congrès seraient à peu près impossibles, à cause de l'absence de tout lien permanent entre les jurisconsultes catholiques.

Il résulte de cette situation que notre œuvre a le plus grand intérêt à donner une impulsion nouvelle à la *Revue*, qui est comme son corps et son instrument. Vous le savez, une œuvre doit marcher et grandir; c'est la condition même de son existence, à laquelle tout temps d'arrêt peut être fatal.

Je n'ai pas besoin de vous dire que cette impulsion nouvelle, nous l'attendons principalement de ce Congrès. La gravité des questions soumises à votre examen, l'importance des études que vous avez apportées et les solutions que vous avez adoptées, le caractère international, et, si je puis m'exprimer ainsi, universel des doctrines que vous proclamez, les circonstances sociales et politiques au milieu desquelles vous ne craignez pas de les déclarer vraies à la face des puissances triomphantes qui les rejettent, tout enfin donne à cette réunion de 1881 une grandeur que les précédentes n'avaient pu atteindre. Comment la *Revue*, qui va publier tant et de si grands travaux, n'y trouverait-elle pas la source de son agrandissement et des progrès qu'elle doit accomplir?

Pour compléter l'effet du Congrès lui-même, nous vous demanderons, à vous, Messieurs, deux choses :

1º Que, de plus en plus, les jurisconsultes, soit français, soit étrangers, fassent de la *Revue* leur organe de publication et lui envoient tous leurs travaux intéressant la défense des droits religieux de la société catholique ;

2º Que les jurisconsultes français et surtout étrangers travaillent à la propagation de ce recueil et augmentent le nombre de ses abonnés, en même temps qu'ils concourront à grandir le nombre et l'importance de ses études.

Doubler nos collaborateurs, multiplier à l'infini nos lecteurs, tel est notre double but : il vous appartient, Messieurs, de faire que l'un et l'autre s'accomplissent. Cette œuvre vous appartient ; cette *Revue* est la vôtre. C'est donc à vous tous de faire les efforts nécessaires pour que vos idées se répandent, que vos doctrines se propagent avec la rapidité et la profusion que rend nécessaires pour notre salut le triste état de nos institutions et de nos lois.

Ce n'est pas seulement à notre époque, Messieurs, qu'on a vu les sociétés marcher à leur ruine par l'effet de doctrines perverses et d'une légalité organisée par la violence pour les mettre en pratique. Ce n'est pas aujourd'hui non plus que l'Eglise a commencé la lutte contre la perversité des doctrines, des institutions et des lois. Depuis l'organisation de l'Europe moderne qu'elle a fait surgir, du sein des ruines romaines, combien de fois l'Eglise a-t-elle vaincu cet esprit de mal qui s'acharne contre elle et sauvé du même coup l'humanité de dangers nouveaux? Demandez-le à l'histoire!

Le monde et particulièrement l'Europe sont engagés aujourd'hui dans une de ces crises, et l'Eglise est à son poste de combat, plus persécutée, plus menacée que jamais, et aussi certaine de son triomphe définitif, malgré les chants de victoire de ses ennemis, qui, dans leur ignorance, se persuadent qu'ils vont l'anéantir.

Nous sommes, Messieurs, des soldats de l'Eglise : Pie IX et Léon XIII nous ont bénis et encouragés en nous donnant ce titre précieux (19 avril 1873 et 8 mai 1879). Marchons donc résolûment avec l'Eglise contre cette barbarie si ancienne et aujourd'hui renouvelée de l'athéisme ou du naturalisme, qui veut supprimer toute idée chrétienne des institutions et des lois chez les peuples même que l'Eglise a formés et qui sans elle n'existeraient pas. Rappelons à ces peuples leurs traditions oubliées, leurs vraies gloires méconnues. Montrons-leur le mal dont ils souffrent. Amenons-les à reconnaître, comme leurs pères, que toute puissance vient de Dieu ; que sa loi doit être la règle primordiale de toute législation ; que le Christianisme doit se retrouver dans toutes les lois, comme une essence divine, un principe nécessaire de conservation sociale, et que l'Eglise est chargée d'une mission providentielle pour laquelle le premier devoir, comme le plus grand intérêt des peuples et des rois, est de lui assurer une liberté complète.

Après ces quelques jours de travaux en commun, nous allons nous séparer, Messieurs, pour reprendre, chacun dans notre pays, la lutte avec une énergie nouvelle, et pour nous retrouver ensuite, l'année prochaine, où il plaira à Dieu de nous réunir encore. Qui sait quel progrès peuvent faire d'ici là les saines idées sociales? Qui sait si à cette époque un nouvel état de choses, objet de nos travaux et de nos vœux, n'aura pas lui déjà sur nos temps désolés, comme une brillante aurore après une longue nuit de ténèbres, de tempête et de désastres?

Travaillons, Messieurs, prions Dieu et attendons avec confiance l'heure qu'il a marquée!

En terminant le Congrès, M. Lucien Brun a prononcé les paroles suivantes :

MESSIEURS,

Elle est malheureusement venue la dernière des heures si rapidement et si doucement écoulées pendant lesquelles nous avons, ensemble, dans la joie de l'esprit et du cœur, travaillé à la recherche de la vérité sur les redoutables questions soulevées, par la lutte de la Révolution, contre l'Eglise et contre la France chrétienne.

Nous allons nous dire adieu, et nous ne le ferons pas sans émotion, car les liens se nouent vite et fort lorsque, dans la communauté des sentiments et des croyances, les intelligences s'ouvrent et que les cœurs se montrent, parce qu'alors on acquiert promptement l'estime réciproque, cette base solide de l'amitié.

Je ne clorai pas cette dernière séance sans vous adresser un remerciement et sans exprimer un vœu.

Je remercie nos confrères de France qui ont répondu à l'appel de la Commission de l'Œuvre des Comités catholiques de consultation. Nous nous connaissions, nous nous connaîtrons mieux. Cette réunion a resserré les liens qui nous unissaient et fortifié notre zèle pour l'œuvre commune, inspirée par la foi et le patriotisme. J'envoie à tous ceux qui nous ont témoigné le regret de ne pouvoir venir, l'expression de notre affectueuse sympathie. Ce sera l'honneur de notre vie d'avoir appartenu à cette phalange des hommes de bien qui défendent, contre un gouvernement infidèle à sa mission, l'ordre social menacé par le pouvoir qui a charge de le protéger.

Je remercie du fond du cœur nos chers et éminents collègues qui sont venus de loin et ont quitté leur patrie pour répondre à notre appel et prendre part à nos travaux. Je remercie tous les jurisconsultes étrangers qui, par des adhésions écrites, ont témoigné qu'ils comprennent notre œuvre et vivent de son esprit.

Dans votre présence et dans ces adhésions, Messieurs, je vois d'abord une preuve de votre dévouement à l'Eglise. Je n'ai pas à vous en remercier, mais je vous rends grâce de la sympathie que vous nous avez montrée, et mon patriotisme aime à y voir une preuve d'amitié pour la France. Notre pauvre patrie a bien souffert et de dures épreuves semblent l'attendre encore. Soyez, je vous en conjure, Messieurs, les amis de la France. Ne la jugez pas sur ceux qui la gouvernent. Priez Dieu d'abréger ses souffrances, et dites à vos concitoyens que vous avez trouvé les catholiques français affligés, pleins de tristesse et d'angoisse, mais aussi pleins d'espoir, et résolus à tous les sacrifices pour le triomphe de l'Eglise et l'honneur de leur patrie.

Je termine par un vœu qui se formule en deux mots doux à prononcer :

Au revoir !

Oui, Messieurs, au revoir, et que d'ici là Dieu vous garde, vous, vos familles, et tout ce qui vous est cher. Revenez l'an prochain, revenez tous : nos réunions et nos cœurs vous sont ouverts. Revenez, chers confrères, ce sont des amis qui vous y convient.

TABLE DES MATIÈRES

700 Grenoble, impr. BARATIER et DARDELET, Grand'rue, 4. 4366

HISTOIRE DU CONCILE DU VATICAN

Suivie du SYLLABUS (texte latin et français),

Par le P. SAMBIN

(Un volume in-8°, 300 pages.)

Le Congrès de jurisconsultes à Lyon (1881) a étudié les rapports de *l'Eglise et de l'Etat*; le compte rendu de ses travaux formant un volume dont il est inutile de signaler l'importance à notre époque. Mais pour connaître complétement l'Eglise, il faut l'étudier d'abord dans sa constitution intérieure, telle que l'a affirmée le *Concile du Vatican*. La doctrine du Concile a été consignée avec exactitude par le P. Sambin, dans son volume de l'*Histoire du Concile du Vatican*. — Mgr Mermillod écrivait de ce livre qu'il s'étonnait de voir comment l'auteur avait pu condenser dans un petit volume l'exactitude des faits et *l'admirable exposition de la doctrine proclamée par le Concile*. — Le récit est bien conduit et présente avec autant d'intérêt que de vérité la suite des événements de ce grand fait historique. Nous voudrions que tous nos amis et tous les défenseurs de l'Eglise eussent dans leur bibliothèque l'*Histoire du Concile* et le livre l'*Eglise et l'Etat*. — Ces deux ouvrages, même format in-8°, forment un ensemble de doctrine. — Il n'est pas inutile de dire que l'*Histoire du Concile* est suivie du *Syllabus*, texte latin et français.

Prix : 2 fr. *franco.* **Pour la propagande, cinq exemplaires 8 fr.; dix exemplaires 15 fr.** *franco.*

Envoyer les demandes à Grenoble, (Baratier et Dardelet, Grand'rue, 4), avec le prix en timbres-poste ou en mandat. *L'envoi des volumes demandés sera fait* **franco.**

On peut aussi demander l'*Histoire du Concile* à tous les autres libraires dépositaires du livre l'*Eglise et l'Etat* : MM. Oudin, rue Bonaparte, 51, à Paris. — Briday, avenue de l'Archevêché, 3, à Lyon. — Berche, à Lille. — Privat, à Toulouse. — Renaud, place d'Armes, à Dijon. — Perrin, à Chambéry.

www.ingramcontent.com/pod-product-compliance
Ingram Content Group UK Ltd.
Pitfield, Milton Keynes, MK11 3LW, UK
UKHW021858070726
13613UKWH00001B/216